高等学校省级规划教材
卓越工程师教育培养计划土木类系列教材
合肥工业大学教材出版基金资助项目

土木工程经济学

主　编　王　波　陈安英
　　　　孙昌玲　于竞宇
副主编　王冬花　张晶晶

合肥工业大学出版社

图书在版编目（CIP）数据

土木工程经济学/王波等主编 . --合肥:合肥工业大学出版社,2024

ISBN 978 - 7 - 5650 - 6303 - 9

Ⅰ.①土…　Ⅱ.①王…　Ⅲ.①土木工程-工程经济-高等学校-教材　Ⅳ.①F407.9

中国国家版本馆 CIP 数据核字(2024)第 046433 号

土木工程经济学

王　波　陈安英　孙昌玲　于竞宇　主编		责任编辑　赵　娜	
出　版	合肥工业大学出版社	版　次	2024 年 11 月第 1 版
地　址	合肥市屯溪路 193 号	印　次	2024 年 11 月第 1 次印刷
邮　编	230009	开　本	787 毫米×1092 毫米　1/16
电　话	理工图书出版中心:0551 - 62903004	印　张	16
	营销与储运管理中心:0551 - 62903198	字　数	389 千字
网　址	press.hfut.edu.cn	印　刷	安徽联众印刷有限公司
E-mail	hfutpress@163.com	发　行	全国新华书店

ISBN 978 - 7 - 5650 - 6303 - 9　　　　　　　定价：48.00 元

前　　言

　　土木工程专业是一个理论与实践紧密结合的工程应用型专业,不仅要求学生能够掌握工程技术专业知识,也要培养学生在工程实践环节中具有一定的经济意识和管理能力。土木工程经济学是《高等学校土木工程本科指导性专业规范》规定的一门专业基础课,课程内容主要是介绍从事土木工程管理、设计和施工的工程技术管理人员必备的工程经济基础知识。

　　随着我国工程建设投资管理体制和相关财政税收体制不断改革和完善,教学内容需要不断更新和补充。为适应新形势下土木工程经济学课程教学发展的需要,编写团队在编写本书时,以教学指导委员会颁布的知识点为基础,并参考最新的国家注册建造师、国家注册造价工程师考试辅导教材,从土木工程与工程管理专业培养要求出发,全面系统地介绍土木工程经济学的基本原理和方法,在传统课程内容的基础上进一步梳理、整合与优化。

　　通过土木工程经济学的学习,希望读者能掌握土木工程经济学的基本原理和分析方法,培养学生具备工程经济分析的初步能力,具有在工程实践中主动应用工程经济学基本原理思考工程技术问题的能力,并能够运用工程经济的分析方法来分析和评价土木工程涉及的技术经济问题,为投资决策提供科学依据。

　　本教材共分 10 章,包括绪论、资金的时间价值与等值计算、工程经济要素、工程项目经济评价方法、工程项目不确定性分析、投资项目财务评价、投资项目国民经济评价、工程项目可行性研究、价值工程、设备的经济分析等。

　　本教材由合肥工业大学王波、陈安英、孙昌玲、于竞宇共同担任主编,安徽建筑大学的王冬花、齐齐哈尔工程学院的张晶晶担任副主编。本书在编写过程中阅读、参考了许多文献,书后或许未能全部提及,编者在此向借鉴或引月的参考文献的作者表示衷心的感谢。

　　限于编者水平,书中难免有不足之处,恳请读者批评指正。

编　者

2024 年 1 月

目　　录

第1章　绪　论

1.1　学科发展

日常生活中,我们对所遇到的事情要进行优化选择,如在配置电脑时需要考虑"性价比";同样,在工程实践中,在技术可行的基础上也要进行方案的经济性比较。工程经济学主要研究为实现一定功能而提出的在技术上可行的工程技术方案,并在经济上对其进行计算、分析、比较和论证。

工程经济学的产生源于考虑评价建设方案是否可行。不仅要考虑方案技术上是否可行,还要考虑项目的投资效果,主要解决工程方案在技术可行基础上是否具有经济性的问题。

1887年,美国土木工程师惠灵顿在其出版的著作《铁路布局的经济理论》中首次将成本分析方法应用于铁路的最佳长度和路线的曲率选择上,并提出了工程资金利息的概念,开创了工程领域的经济评价。这通常被认为是工程经济学学科发展的起始。

1920年,戈尔德曼教授在其出版的《财务工程学》中提出了相对价值的复利模型,并将其理论运用到不同方案的经济价值比较中。

1930年,格兰特教授出版了《工程经济学原理》,奠定了经典工程经济学的基础。

1982年,里格斯出版了《工程经济学》,系统地阐述了工程经济学的内容,将工程经济学的学科水平推进了一大步。

近代工程经济学的发展将经济数学、计算机理论运用于项目的风险性研究及非经济因素的研究,使工程经济学学科发展日趋完善。

我国工程经济的研究活动始于20世纪50年代初期,当时主要的工作是培养建筑经济管理人才,在一些学校创建建筑经济专业,编译国外建筑经济专著和编写我国自己的相应建筑经济教材。在《1956—1967年科学技术发展远景规划》和《1963—1972年科学技术发展规划》中,建筑经济研究作为独立的学科被列入了规划。初期的研究,是从新材料、新结构、新工艺、新设备的技术经济分析入手的。

20世纪70年代初期起,工程经济研究引进了国外行之有效的企业现代化管理方法和计算机应用技术,如目标管理、行业管理、要素管理以及预测、决策方法等。1979年末,中国建筑学会正式成立了建筑经济学术委员会。

20世纪80年代开始,工程经济学得到了迅猛的发展。其间,不仅继续了建筑经济学理论研究、建筑工程技术经济研究,还进行了诸如建筑工程招标承包制、建筑产品价格改革、建筑产业政策、我国住宅建设技术政策等经济体制改革的理论研究。

20世纪90年代起,我国工程经济研究人员将其研究领域进一步扩大到土木工程及其他建设项目领域,既吸收了国外先进的工程项目管理经验,又结合了我国工程管理的实际,逐渐形成了一套工程经济理论体系和方法。

近年来,随着我国大型工程项目的增加,工程经济学理论逐步得到应用与普及,为工程经济学的发展提供了更广阔的空间。

工程经济学中的"工程"涵盖了一般概念中的工程(制作过程与方法)和技术(劳动的技能和技巧),即不仅包括了相应的生产工具、物资设备、生产的工艺过程或作业程序方法,也包括了相应的劳动生产经验、知识和技巧。对于土木工程专业而言,"工程"意味着投入大量的人力、物力,经过较长时间的建设期完成房屋、桥梁等工程的建设。

工程经济学中的"经济"包括了相应的社会经济体制(生产关系)、社会生产和再生产(物质资料的生产、交换、分配、消费的现象和过程)及社会资源的有效利用与节约。对于土木工程专业而言,"经济"包括房屋、桥梁等工程的建设项目资金投入和项目运营期可能产生的费用与收益,经济分析的目的是产生"节约"的效果。

工程技术有两类问题:一类是科学技术方面的问题,侧重研究如何把自然规律应用于工程实践,这些知识构成了诸如工程力学、工程结构等学科的内容;另一类是经济分析方面的问题,侧重研究经济规律在工程问题中的应用,这些知识构成工程经济类学科的内容。

一项建设工程能被人们所接受必须做到有效,即必须具备两个条件:一是技术上的可行性;二是经济上的合理性。在技术上无法实现的项目是不可能存在的,因为人们还没有掌握它的客观规律,而一项工程如果只讲技术可行,忽略经济合理也同样是不能被接受的。人们发展技术、应用技术的根本目的正是在于提高经济活动的合理性,这就是经济效益。因此,为了保证工程技术能更好地服务于经济,最大限度地满足社会需要,就必须研究、寻找技术与经济的最佳结合点,在具体目标和具体条件下,获得投入产出的最大效益。

工程技术和经济之间具有密不可分的关系,具体体现在:技术是实现经济的手段与条件;经济是技术进步的动力与方向;技术产生与应用需要经济的支持;技术生存的条件是技术先进性与经济合理性的结合。

工程经济学是工程与经济的交叉学科,其定义目前尚未统一但大致可归纳为以下3种基本观点。

(1)工程经济学是一门研究如何根据既定的活动目标,分析活动的代价及其对目标实现的贡献,并在此基础上设计、评价、选择,以最低的代价可靠地实现目标的最佳或满意活动方案的学科。工程经济学的核心内容是一套工程经济分析的思想和方法,是人类提高工程经济活动效率的基本工具。

(2)工程经济学是采用有条理的工程经济分析程序(见图1-1),运用数学建模技术,投入相关的工程知识,以建设项目为主体,以技术经济系统为核心,研究如何有效利用有限资源,并将其研究结果运用到那些包含两个或两个以上的方案决策中。

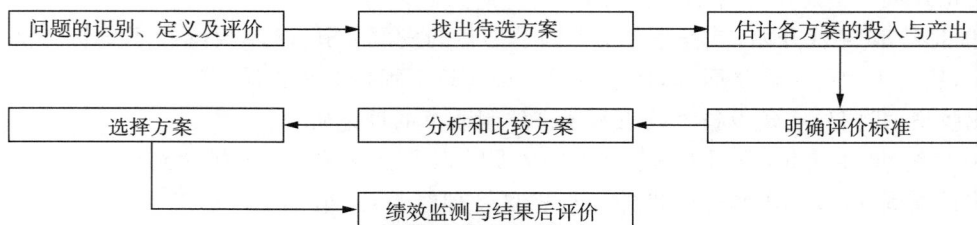

图1-1　工程经济分析程序

（3）工程经济学不仅要研究工程中技术或生产力方面产生的经济问题，还要通过工程项目把生产力和生产关系联系起来，研究工程项目中发生的人与人之间的关系，研究生产关系中的经济问题，使项目的实施能够满足或超出项目有关利害关系者对项目的要求。

总之，工程经济学通过分析技术与经济之间的辩证统一关系，对工程经济活动进行系统评价，科学地预见工程项目直接涉及的经济效果和由此引起的间接效果。

1.2　课程性质及安排

随着科学技术的发展，新兴交叉学科不断涌现，科学技术在更高层次上走向综合化和整体化。现代工程项目中的纯技术工作和纯经济工作几乎已不存在。参与项目管理的工程师（或项目管理人员）都应具备技术、经济及管理的综合能力。

戈尔德曼教授早在 1920 年出版的《财务工程学》中就提到"工程师的最基本的责任是成本分析，以达到真正的经济性，即赢得最大可能数量的货币，获得最佳财务效益"。曾任世界生产力科学联合会主席的里格斯在 1982 年出版的《工程经济学》中也写道："工程师的传统工作是把科学家的发明转变为有用的产品。而今，工程师不仅要提出新颖的技术发明，还要能够对其实施的结果进行熟练的财务评价。现在，在现代工业、公共部门和政府之中，成本和价值的分析比以往更为细致、更为广泛（如二人的安全、环境影响、消费者保护）。缺少这些分析，整个项目往往很容易成为一种负担，而且收益不大。"从以上论述可以看出，一个称职的工程师（或项目管理人员）必须具备技术知识和掌握相应的工程经济学知识，才能使其工作更为有效。为了满足现代工程的要求，工程师（或项目管理人员）应具备的工程经济知识与能力主要包括以下几个方面。

（1）了解社会需求及需求变化的规律，做好建设项目的可行性研究工作。了解建设项目的资金筹措方式和合理调整资金结构的技巧。

（2）能够运用经济分析方法，对拟建项目计算期（寿命期）内的投入、产出等诸多因素进行调查、分析、研究、计算和论证，并利用资金时间价值概念、价值工程原理、成本、效益等技术经济分析方法，进行投资方案与更新方案的比较与选择，在达到产品必要的使用功能的前提下，有效地控制建设项目投资。

（3）熟悉建设项目的风险分析方法，能够及时识别项目的风险大小，制定相应的风险对策，控制风险对项目的影响程度。

（4）掌握建设项目的财务评价方法，了解国民经济评价方法。

（5）具有获得工程信息、资料的能力，并能运用工程信息系统提供的各类技术与经济指标，结合工程项目特点，对已完成项目进行后评估。

土木工程经济学是一门面向土木工程或工程管理专业的专业基础课，课程设置的目的是培养土木工程或工程管理专业的学生具有工程经济学的基本思想，具备运用专业基础知识来研究、分析和评价各种技术实践活动，以获得经济效益合理的方案，为决策提供科学依据，并解决土木工程项目建设可行性分析和项目综合评价等专业问题的能力。

课程内容设置与建造师等专业资格考试相协调，主要包括资金的时间价值与等值计算、工程经济要素、工程项目经济评价方法、工程项目不确定性分析、投资项目财务评价、投资项目国民经济评价、工程项目可行性研究、价值工程、设备的经济分析这几部分的内容。

第 2 章　资金的时间价值与等值计算

> **内容提要：**
> 　　本章介绍资金时间价值的基本理论，主要内容包括现金流量的概念及现金流量图的绘制方法，资金时间价值的概念，不同支付类型下的资金时间价值的等值计算，名义利率与实际利率的关系等。
>
> **能力要求：**
> 　　(1)能够正确理解现金流量和资金等值的含义；
> 　　(2)能够正确运用不同支付类型下的资金时间价值公式进行计算；
> 　　(3)能够正确掌握名义利率与实际利率的计算方法。

2.1　现金流量

2.1.1　现金流量的概念及其注意要点

1. 现金流量的概念

一项工程的建设活动可以从物质形态和货币形态两个方面进行考察。

(1)从物质形态上看，工程建设表现为通过对土地的开发，使用各种工具、设备、建筑材料，消耗一定的能源，最终生产出可供人类生产或生活需要的建筑空间。

(2)从货币形态上看，工程建设表现为投入一定量的资金，花费一定量的成本，投产后生产一定量的产品，通过销售产品或者将工程项目出租、出售获得一定量的货币收入。

对于工程建设这样一个有着经济效益的特定的经济系统而言，投入的资金、花费的成本和获取的收益，都可以看成以货币形式(包括货币和其他货币支付形式)体现的资金流出和流入。

因此，现金流量是指将一个独立的经济项目(或投资项目、技术方案等)视为一个独立的经济系统的前提下，在一定时期内，各个时间点上实际发生的现金流入、现金流出或净现金流量。

2. 概念注意要点

对上述概念的理解需要注意以下几点。

(1)在技术经济分析中，要把评价的项目视为一个独立的经济系统，以确定一个分析、考察的立场和范围。这个系统可以是一个方案、一个项目、一个企业，也可以是一个地区、一个部门、一个国家。

(2)"一定时期内"是指该系统的整个寿命期，即从第一笔资金活动的发生时刻起，到最后一笔资金活动结束时为止。以建设项目系统为例，包括投资前期、投资期(建设期)、投产期、生产期和报废几个阶段。

(3)现金流入、现金流出和净现金流量的定义：把某一个时间点流入系统的资金收入叫作现金流入,把某一个时间点流出系统的资金支出叫作现金流出,把同一个时间点的现金流入与现金流出的差额叫作净现金流量。系统的现金流入、现金流出和净现金流量统称为现金流量。通常规定现金流入为正值,现金流出为负值。

(4)现金流量的标记方法:t 时点的现金流量,记为 CF_t(Cash Flow);现金流出记为 CO_t(Cash Outflow);现金流入记为 CI_t(Cash Inflow);净现金流量记为 $(CI-CO)_t$,也可记为 NCF_t(Net Cash Flow)。

(5)现金流入通常包括销售收入、流动资金回收价值、工程项目残值等子项;现金流出通常包括总投资、经营成本、税金、利息等子项。

2.1.2　现金流量表和现金流量图

对于一个经济系统而言,其各种现金流的流入与流出、数额和发生的时间不尽相同。在研究现金流量问题时,一般需要用到现金流量表和现金流量图。

1. 现金流量表

现金流量表是记录现金流入、流出时间和金额的表格,用表格的形式描述不同时间点发生的现金流量(见表 2-1)。

表 2-1　项目的现金流量表　　　　　　　(单位:××)

序号	项目	计息周期					合计
		1	2	3	……	n	
1	现金流入						
1.1							
…							
2	现金流出						
2.1							
…							
3	净现金流量						

【例 2-1】　某项目投资 20 万元,预计年收益为 5 万元,年费用为 2 万元,计息周期为 5 年,届时回收净残值 6 万元。试列出该项目的现金流量表。

解:该项目的现金流量表见表 2-2 所列。

表 2-2　该项目的现金流量表　　　　　　(单位:万元)

年度	0	1	2	3	4	5
现金流入	0	5	5	5	5	11
现金流出	20	2	2	2	2	2
净现金流量	−20	3	3	3	3	9

注:表中引入 0 年表示第 1 年年初,这样 1、2、3、4、5 就表示为各年年末。

2. 现金流量图

对于一个技术方案,其每次现金流量的流向(支出或收入)、数额和发生时间都不尽相同,为了正确地进行工程经济分析计算,我们有必要借助现金流量图来进行分析。所谓现金流量图,就是一种反映技术方案资金运动状态的图示,即把技术方案的现金流量绘入一个时间坐标图中,表示出各现金流入、流出与相应时间的对应关系。运用现金流量图,可全面、形象、直观地表达技术方案的资金运动状态。投资人和融资人的现金流量图示例如图2-1所示。

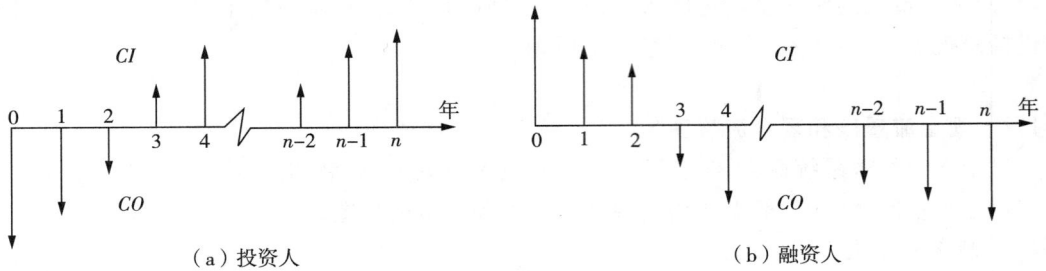

　　　　　(a)投资人　　　　　　　　　　　　　　(b)融资人

图2-1　投资人和融资人的现金流量图示例

现金流量图中横轴表示时间序列。每个刻度表示一个计息周期。起点0表示现时点(投资活动的初始起点)。发生在现时点的资金价值,以及未来某时点的资金按一定利率折算到该点的价值发生在该时点的资金价值称为资金的"现值"。1至n分别表示各计息周期的终点。第1个计息期的终点也就是第2个计息期的起点。在各点发生的资金相对于0点来说,都称为将来值。横轴的终点是投资过程时间序列的终点发生在该时点的资金价值,以及发生在该点以前某时点的资金按一定利率折算到该点的价值发生在该时点的资金价值称为资金的"终值"。资金的流入(收入)用向上的箭头表示,流出(支出)用向下的箭头表示。箭线的长短与收支大小成比例。由图2-1可以看出,由于考虑问题的出发点不同,投资人和融资人各自的现金流量图中,现金流量的箭头线长短相同,但方向相反。

现以图2-1说明现金流量图的绘制方法。

(1)以横轴为时间轴,向右延伸表示时间的延续,轴上每一个刻度表示一个时间单位,可取年、半年、季或月等;时间轴上的点称为时点,通常表示的是该时间单位末的时点;0表示时间序列的起点。整个横轴又可看成我们所考察的"技术方案"。

(2)相对于时间坐标的垂直箭头线代表不同时点的现金流量情况,现金流量的性质(流入或流出)是对特定的人而言的。对投资人而言,在横轴上方的箭头线表示现金流入,即表示收益;在横轴下方的箭头线表示现金流出,即表示费用。

(3)在现金流量图中,箭头线长短与现金流量数值大小本应成比例,但由于技术方案中各时点现金流量常常差额悬殊而无法成比例绘出,因此在现金流量图绘制中,箭头线长短只要能适当体现各时点现金流量数值的差异,并在各箭头线上方(或下方)注明其现金流量的数值即可。

(4)箭头线与时间轴的交点即为现金流量发生的时点。

(5)现金流量图可以分解或叠加,以便于计算。

为了使问题简化和便于计算,常规定在计息期内发生的收入和支出(如销售收入、经营成本等)均发生在期末,投资发生在期初,残值回收和流动资金回收发生在计算寿命期末。

　　总之,要正确绘制现金流量图,必须把握好现金流量的三要素,即现金流量的大小(现金流量数额)、方向(现金流入或现金流出)和作用点(现金流量发生的时点)。

【例 2-2】 某工程项目建设贷款 1 000 万元,合同规定 4 年后偿还,第 4 年年末连本带利向银行偿还了 1 130 万元。试绘制该工程项目的现金流量图。

　　解:本题立足点不同,其现金流量图也不同。若站在银行角度,即贷款人角度,则其现金流量图如图 2-2(a)所示;若站在工程项目角度,即借款人角度,则其现金流量图如图 2-2(b)所示。

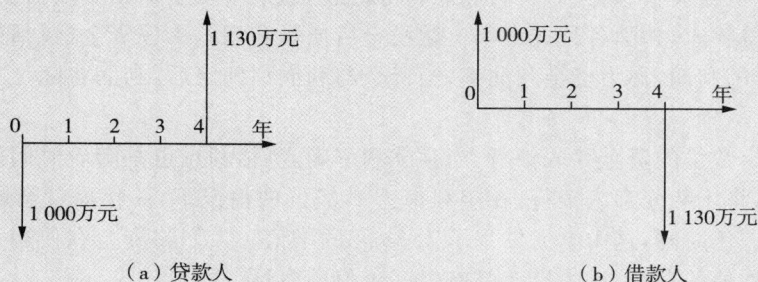

(a) 贷款人　　　　　　　　　　(b) 借款人

图 2-2　某工程项目的现金流量图

【例 2-3】 某项目第 1、2、3 年年初分别投资 100 万、70 万、50 万;以后各年年末均收益 90 万,经营费用均为 20 万,寿命期 10 年,期末残值 40 万。试绘制该项目的现金流量图。

　　解:该项目的现金流量图如图 2-3 所示。

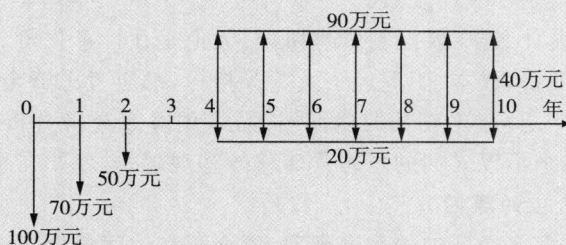

图 2-3　该项目的现金流量图

2.2　资金时间价值

2.2.1　资金时间价值的概念

　　有一笔 5 万元的优秀新生奖学金,可以入学时领取,也可以 4 年后毕业时领取,你将如何选择?很显然,你会选择入学时领取。同样,现在从银行借款 5 万元,5 年后只还银行 5 万元显然是不够的。如果你认同以上观点，你就已经承认了资金的时间价值。承认资金的时间价值，对投资方案的比较与选择是非常重要的。

资金的时间价值是客观存在的经济范畴，越来越多的企业在生产经营决策中将其作为一个重要的因素来考虑。在企业的长期投资决策中，由于企业所发生的收支在不同的时点上，且时间较长，因此如果不考虑资金的时间价值，就无法对决策的收支和盈亏做出正确、恰当的分析评价。

资金的时间价值是指资金的价值随时间不断地发生变化，也就是一定数量的资金在生产过程中通过劳动可以不断地创造出新的价值。例如，将资金投入某一企业，用这部分资金修建厂房、购置机器设备、购买原材料和燃料等之后，通过劳动生产出市场需要的各种产品，产品销售后所得收入，扣除各种成本和上缴税金后便是利润。单位资金（包括固定资金和流动资金）所获得的利润，称为资金利润率，当资金与利润率确定后，利润将随生产时间的延续而不断地增值。

如果把一定数量的资金存入银行，当存款利率确定后，利息也是随着时间的延续而不断地增值。比如，将 100 元存入银行，在年利率为 1.35% 的情况下，一年后就会增值为 101.35元。可见经过一年时间，这 100 元发生了 1.35 元的增值。人们将资金在使用过程中随时间的推移而发生增值的现象，称为资金具有时间价值的属性。

资金的时间价值，可以从以下两个方面理解：一方面，随着时间的推移，资金的价值会增加，这种现象称为资金的增值。资金的增值的实质是劳动者在生产过程中创造了剩余价值。另一方面，资金一旦用于投资，就不能用于即期消费。牺牲即期消费是为了能在将来得到更多的消费，个人储蓄和国家积累的目的都是这样。因此，从消费者的角度来看，资金的时间价值体现为放弃即期消费产生的损失所应得的报酬。

总之，当社会主义市场经济在正常运转时，通过资金的流通和生产的发展，劳动者所创造的价值，应在国家、银行、企业和职工个人之间进行合理的分配，这样才能发挥各方面的积极性，使社会主义经济得到不断的发展。

建设工程在规划、设计、施工及运行管理阶段，无论是在计算投资、年运行费、固定资产、流动资产，还是核算折旧费、成本、工程经济效益等指标，都应考虑资金的时间价值。尤其是建设期和经济寿命（生产期）都比较长的建设工程，采用静态经济分析方法是不符合市场经济活动规律的。违反这个不以人们的意志为转移的客观规律，就要在经济上受到惩罚。

1. 资金存在时间价值的原因

资金的时间价值是商品经济中的普遍现象，资金存在时间价值有以下几个原因。

（1）货币增值。从社会再生产的过程来讲，投资人将其拥有的资金投入生产活动中，形成生产要素。这些生产要素进入有效的生产和流通领域后，通过经济活动使其原有的资金货币形态产生增值，从而使得资金具有时间价值。

（2）承担风险。从资金流通的角度讲，当资金拥有者将资金存入银行或用于其他投资，即在一定时间内个人失去了对货币的使用权。投资具有风险，投资人也就面临着承担风险。利息、红利等相当于资金使用者向投资人对失去资金使用权并承担其风险所进行的补偿。

（3）机会成本。机会成本是指在互斥的选择中，选择其中一个而不选择另一个时所放弃的收益。或者说，稀缺资源被用于某一种用途意味着它不能被用于其他用途。因此，当我们考虑使用某一资源时，应当考虑它的最好用途。资金是一种稀缺资源，根据机会成本的概念,资金被占用之后就失去了获得其他利益的机会。

(4)通货膨胀。现代市场经济一般会表现出通货膨胀。通货膨胀是指商品和服务的货币价格总水平的持续上涨现象。或者简单地说,通货膨胀是物价的持续普遍上涨。当说到某项投资是保值性的,则意味着它能抵抗通货膨胀,即投入资金的增值速度能抵消货币的贬值速度。具体地说,就是能保证投资一段时间后所抽回的资金,完全能购买到当初投资额可以购买到的同等商品或服务。

2. 影响资金时间价值的因素

影响资金时间价值的因素主要有如下几个。

(1)资金的使用时间。在单位时间资金增值率一定的前提下,资金使用时间越长,资金的时间价值越大;资金使用时间越短,资金的时间价值越小。

(2)资金数量的大小。在其他条件不变的情况下,资金数量越大,资金的时间价值越大;资金数量越小,资金的时间价值越小。

(3)资金周转速度。资金周转越快,在一定时间内等量资金的时间价值越大;资金周转越慢,在一定时间内等量资金的时间价值越小。

(4)资金投入和回收的特点。在总投资一定的情况下,前期投入资金越多,资金的负效益越大;后期投入资金越多,资金的负效益越小。在资金回收额一定的情况下,离现在越近的时间回收的资金越多,资金的时间价值就越大;离现在越远的时间回收的资金越多,资金的时间价值就越小。

总之,资金的时间价值是客观存在的,投资经营的一项基本原则就是充分利用资金的时间价值并最大限度地获得其时间价值。这就要加速资金周转,早期回收资金,并不断进行高利润的投资活动。任何形式的积压资金或闲置资金,都是白白地损失了资金的时间价值。

资金的时间价值有多种表现方式:利润、利息、租金等。其可以用绝对数表示,也可以用相对数表示,即以收益率或利息率来表示。但是在实际工作中对这两种表示方法并不做严格的区分,通常用利息率进行计量。

2.2.2　资金时间价值的计算

1. 利率与计息周期

因为资金的时间价值计算方法与常见的银行利息计算方法相似,所以常以利息和利率来说明资金的时间价值。

由前所述,利息是资金使用者对其占用的资金(本金)所付出的代价。利息广义的含义是指投资所得的利润、收益等代价。利息的高低可用利息率表述。

利息率也称为利率,是单位时间内利息量和本金的比率。一般用百分数表示,利率广义的含义是指投资所得的利润率、收效率等,记为

$$i=\frac{I}{P}\times100\% \tag{2-1}$$

式中,i——利率;

$\quad I$——单位时间内的利息;

$\quad P$——本金。

公式中的"单位时间"也称为计息周期,通常为一年,但也可以根据投资人和融资人的约

定,以半年、季度、月等为单位来计息。

利率是各国调整国民经济的杠杆之一,利率的高低由如下几个因素决定。

(1)利率的高低首先取决于社会平均利润率的高低,并随之变动。在通常情况下,社会平均利润率是利率的最高界限。如果利率高于社会平均利润率,那么无利可图就不会有人去借款。

(2)在社会平均利润率不变的情况下,利率高低取决于金融市场上借贷资本的供求情况。借贷资本供过于求,利率便下降;借贷资本供不应求,利率便上升。

(3)借出资本要承担一定的风险,而风险的大小也影响利率的波动。风险越大,利率就越高。

(4)通货膨胀对利息的波动有直接影响,资金贬值往往会使利息无形中成为负值。

(5)借出资本的期限长短。贷款期限长、不可预见因素多、风险大,利率就高;贷款期限短、不可预见因素少、风险小,利率就低。

2. 单利计算

单利计算的主要特点是仅用本金计算利息,而不计算利息所产生的利息。例如,在私人多年定期存款中,银行不将前一年所获得利息转入后一年的本金中去。

利息发生在计息周期末。如果有 n 个计息周期,那么利息的计算公式为

$$I = Pin \tag{2-2}$$

式中,n——计息周期数;

I、P、i 含义同式(2-1)。

到投资期末,本金与利息之和(本利和)为

$$F = P(1+in) \tag{2-3}$$

式中,F——本利和;

n、I、P、i 含义同式(2-2)。

> 【例2-4】 某人现存入银行10万元,定期3年,年利率1.75%,问3年后本利和为多少?
>
> 解:$F = P(1+in) = 10 \times (1+0.0175 \times 3) = 10.525$(万元)

3. 复利计算

复利计算法是国内外工程建设投资中广泛应用的方法。在现代经济管理中,投资决策、资金回收计算、通货膨胀分析等都离不开复利计算。

$$F = P \times (1+i)^n$$

$$I = P \times [(1+i)^n - 1]$$

式中,F、n、I、P、i 含义同式(2-3)。

复利计算法的特点是除了本金的利息外还要计算利息所产生的利息。如借方不能按期付息就等于增加了债务本金。采用这种方法,能使企业在使用贷款时更加小心谨慎。因此,

复利制对合理利用资金、加快资金周转及加快工程建设都起到了积极的作用。

【例 2-5】　在例 2-4 中,若采用复利计算,3 年后的本利和为多少?

解:第 1 年年末本利和为

$$F_1 = 10 \times (1 + 0.0175 \times 1) = 10.175 (万元)$$

第 2 年年末本利和为

$$F_2 = F_1 (1 + 0.0175 \times 1) = 10 \times (1 + 0.0175)^2 = 10.353 (万元)$$

第 3 年年末本利和为

$$F_3 = F_2 (1 + 0.0175 \times 1) = 10 \times (1 + 0.0175)^3 = 10.534 (万元)$$

例 2-5 与例 2-4 相比,第 3 年年末采用复利计算比采用单利计算的利息多了 90 元。可见,对利率高、周期长的项目,采用复利计息更能反映出资金的时间价值。

2.3　名义利率和实际利率

2.3.1　名义利率

所谓名义利率(r),是指计息周期利率(i)乘以一个利率周期内的计息周期数(m)所得的利率,即

$$r = im \tag{2-4}$$

式中,r——名义利率;

　　i——计息周期利率;

　　m——一个利率周期内的计息周期数。

若月利率为 1%,则年名义利率为 12%。很显然,计算名义利率时忽略了前面各期利息再生的因素,这与计算单利时相同。通常所说的利率周期利率都是名义利率。

2.3.2　实际利率

若用计算周期利率来计算利率周期利率,并将利率同期内的利息再生因素考虑进去,则这时所得的利率周期利率称为利率周期实际利率(又称为有效利率)。

实际利率 i 是在一年内,按计息周期利率复利 m 次所形成的总利率。若年计息周期次数为 m 次,则周期利率为 r/m,1 年末的本利和为

$$F = P \left(1 + \frac{r}{m}\right)^m$$

式中,F、P、r 含义同式(2-3)和式(2-4)。

由于利息为

$$I = F - P = P \left(1 + \frac{r}{m}\right)^m - P = P \left[\left(1 + \frac{r}{m}\right)^m - 1\right]$$

因此实际利率与名义利率的关系为

$$i=\frac{I}{P}=\frac{P\left[\left(1+\dfrac{r}{m}\right)^m-1\right]}{P}=\left(1+\frac{r}{m}\right)^m-1 \qquad (2-5)$$

由式(2-5)可知,当 $m=1$,即年计息周期次数为 1 次时,实际利率等于名义利率;当 $m>1$ 时,实际利率大于名义利率。

若实际利率为 i ,名义利率 r ,每年计息 m 次,共存 n 年,则可得到本利和为

$$F=P(1+i)^n=P\left(1+\frac{r}{m}\right)^{m\cdot n} \qquad (2-6)$$

需要说明的是,在前两节所介绍的复利计算公式中, i 均指周期利率 r' ,当计息周期为 1 年,实际利率等于周期利率。

在工程经济分析中,如果各方案的计算期不同,那么就不能简单地使用名义利率来评价,必须换算成实际利率进行评价,否则会得出不正确的结论。

【例2-6】 1 000 万元 3 年期存款,假定名义利率为 8%,问下列情况下第 3 年年末的本利和为多少?(1)单利;(2)年复利;(3)季复利。

解:(1)在单利情况下第 3 年年末的本利和为

$$F=1\ 000\times(1+0.08\times3)=1\ 240(万元)$$

(2)在年复利情况下第 3 年年末的本利和为

$$F'=1\ 000\times(1+0.08)^3=1\ 259.71(万元)$$

(3)在季复利情况下第 3 年年末的本利和为

$$F''=1\ 000\times\left(1+\frac{0.08}{4}\right)^{4\times3}=1\ 268.24(万元)$$

【例2-7】 一笔 1 000 万元的贷款,要求在四年半后一次性还本付息。每半年计息一次,总偿还金额为 1 250 万元。求此笔贷款的名义利率与实际利率。

解:解法1 设计息周期为半年,周期数 $n=4.5\times2=9$,周期利率为 r' ,有

$$F=1\ 000(1+r')^9=1\ 250$$

$$(1+r')^9=1.25$$

$$r'=(1.25^{1/9}-1)\times100\%=2.51\%$$

则名义利率为

$$r=2.51\%\times2=5.02\%$$

则实际利率为

$$i=\left[\left(1+\frac{5.02\%}{2}\right)^2-1\right]\times100\%=5.08\%$$

解法 2　设计息周期为 1 年,周期利率为 $r'=i$,有

$$(1+i)^{1/4.5}=1.25$$

则年实际利率为

$$i=1.25^{1/4.5}-1=5.08\%$$

则名义利率为

$$r=\left[(1+i)^{1/m}-1\right]\times m=\left[(1+5.08\%)^{1/2}-1\right]\times2=5.02\%$$

2.3.3　间断计算与连续计算

复利计算有间断复利和连续复利之分。

若计息周期为一确定的时间(如年、季、月),并按复利计息,则称这种计息方式为间断计息。

若计息周期缩短,短到任意长的时期均可,也就是无限缩短,则称这种计息方式为连续计息。

假设名义利率为 r,周期利率为 i_1,一年计息 m 次,则 $r=mi_1$,$i_1=r/m$。

实际上,年初贷款 P,复利计息,则年底本利和为

$$F=P(1+i)^m=P\left(1+\frac{r}{m}\right)^m$$

实际年利率为

$$i=\frac{I}{P}=\frac{F-P}{P}=\left(1+\frac{r}{m}\right)^m-1(I\text{ 指年利息})$$

所以当为名义利率时,若计算期数增多,则实际利率增大。

若 $m\rightarrow+\infty$,则 $i=\lim[(1+r/m)^m-1]=\mathrm{e}^r-1$。也就是说,$i$ 不会随 m 的增大而无限增大,不会超过 e^r-1,即按连续复利计算,实际利率 $i=\mathrm{e}^r-1$(e 为自然对数的底,其值为 2.7182818⋯)。

从表 2-3 中可知,复利计息周期越短,年名义利率与年实际利率差别越大,年实际利率越高。

表 2-3　不同计算周期情况下利率的计算比较

计息周期	一年内计息周期数 m	年名义利率 $r/\%$	周期利率(r/m)/%	年实际利率 $i/\%$
年	1	12.00	12.00	12.00
半年	2	12.00	6.00	12.360
季度	4	12.00	3.00	12.551

（续表）

计息周期	一年内计息周期数 m	年名义利率 $r/\%$	周期利率$(r/m)/\%$	年实际利率 $i/\%$
月	12	12.00	1.00	12.683
周	52	12.00	0.230 8	12.736
日	365	12.00	0.032 88	12.748
连续计息	∞	12.00	趋近于 0	12.750

2.4 资金等值

2.4.1 资金等值计算的概念

如前所述,资金有时间价值,即使金额相同,因其发生在不同时间,其价值也不相同。反之,不同时点绝对值不等的资金在时间价值的作用下却可能具有相等的价值。这些不同时期、不同数额但其"价值等效"的资金称为等值资金,又叫等效值资金,即在时间因素的作用下,在不同的时期(时点),绝对值不等的资金具有相等的经济价值。

影响资金等值的因素有三个:资金额大小、资金发生的时间和利率。

利用等值概念,将一个时点发生的资金金额换算成另一个时点的等值金额,这一过程叫作资金等值计算。进行资金等值计算还需建立以下几个概念。

1. 现值 P(Present Value)

现值表示资金发生在某个特定的时间序列的起始时刻的现金流量,是指对未来现金流量以恰当的折现率进行折现后的价值。它发生在特定时刻始点以后所有时刻的现金流量的最前面。在工程经济分析计算中,一般约定 P 发生在起始时刻点的初期,如投资发生在第 0 年(亦第 1 年年初)。

把将来某一时点的资金金额换算成现在时点(基准时点)的等值金额就是求现值。

2. 贴现与贴现率

把将来某一时点的资金金额换算成现在时点的等值金额的过程称为贴现或折现。贴现时所用的利率称为贴现率或折现率。

3. 终值 F(Final Value)

终值又称为未来值,它表示资金发生在某个特定的时间序列的终点时刻的现金流量,是指现在一定量的资金在未来某一时点上的价值。它发生在特定时刻终点以前所有时刻的现金流量的最后面。在工程经济分析计算中,一般约定 F 发生在期末,如第 1 年末、第 n 年末等。

将之前某一时点上的资金金额折算到终点时刻上的等值金额就叫求终值。求资金的终值也就是求资金的本利和。

现值和终值是相对的,两个时点上的等值资金,前时点相对于后时点为现值,后时点相对于前时点为终值。例如,某项目在第 5 年的值相对于前面 1~4 年的值来说,它是终值;而相对于第 5 年以后的值来说,它又是现值。

4. 年值 A(Annual Value)

年值表示与某笔现值或终值相等的,发生在每年的等额现金流量,是指在某个特定时间序列内,每隔相同时间收入或支出的等额资金。在工程经济分析计算中,如果无特别说明,那么一般约定 A 发生在期末,如第 1 年末、第 n 年末等。

年值中的"年"并非特指时间单位年,年值在实际应用中通常指每一计息期期末发生的等额现金流量,可能是每年的等额现金流量,也可能是每季、每月、每周甚至每天的等额现金流量。

5. 等值(Equivalence)

相对于现值、终值和年值来说,等值是一个抽象的概念,它只是资金的一种转换计算过程。等值既可以是现值、终值,也可以是年值。

2.4.2 资金等值的计算

工程经济分析中,需要对项目寿命期内不同时间点发生的收益与费用进行分析计算。由于资金时间价值的作用,因此不同时间点上发生的现金流量不能直接进行比较。资金等值是指考虑了时间因素的作用,特定的方法,使不同时间点发生的现金流量具有相同的价值。通过资金的等值计算,使得发生在不同时间上的资金具有可比性。

每个投资项目的现金流量的发生是不尽相同的:有的项目一次投资,多次收益;有的项目多次投资,多次收益;有的项目多次投资,一次收益;有的项目一次投资,一次收益。资金等值计算的类型如图 2-4 所示。

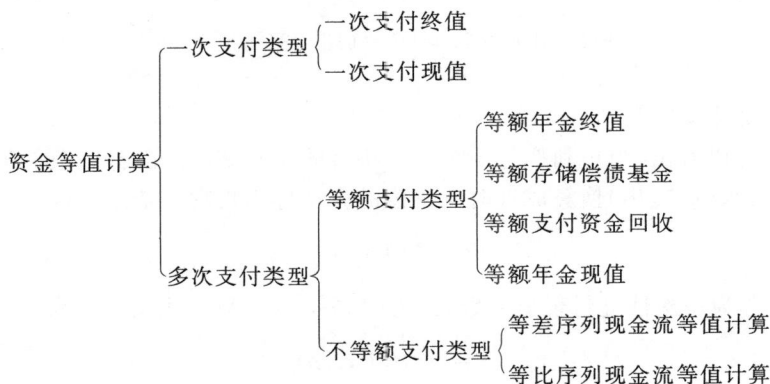

图 2-4 资金等值计算的类型

资金时间价值计算也称为资金等值计算。

1. 一次支付终值公式

一次支付终值公式也称为一次支付本利和公式。图 2-5 为一次支付终值现金流量图。第 1 年年初投入资金 P,以年利率 i 进行计算,则从例 2-2 可以看出,第 n 年末的本利和为

$$F = P(1+i)^n \qquad (2-7)$$

式中,$(1+i)^n$ 称为一次支付终值系数,记为 $(F/P,i,n)$,故上式又可写为

$$F = P(F/P,i,n) \qquad (2-8)$$

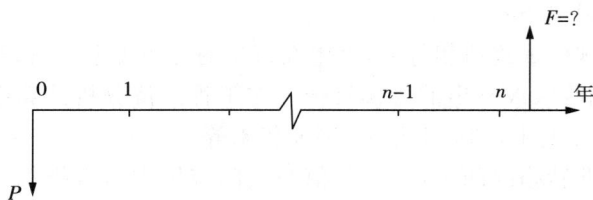

图 2-5　一次支付终值现金流量图

【例 2-8】　某企业向银行借款 100 万元,若年利率为 8%,5 年后应偿还多少?

解:画出现金流量图,如图 2-6 所示。

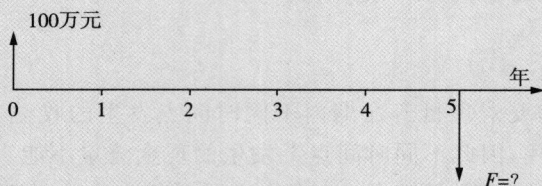

图 2-6　例 2-8 现金流量图

依据式(2-7),得

$$F = 100 \times (1+0.08)^5 = 146.93(万元)$$

此题也可依据式(2-8),先在附录 A 中查出 $(F/P,8\%,5) = 1.4693$,则

$$F = 100 \times 1.4693 = 146.93(万元)$$

2. 一次支付现值公式

由例 2-8 可以看出,当年利率为 8% 时,5 年后的 146.93 万元与现在的 100 万元等值。这种把将来的收入(或支出)换算成现时点价值的方法称为折现。依据式(2-7),得

$$P = F(1+i)^{-n} \tag{2-9}$$

式中,$(1+i)^{-n}$ 称为一次性支付现值系数,记为 $(P/F,i,n)$,故上式又可写为

$$P = F(P/F,i,n) \tag{2-10}$$

由式(2-9)可以看出,当 F、i 一定时,n 越大,P 越小。这说明一笔资金的年代离现在越远(将来方向),价值越低。这也说明,企业应收的钱越早收回越有利;应付出去的钱,在允许的条件下,越晚付出去越好。这就是经营中的"早收晚付"原则。当 F、n 一定时,i 越大,P 越小。这说明如果投资活动的贷款利率越高,就越应尽早收回投资。若在某项投资活动中,n、i 都很大,则"早收晚付"原则就更重要。

【例 2-9】　某企业两年后拟从银行取出 50 万元,假定复利率为 8%,现在应存多少?

解:画出现金流量图,如图 2-7 所示。

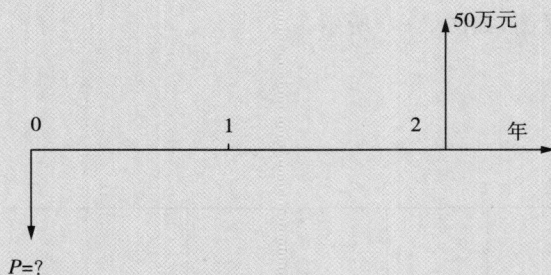

图 2-7　例 2-9 现金流量图

依据式(2-9),得

$$P = F(1+i)^{-n} = 50 \times (1+0.08)^{-2} = 42.87(万元)$$

3. 等额年金终值公式

等额年金是指在经济活动期内,每单位时间间隔里具有相同的收入与支出(年等值)。图 2-8 为年末等额年金法现金流量图。设在 n 个时间周期中,每个时间周期期末支出(或收入)相同的金额 A,并在投资期末将资金全部收入(或支出)。

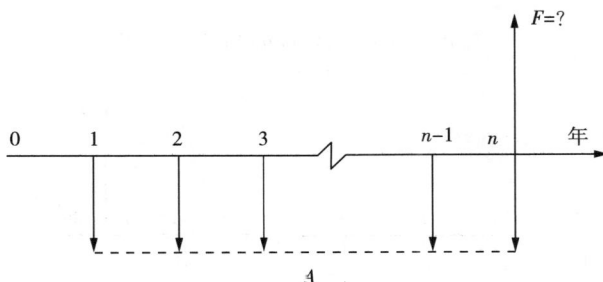

图 2-8　年末等额年金法现金流量图

设年利率为 i,则 n 年年末的本利和 F 为

$$F = A + A(1+i) + A(1+i)^2 + \cdots + A(1+i)^{n-2} + A(1+i)^{n-1} \qquad (2-11)$$

根据等比数列前 n 项求和公式可得

$$F = A\left[\frac{(1+i)^n - 1}{i}\right] \qquad (2-12)$$

式中,$\dfrac{(1+i)^n - 1}{i}$ 称为等额年金终值系数,记为 $(F/A, i, n)$,故上式又可写为

$$F = A(F/A, i, n) \qquad (2-13)$$

【例 2-10】　某企业连续每年年末投资 100 万元,年利率为 6%,到第 5 年年末可得本利和为多少?

解：画出现金流量图，如图2-9所示。

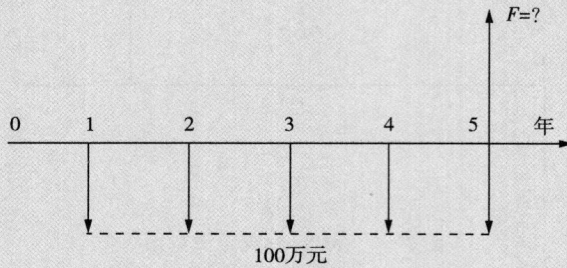

图2-9　例2-10现金流量图

依据式(2-12)，得

$$F=A\left[\frac{(1+i)^{n}-1}{i}\right]=100\times\left[\frac{(1+0.06)^{5}-1}{0.06}\right]=563.71(万元)$$

若在 n 个周期中，每个周期开始时支出(或收入)等额 A(见图2-10)，当年利率为 i 时，n 年末的本利和为

$$F'=A(F/A,i,n)(1+i) \tag{2-14}$$

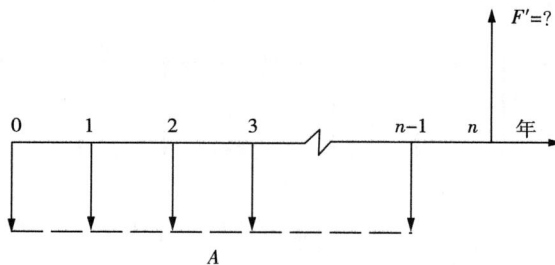

图2-10　年初等额年金法现金流量图

【例2-11】　在例2-10中，若投资发生在年初，则第5年年末可得本利和为多少？
解：画出现金流量图，如图2-11所示。

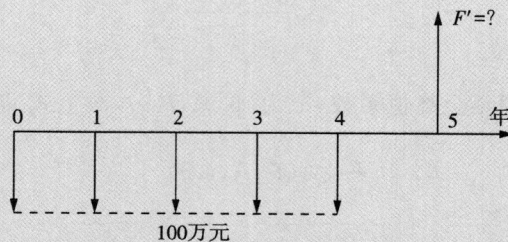

图2-11　例2-11现金流量图

依据式(2-14),得

$$F' = F(1+i) = 563.71 \times (1+0.06) = 597.53(万元)$$

4. 等额存储偿债基金公式

图 2-12 为等额存储偿债基金现金流量图。

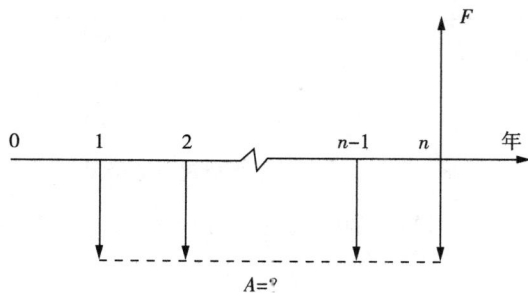

图 2-12　等额存储尝债基金现金流量图

已知一笔 n 年末的借款,拟在 1 至 n 年年末等额存储一笔资金 A,以便到 n 期期末偿还借债 F,则每年末等额存储的资金 A 由式(2-12)可推得

$$A = F\left[\frac{i}{(1+i)^n - 1}\right] \qquad (2-15)$$

式中,$\dfrac{i}{(1+i)^n - 1}$ 称为等额存储偿债资金系数,记为 $(A/F, i, n)$,故上式又可写为

$$A = F(A/F, i, n) \qquad (2-16)$$

【例 2-12】　为在第 5 年年末获得一笔 563.71 万元的资金,当资金利率为 6% 时,问每年末应存多少?

解:画出现金流量图,如图 2-13 所示。

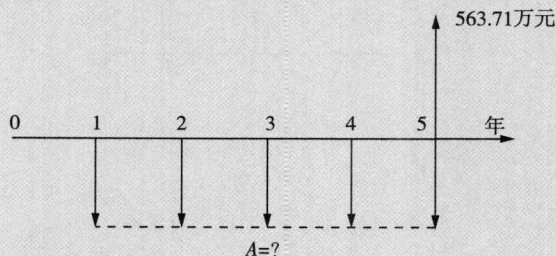

图 2-13　例 2-12 现金流量图

依据式(2-16),得

$$A = 563.71(A/F, 6\%, 5) = 563.71 \times 0.177\,4 = 100.00(万元)$$

在例 2-12 中,如果存款时间改在年初,那么每年应存入的款额为多少也是可以计算的。

5. 等额年金现值公式

图 2-14 为等额年金现值现金流量图。

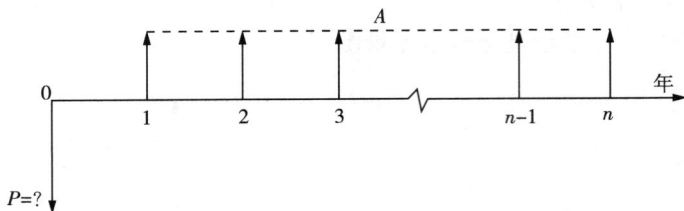

图 2-14　等额年金现值现金流量图

已知 n 年内每年年末有一笔等额的收入(或支出)A,则现值 P 为

$$P=A\left[\frac{(1+i)^n-1}{i(1+i)^n}\right] \tag{2-17}$$

式中,$\dfrac{(1+i)^n-1}{i(1+i)^n}$ 称为等额年金现值系数,记为 $(P/A,i,n)$,故上式又可写为

$$P=A(P/A,i,n) \tag{2-18}$$

式(2-17)中,当 n 很大时,可近似为

$$P=A\left[\frac{1}{i}-\frac{1}{i(1+i)^n}\right]=\frac{A}{i} \tag{2-19}$$

【例 2-13】　某公司拟投资一个项目,预计建成后每年获利 10 万元,3 年后收回全部投资的本利和。设贷款利率为 10%,问该项目总投资为多少?

解:画出现金流量图,如图 2-15 所示。

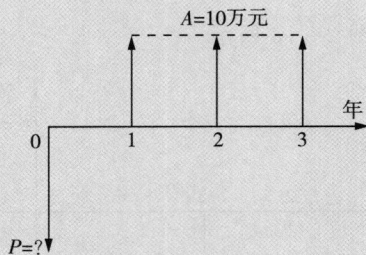

图 2-15　例 2-13 现金流量图

依据式(2-19),并查得 $(P/A,10\%,3)$ 为 3.487,故得

$$P=10\times3.487=34.87(万元)$$

6. 等额支付资金回收公式

图 2-16 为等额支付资金回收系数现金流量图。现投入一笔资金 P,希望今后 n 年内

将本利和在每年末以等额 A 的方式回收,问 A 值为多少?

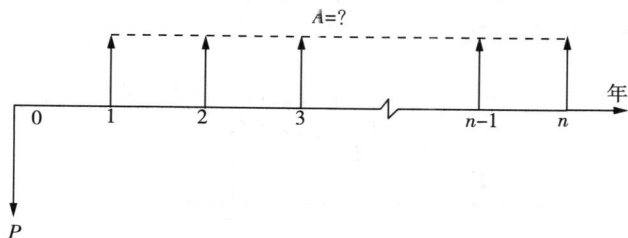

图 2-16　等额支付资金回收系数现金流量图

将式(2-7)代入式(2-15)中,可得

$$A = P\left[\frac{i\,(1+i)^n}{(1+i)^n-1}\right] \tag{2-20}$$

式中, $\dfrac{i\,(1+i)^n}{(1+i)^n-1}$ 称为等额支付资金回收系数,记为 $(A/P,i,n)$,故上式又可写为

$$A = P(A/P,i,n) \tag{2-21}$$

【例 2-14】　现投资 100 万元,预期利率为 10%,分 5 年等额回收,每年可回收多少资金?

解: 画出现金流量图,如图 2-17 所示。

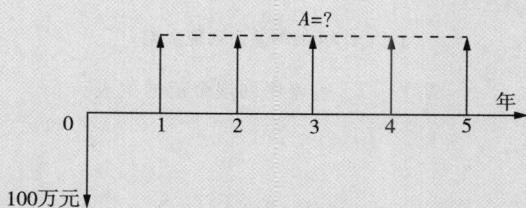

图 2-17　例 2-14 现金流量图

依据式(2-17),得

$$A = 100 \times \left[\frac{0.1 \times (1+0.1)^5}{(1+0.1)^5-1}\right] = 26.38(万元)$$

7. 等差序列现金流等值计算

等差序列现金流是指各期发生的现金流量成等差序列。假定第 1 个计息期末的现金流量为 A_1 ,以后每期递增 G (等差额)。也就是说,第 2 个计息期末的现金流量为 A_1+G ,第 3 个计息期末的现金流量为 A_1+2G ,…,第 n 个计息期末的现金流量为 $A_1+(n-1)G$ 。图 2-18 为等差序列现金流量图。

图 2-18 中的现金流量 A_1 、 $A_1+(n-1)G$ 、时间轴和连接各现金流量的箭头的虚线正好

组成一个梯形。因此,等差序列现金流的等值计算在一些书上叫作均匀梯度系列公式。由图 2-18 可以看出,等差序列现金流由等额分付现金流和 A_1 为 0 的等差序列现金流两部分组成(见图 2-19),即 $P=P_A+P_G$。

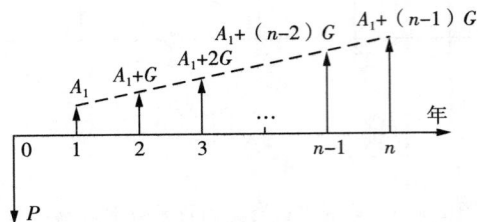

图 2-18　等差序列现金流量图

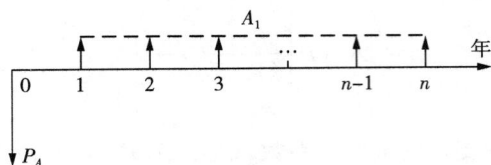

(a)等额分付现金流

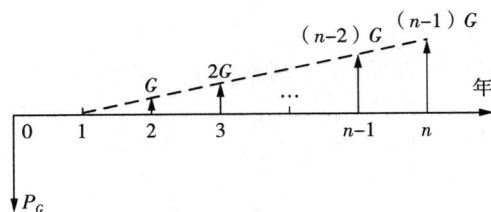

(b)A_1为0的等差序列现金流

图 2-19　等差序列现金流的构成

因为

$$P_A=A_1(P/A,i,n)$$

$$P_G=G\left[\frac{1}{(1+i)^2}+\frac{2}{(1+i)^3}+\cdots+\frac{n-1}{(1+i)^n}\right] \qquad (2-22)$$

式(2-22)两边同乘(1+i),得

$$P_G(1+i)=G\left[\frac{1}{(1+i)}+\frac{2}{(1+i)^2}+\cdots+\frac{n-1}{(1+i)^{n-1}}\right] \qquad (2-23)$$

式(2-23)减式(2-22),得

$$P_G i=G\left[\frac{1}{(1+i)}+\frac{1}{(1+i)^2}+\cdots+\frac{1}{(1+i)^{n-1}}-\frac{n-1}{(1+i)^n}\right]$$

$$=G\left[\frac{1}{(1+i)}+\frac{1}{(1+i)^2}+\cdots+\frac{1}{(1+i)^{n-1}}+\frac{1}{(1+i)^n}\right]-\frac{Gn}{(1+i)^n}$$

$$= G\left[\frac{(1+i)^n-1}{i(1+i)^n}\right] - \frac{Gn}{(1+i)^n}$$

所以

$$P_G = G\left\{\frac{1}{i}\left[\frac{(1+i)^n-1}{i(1+i)^n} - \frac{n}{(1+i)^n}\right]\right\} = G \cdot (P/G, i, n) \qquad (2-24)$$

式中,$(P/G, i, n)$——等差序列现值系数。

注意:由于差值 G 从第 2 年开始,因此其现值位于 G 开始的前两年。

又因为

$$F = P(F/P, i, n) = P(1+i)^n$$

所以

$$F_G = G\left\{\frac{1}{i}\left[\frac{(1+i)^n-1}{i} - n\right]\right\} = G(F/G, i, n) \qquad (2-25)$$

式中,$(F/G, i, n)$——等差序列终值系数。

又因为

$$A = P(A/P, i, n) = P\frac{i(1+i)^n}{(1+i)^n-1}$$

所以

$$A_G = G\left[\frac{1}{i} - \frac{n}{(1+i)^n-1}\right] = G(A/G, i, n) \qquad (2-26)$$

式中,$(A/G, i, n)$——等差序列年值系数。

因此,等差序列现金流的现值为 $P = A_1(P/A, i, n) + G(P/G, i, n)$;等差序列现金流的终值为 $F = A_1(F/A, i, n) + G(F/G, i, n)$;等差序列现金流的年值为 $A = A_1 + G(A/G, i, n)$。

【例 2 - 15】　某公司发行的股票面值 120 元,第一年股息 10%,预计以后每年股息增加 1.8 元,10 年后股票以面值一半回购。若 10 年内希望达到 12% 的投资收益率,试问目前投资购进该股票是否合算?

解:根据题目可知,$A_1 = 120 \times 10\% = 12$,$G = 1.8$,$n = 10$,$F = 120 \times \frac{1}{2} = 60$。

目前购进股票在 12% 收益下未来 10 年的收益现值为

$$P = 12(P/A, 12\%, 10) + 1.8(P_G/G, 12\%, 10) + 60(P/F, 12\%, 10)$$

$$= 12 \times 5.650\ 2 + 1.8 \times 20.254\ 1 + 60 \times 0.322\ 0$$

$$= 123.58(元)$$

投资收益现值大于投入成本,因此目前投资购进该股票合算。

8. 等比系列现金流等值计算公式

等比系列现金流是指每期期末发生的现金流量成等比 q 变化。图 2-20 为等比现金流量序列的现金流量图。

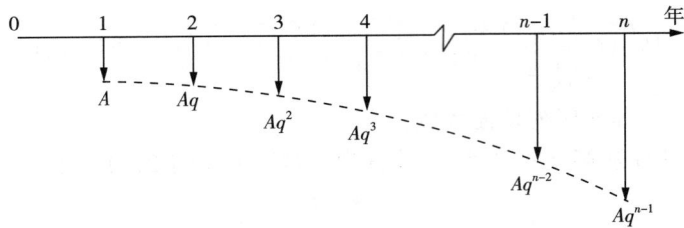

图 2-20 等比现金流量序列的现金流量图

此现金流量序列的复利终值 F 可表示为

$$F = A(1+i)^{n-1} + Aq(1+i)^{n-2} + Aq^2(1+i)^{n-3} + \cdots + Aq^{n-2}(1+i) + Aq^{n-1}$$

$$= A \sum_{k=1}^{n} (1+i)^{n-1} \left(\frac{q}{1+i} \right)^{k-1}$$

$$= A(1+i)^{n-1} \frac{1 - \left(\frac{q}{1+i} \right)^n}{1 - \frac{q}{1+i}}$$

$$= A(1+i)^n \frac{1 - \left(\frac{q}{1+i} \right)^n}{1+i-q} \tag{2-27}$$

令 $q = 1 + s$，则式（2-24）可变为

$$F = A \frac{1}{i-s} (1+i)^n \left[1 - \left(\frac{1+s}{1+i} \right)^n \right] \tag{2-28}$$

同理，可求得 A 和 P。

【例 2-16】 某项目第 1 年年初投资 800 万元，第 2 年年初又投资 100 万元，第 2 年年末获净收益 400 万元，从第 2 年开始到第 6 年年末，每年净收益逐年递增 6%，第 7 年至第 9 年每年年末获净收益 750 万元，若年利率为 10%，求与该项目现金流量等值的现值和终值。

解：按题意，在 1～9 年内该项目的现金流量图如图 2-21 所示。

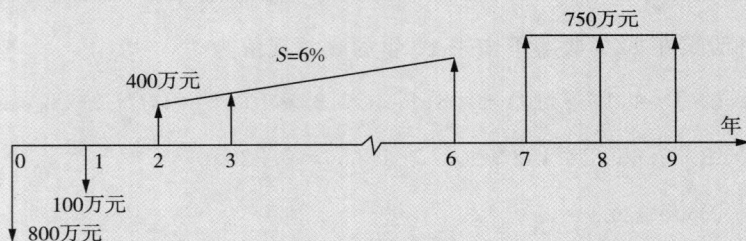

图 2-21 例 2-16 现金流量图

依据式$(2-7)$、式$(2-9)$、式$(2-18)$、式$(2-25)$,有

$$P=-800-100(P/F,10\%,1)+400\times\frac{1}{10\%-6\%}\times(1+10\%)^5$$

$$\times\left[1-\left(\frac{1+6\%}{1+10\%}\right)^5\right](P/F,10\%,6)+750(P/A,10\%,3)(P/F,10\%,6)$$

$$=-800-100\times0.909\ 1+400\times25\times1.610\ 5\times0.169\ 1\times0.564\ 5$$

$$+750\times2.486\ 9\times0.564\ 5$$

$$=1\ 699.31(万元)$$

$$F=1\ 699.31(F/P,10\%,9)=1\ 699.31\times2.357\ 9=4\ 006.80(万元)$$

将上述资金等值计算公式汇总,见表$2-4$所列。

表 2-4 资金等值计算公式汇总表

类别		已知	求解	系数名称及符号	系数代数式	公式
一次性支付		P	F	一次性支付终值系数 $(F/P,i,n)$	$(1+i)^n$	$F=P(1+i)^n$ $=P(F/P,i,n)$
		F	P	一次性支付现值系数 $(P/F,i,n)$	$(1+i)^{-n}$	$P=F(1+i)^{-n}$ $=F(P/F,i,n)$
多次支付	等额支付序列	A	F	等额年金终值系数$(F/A,i,n)$	$\frac{(1+i)^n-1}{i}$	$F=A\frac{(1+i)^n-1}{i}$ $=A(F/A,i,n)$
		F	A	等额存储偿债基金系数$(A/F,i,n)$	$\frac{i}{(1+i)^n-1}$	$A=F\frac{i}{(1+i)^n-1}$ $=F(A/F,i,n)$
		P	A	等额支付资金回收系数$(A/P,i,n)$	$\frac{i(1+i)^n}{(1+i)^n-1}$	$A=P\frac{i(1+i)^n}{(1+i)^n-1}$ $=P(A/P,i,n)$
		A	P	等额年金现值系数$(P/A,i,n)$	$\frac{(1+i)^n-1}{i(1+i)^n}$	$P=A\frac{(1+i)^n-1}{i(1+i)^n}$ $=A(P/A,i,n)$
	不等额支付 等差序列	G	F		$P=G\left\{\frac{1}{i}\left[\frac{(1+i)^n-1}{i(1+i)^n}-\frac{n}{(1+i)^n}\right]\right\}$	
		G	P		$F=G\left\{\frac{1}{i}\left[\frac{(1+i)^n-1}{i}-n\right]\right\}$	
		G	A		$A=G\left[\frac{1}{i}-\frac{n}{(1+i)^n-1}\right]$	
	等比支付序列	q	F		$F=A(1+i)^n\frac{1-\left(\frac{q}{1+i}\right)^n}{1+i-q}$	

2.4.3 几种特殊情况

为便于理解,我们以利息和利率来说明等值计算的不同方法和过程。等值计算根据计息周期与名义利率时间单位的关系划分为三种。

1. 计息期与支付期相同的计算

【例 2-17】 设年利率 12%,每季计息一次,从现在起 3 年内每季末 200 元等额值支出,问与其等值的终值是多少。

解:根据已知条件,每季度(计息周期)的利率为

$$i = \frac{r}{m} = \frac{0.12}{4} = 0.03$$

计息期数为

$$n = 4 \times 3 = 12(次)$$

所以其现金流量图如图 2-22 所示,与其等值的终值为

$$F = A(F/A, i, n) = 200(F/A, 0.03, 12) = 2\,838.4(元)$$

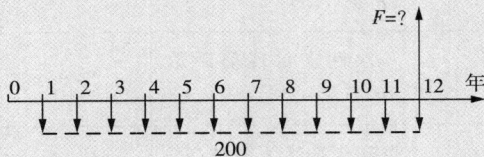

图 2-22 例 2-17 现金流量图

【例 2-18】 某人分期付款购买价值 2 000 元的手机,在 2 年内分 24 次偿还。每月偿还 99.80 元,复利按月计算,试求月实际利率、年名义利率和年实际利率。

解:根据已知条件,由如下关系式:

$$99.80 = 2\,000(A/P, i, 24)$$

即

$$(A/P, i, 24) = \frac{99.80}{2\,000} = 0.049\,9$$

查表可得,月实际利率为

$$i_c = 1.5\%$$

则年名义利率为

$$r = i_c \times 12 = 18\%$$

年实际利率为

$$i = \left(1 + \frac{r}{m}\right)^m - 1 = \left(1 + \frac{0.18}{12}\right)^{12} - 1 = 19.56\%$$

2. 计息期短于支付期的计算

【例 2-19】 某人每半年存入银行 500 元,共 3 年,若年利率为 8%,每季计息一次,试问 3 年后他的账户金额。

解:方法一:先求计息期实际利率,再进行等值计算。

每季复利一次,则季实际利率为

$$i_{季} = \frac{8\%}{4} = 2\%$$

计息周期总数为 12(季),则 3 年后他的账户金额为

$$F = 500(F/P, 2\%, 10) + 500(F/P, 2\%, 8) + 500(F/P, 2\%, 6)$$

$$+ 500(F/P, 2\%, 4) + 500(F/P, 2\%, 2) + 500$$

$$= 3\,319.8(元)$$

方法二:把每个支付周期期末发生的现金流换算为以计息期为基础的等额系列,再进行等值计算,按季计息现金流量图如图 2-23 所示,则有

$$A_{季} = 500(A/F, 2\%, 2) = 247.53(元)$$

$$F = 247.53(F/A, 2\%, 12) = 3\,319.8(元)$$

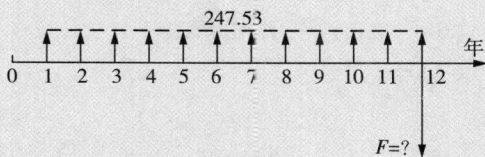

图 2-23　例 2-19 按季计息现金流量图

方法三:先求支付周期的实际利率,再以支付期为基础进行等值计算,按半年计息现金流量图如图 2-24 所示,则有

$$i = \left(1 + \frac{2\% \times 2}{2}\right)^2 - 1 = 4.04\%$$

$$F = 500(F/A, 4.04\%, 6) = 3\,319.8(元)$$

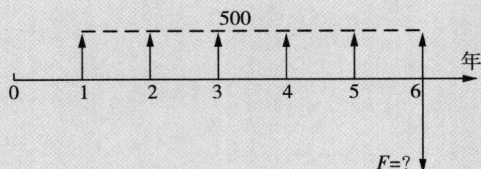

图 2-24　例 2-19 按半年计息现金流量图

三种方法,计算结果相同。

3. 计息期长于支付期的计算

当计息期长于支付期时,一般情况是将计息期内发生的现金流量进行合并,使其与计息期的时间长度相等。按照惯例,存款必须存满整个计息期时才计算利息,而借款或贷款没有满一个计息期也计算利息。这就是说,在计息期间存入的款项在该计息期不计算利息,要到下一个计息期才计算利息;在计息期间的借款或贷款,在该计息期计算利息。因此,在对现金流量进行合并时,计息期间的收入应放在期末,而在计息期间的投资或贷款应放在期初。

【例 2-20】　某账户实际现金流量图如图 2-25 所示,每季度计息一次,若年利率为 8%,求年底账户总额。

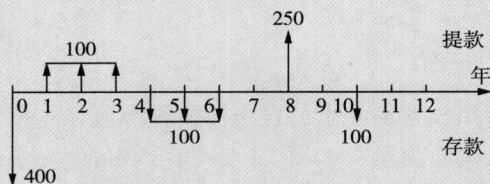

图 2-25　例 2-20 实际现金流量图

解:按上述原则,现金流量图可改画为图 2-26,则年底账户总额为

$$F = (400-200)(F/P,2\%,4) - 100(F/P,2\%,3)$$

$$+ (300-250)(F/P,2\%,2) + 100$$

$$= 262.3(元)$$

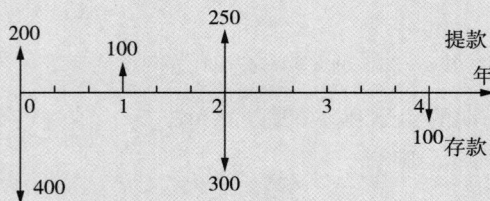

图 2-26　例 2-20 计算现金流量图

4. 几种还款方式等值计算

目前,常见的银行贷款还款方式主要有以下四种。

方式一：一次性还本付息，中途不做任何还款。

方式二：中途归还每期利息，到期时归还本金和最后一期的利息。

方式三：等额本金法，即将所借本金分期均匀偿还，同时偿还每期利息。

方式四：等额本息法，即将所欠本金和利息分摊到每年做等额偿还，每年偿还的本金加利息相等。

【例 2-21】　某人从银行贷款 10 000 元，假定在 5 年内以年利率 5% 还清全部本金和利息。

上述四种还款方式的每年还款明细见表 2-5 所列。

表 2-5　不同还款方式还款明细

	年份	1	2	3	4	5
方式一	年初欠款	10 000.00	10 500.00	11 025.00	11 576.25	12 155.06
	当年利息	500.00	525.00	551.25	578.81	607.75
	年末欠款	10 500.00	11 025.00	11 576.25	12 155.06	12 762.82
	当年还本	0.00	0.00	0.00	0.00	10 000.00
	当年付息	0.00	0.00	0.00	0.00	2 762.82
	还本付息	0.00	0.00	0.00	0.00	12 762.82
方式二	年初欠款	10 000.00	10 000.00	10 000.00	10 000.00	10 000.00
	当年利息	500.00	500.00	500.00	500.00	500.00
	年末欠款	10 000.00	10 000.00	10 000.00	10 000.00	10 000.00
	当年还本	0.00	0.00	0.00	0.00	10 000.00
	当年付息	500.00	500.00	500.00	500.00	500.00
	还本付息	500.00	500.00	500.00	500.00	10 500.00
方式三	年初欠款	10 000.00	8 000.00	6 000.00	4 000.00	2 000.00
	当年利息	500.00	400.00	300.00	200.00	100.00
	年末欠款	8 000.00	6 000.00	4 000.00	2 000.00	0.00
	当年还本	2 000.00	2 000.00	2 000.00	2 000.00	2 000.00
	当年付息	500.00	400.00	300.00	200.00	100.00
	还本付息	2 500.00	2 400.00	2 300.00	2 200.00	2 100.00
方式四	年初欠款	10 000.00	8 190.25	6 290.02	4 294.77	2 199.76
	当年利息	500.00	409.51	314.50	214.74	109.99
	年末欠款	8 190.25	6 290.02	4 294.77	2 199.76	0.00
	当年还本	1 809.75	1 900.24	1 995.25	2 095.01	2 199.76
	当年付息	500.00	409.51	314.50	214.74	109.99
	还本付息	2 309.75	2 309.75	2 309.75	2 309.75	2 309.75

　　由表 2-5 可知,等额本金还款法前期还款总额大,还款压力大,随着时间的推移,每期还款额递减,总利息支出较低。每月还款额中的本金不变、利息逐年递减。

　　等额本息还款法每期还款金额固定,操作相对简单,总利息相对等额本金还款法高。每期还款额中的本金逐期递增、利息逐期递减。

　　虽然各种还款方式总还款金额大小不一,但根据资金等值计算原理,还款现金流量的现值必定和借款额相等。

　　常见的有关房贷还款方式选择的讨论中,对等额本息还款法存在一个误区,片面强调总体利息支出较多这一现象,实际上等额本息还款法占用银行贷款的数量更多、占用的时间更长,同时它还便于借款人合理安排每月的生活和进行理财,对于精通投资、擅长“以钱生钱”的人来说,无疑是最好的选择。即便撇开这些因素,从通货膨胀引起货币贬值这一角度来说,等额本息还款法依然是最佳的选择。

习　题

　　1. 证明:

　　$(1)(P/A,i,n)＝(P/A,i,n-1)＋(P/F,i,n)$

　　$(2)(A/P,i,n)＝(A/F,i,n)＋i$

　　2. 已知年利率为 10%,某企业向金融机构贷款 200 万元。

　　(1)5 年后一次性还本付息,则第 5 年年末应偿还的资金总额是多少?

　　(2)若 5 年内每年年末偿还当年产生的利息,第 5 年年末偿还所欠本金和当年产生的利息,则 5 年内偿还的本金和利息的总额是多少?

　　(3)若 5 年内每年年末等额偿还本金和当年产生的利息,则 5 年内偿还的本金和利息的总额是多少?

　　(4)若 5 年内每年年末以相等的金额偿还贷款,则 5 年内偿还的本金和利息的总额是多少?

　　3. 考虑资金时间价值后,总的现金流出等于总的现金流入,试根据图 2-27 所示现金流量,用各种资金等值计算公式,用已知项表示未知项。

　　(1)已知 A_1,A_2,P_1,i,求 P_2;

　　(2)已知 A_1,P_1,P_2,i,求 A_2;

　　(3)已知 P_1,P_2,A_2,i,求 A_1。

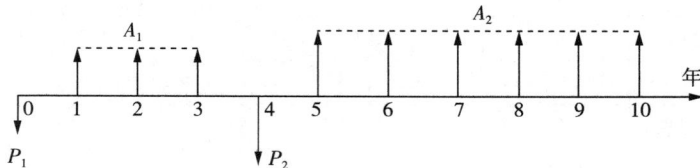

图 2-27　习题 3 现金流量图

　　4. 某项目贷款 100 万元,银行 4 年内等额收回全部贷款,若贷款利率为 10%,则项目每年的净收益不应少于多少万元?

　　5. 某学生在大学四年学习期间,每年年初从银行借款 2 000 元以支付学费,若按年利率

6%计复利,第四年末一次归还全部本息需要多少钱?

6. 某企业向银行贷款 200 万元,若年利率为 12%,每半年计息一次,求计息周期利率、年实际利率和 5 年末应偿还的本利和?

7. 某项目第 1～4 年平均每年投资 50 万元;第 4 年建成投产,年净收益 40 万元;第 5～10 年生产达产后年均净收益 70 万元;第 11～12 年生产约有下降,年均净收益 50 万元。当年利率为 8% 时,求终值、现值、第 4 年期末的等值资金。

第3章 工程经济要素

内容提要：

  本章介绍工程经济要素的组成，主要内容包括投资的组成及其估算方法；工程经济中的成本构成；销售收入、税金与利润的构成；工程经济要素之间的关系。

能力要求：

  (1)能够了解建设项目的总投资构成；
  (2)能够正确掌握投资估算的计算方法；
  (3)能够正确理解产品成本费用的构成及工程经济中成本费用的计算；
  (4)能够理解销售收入、税金与利润的构成；
  (5)能够掌握工程投资方案现金流的构成。

3.1 投资与资产

3.1.1 投资

  1. 投资的概念

  投资是指人们有目的的经济行为，即以一定的资源投入某项计划，以获得所期望的报酬的过程。投资是人们在社会经济活动中为实现某种预定的目标而预先垫付的资金。在工程经济学中，投资作为一种工程经济要素，主要是指完成设备、设施或建设项目等工程方案实施并达到使用要求或生产条件的投资性费用，不包括工程运营所花费的费用。

  2. 建设项目投资构成

  生产性建设项目投资一般是由建设投资和流动资金投资两部分组成。非生产性建设项目通常不需要流动资金投资，因此生产性建设项目投资一般简称建设项目总投资。根据政府现行相关规定，建设项目投资具体构成见表 3-1 所列。

  工程造价是指工程项目在建设期预计或实际支出的建设费用，为税前造价，即工程费用要素均按不含增值税（可抵扣进项税额）价格计算的工程造价。增值税是指应计入建设项目总投资内的增值税进项税额，包括工程费、工程建设其他费和预备费的增值税。资金筹措费是指在建设期内应计的利息和在建设期内为筹集项目资金发生的费用，包括各类借款利息、债券利息、贷款评估费、国外借款手续费及承诺费、汇兑损益、债券发行费用及其他债务利息支出或融资费用。流动资金系指运营期内长期占用并周转使用的营运资金，不包括运营中需要的临时性营运资金。基本预备费是指投资估算预留的，由于工程实施中不可预见的工程变更及洽商、一般自然灾害处理、地下障碍物处理、超规超限设备运输等而可能增加的费用，亦可称为不可预见费。价差预备费是指投资估算预测预留的，由于建设项目在建设期间由于利率、汇率或价格等因素变化而可能增加的费用,亦可称为价格变动不可预见费,包括人工、设备、材料、施工机械的价差费,建筑安装工程费及工程建设其他费用调整,利率、汇率调整等增加的费用。

表 3－1　建设项目投资具体构成

建设项目总投资	建设投资	工程造价	工程费	建筑安装工程费
				设备工器具购置费
			工程建设其他费	(1)土地使用费和其他补偿费
				(2)建设管理费
				(3)可行性研究费
				(4)专项评价费
				(5)研究试验费
				(6)勘察设计费
				(7)场地准备费和临时设施费
				(8)引进技术和进口设备材料其他费
				(9)特殊设备安全监督检验费
				(10)市政公用配套设施费
				(11)联合试运转费
				(12)工程保险费
				(13)专利和专有技术使用费
				(14)生产准备费
				(15)其他费用
		预备费	基本预备费	
			价差预备费	
		增值税	工程费用、工程建设其他费和预备费的增值税	
		资金筹措费	借款利息、债券利息、贷款评估费、国外借款手续费及承诺费、汇兑损益、债券发行费用及其他债务利息支出或融资费用	
	流动资金投资			

特别要强调的是,在工程经济分析时,如无特别说明,凡涉及"建设投资"之处均指不含增值税和建设期利息的建设投资。

3.1.2　投资形成的资产

工程投资完成后就形成企业的资产,依据资产的特性,可分为固定资产、无形资产、流动资产和其他资产。图 3－1 为生产性建设项目投资所形成的资产,可结合表 3－1 来理解该图。特别要注意的是,对于一般纳税人(绝大多数企业均是这一类纳税人),投资构成中的增值税(购置固定资产进项税)不形成固定资产原值(参见 2.3.2)。

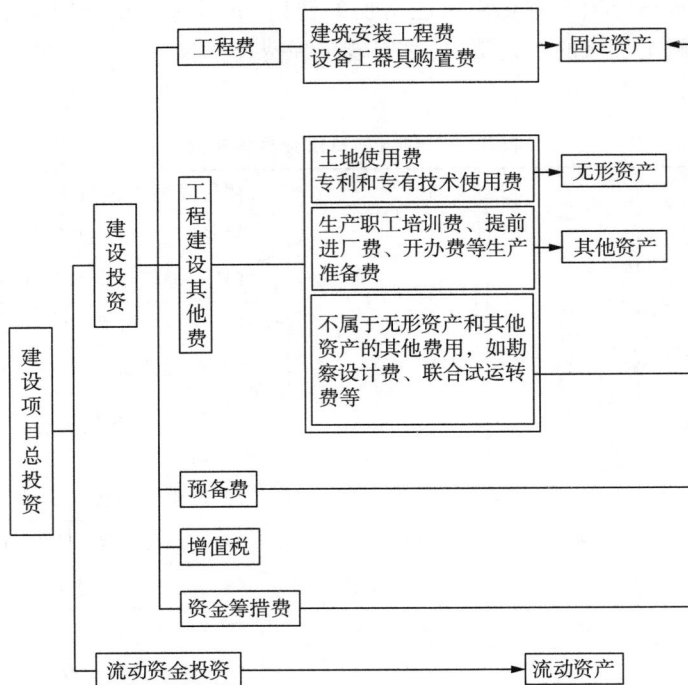

图 3-1　建设项目投资所形成的资产

1. 固定资产

固定资产是指企业为生产产品、提供劳务、出租或经营管理而持有的,使用时间超过 12 个月的非货币性资产,包括房屋、建筑物、机器、运输工具及其他与生产经营活动有关的设备、器具、工具等。固定资产是企业生产和经营过程中不可缺少的物质条件(劳动资料)。在企业中,劳动资料的单项价值高低悬殊,使用时间也不相同,为了便于管理和核算,常常按照劳动资料的单项价值、经济用途、使用时间等标准进行划分。凡达到规定标准的,作为固定资产管理和核算;不够规定标准的,作为低值易耗品管理和核算。

固定资产具有以下基本特征:

(1)使用期限超过 1 年且在使用过程中保持原来的物质形态不变;

(2)使用寿命是有限的,其价值随着其磨损,以折旧形式逐渐转移到产品中去,并随产品价值的实现分次得到补偿;

(3)用于生产经营活动而不是为了出售,这一特征是区别固定资产与流动资产的重要标志。

2. 无形资产

无形资产是指企业为生产产品、提供劳务、出租或者经营管理而持有的、没有实物形态的非货币性长期资产,包括专利权、商标权、著作权、土地使用权、非专利技术、商誉等。

无形资产一般具有如下特征。

(1)没有实物形态。无形资产体现的是一种权利或获得超额利润的能力。它不具有实物形态,但却具有价值,能使企业获得高于同行业一般水平的盈利能力。不具有实物形态是无形资产区别于其他资产的显著标志。

（2）能在较长的时期内使企业获得经济利益。无形资产能在多个生产经营期内使用,使企业长期获益。

（3）持有的目的是使用而不是出售。企业持有无形资产的目的是用于生产商品或提供劳务、出租给他人,或为了管理目的,而不是为了对外销售。脱离了生产经营活动,无形资产就失去其经济价值。

（4）无形资产能够给企业提供未来经济效益的大小具有较大不确定性,其经济价值在很大程度上受企业外部因素的影响,预期的获利能力不能准确地加以确定。

3. 流动资产

流动资产是指可以在 1 年内或者超过 1 年的营业周期内变现、耗用的资产,主要包括现金、银行存款、短期投资、存货、应收及应付款项。在流动资产中,现金和各种存款是企业在生产经营过程中停留于货币形态的那部分资产,它具有流动性强的特点。企业要进行生产经营活动,首先必须拥有一定数量的现金和各种存款,以支付劳动对象、劳动手段和活劳动方面的费用。流动资产中存货的价值占有较大的比重,它包括企业为销售或制造产品所耗用而储备的一切物资。一般情况下,其价值一次性转移到产品成本中去,并随着产品价值的实现而得到补偿。

4. 其他资产

其他资产是指不能被包括在固定资产、无形资产、流动资产等项目内的资产,主要包括长期待摊费用和其他长期资产。长期待摊费用是指企业已经支出,但摊销期限在 1 年以上（不含 1 年）的各项费用,包括开办费、租入固定资产的改良支出、固定资产大修理支出、股票发行费用等。其他长期资产是指具有特定用途的、不参加正常生产经营过程的资产,一般包括经国家特批的特准储备物资、银行冻结存款和冻结物资、涉及诉讼中的财产等。

3.1.3　投资估算方法

国内外建设投资估算的编制方法很多,因各有其适用范围和条件,且精确度也各不相同,故有的编制方法适用于整个项目的投资估算,有的仅适用于一个单项工程的投资估算。为提高投资估算的科学性和精确度,在实际工作中应根据项目的性质,占有的技术经济资料及数据的具体情况,并依据行业规定,有针对性地选用适宜的投资估算方法。

1. 固定资产投资估算

1）静态投资部分的估算

（1）单位生产能力估算法。依据调查的统计资料,利用相近规模同类项目单位生产能力所耗费的固定资产投资额来估算拟建项目固定资产投资额。其计算公式为

$$C_2 = \frac{C_1}{Q_1} Q_2 f \qquad (3-1)$$

式中,C_1——已建类似项目的投资额;

C_2——拟建项目的投资额;

Q_1——已建类似项目的生产能力;

Q_2——拟建项目的生产能力;

f——不同时期、不同地点的定额、单价、费用变更等的综合调整系数。

这种方法把项目的建设投资与其生产能力的关系视为简单的线性关系,估算结果精确度较差。

> **【例 3-1】** 假定某小学拟建一座 60 间教室的教学楼,另一座教学楼在该校竣工,且掌握以下资料:已竣工的教学楼有 80 间教室,且每个教室都配有多媒体等设备,总造价为 1 000 万元。请估算新建项目的总投资。
>
> 解:$C_2 = \dfrac{C_1}{Q_1} Q_2 f = \dfrac{1\,000\ 万元}{80\ 间} \times 60\ 间 \times 1.0 = 750\ 万元$

(2)生产能力指数法。生产能力指数法又称为指数估算法。它是根据已建成的类似项目生产能力和投资额来粗略估算拟建项目投资额的方法。其计算公式为

$$C_2 = C_1 \left(\frac{Q_2}{Q_1}\right)^x f \tag{3-2}$$

式中,x——生产能力指数。

其他符号含义同前。

上式表明,造价与规模(或容量)呈非线性关系,且单位造价随工程规模(或容量)的增大而减小,在正常情况下 $0 \leqslant x \leqslant 1$。不同生产率水平的国家和不同性质的项目中,$x$ 的取值是不相同的。例如,化工项目美国取 $x=0.6$、英国取 $x=0.66$、日本取 $x=0.7$。

若已建类似项目的生产规模与拟建项目生产规模相差不大,Q_1 与 Q_2 的比值为 0.5~2,则指数 x 的取值近似为 1。

若已建类似项目的生产规模与拟建项目生产规模相差不大于 50 倍,且拟建项目生产规模的扩大仅靠增大设备规模来达到时,则 x 的取值为 0.6~0.7;若是靠增加相同规格设备的数量达到时,x 的取值为 0.8~0.9。

生产能力指数法与单位生产能力估算法相比精确度略高。尽管估价误差仍较大,但有它独特的好处。首先,这种估价方法不需要详细的工程设计资料,只要知道工艺流程和规模即可;其次,对于总承包工程而言,可作为估价的旁证,在总承包工程报价时,承包商大都采用这种方法估价。

> **【例 3-2】** 已知年产 25 万 t 乙烯装置的投资额为 45 000 万元,估算拟建年产 60 万 t 乙烯装置的投资额。若将拟建项目的生产能力提高 2 倍,投资额将增加多少?设生产能力指数为 0.7,综合调整系数为 1.1。
>
> 解:(1)拟建年产 60 万 t 乙烯装置的投资额为
>
> $$C_2 = C_1 \left(\frac{Q_2}{Q_1}\right)^x f = 45\,000 \times \left(\frac{60}{25}\right)^{0.7} \times 1.1 = 91\,359.36(万元)$$
>
> (2)将拟建项目的生产能力提高 2 倍,投资额将增加
>
> $$45000 \times \left(\frac{3 \times 60}{25}\right)^{0.7} \times 1.1 - 45000 \times \left(\frac{60}{25}\right)^{0.7} \times 1.1 = 105763.93(万元)$$

（3）系数估算法。系数估算法也称为因子估算法。它是以拟建项目的主体工程费或主要设备费为基数，以其他工程费占主体工程费的百分比为系数估算项目总投资的方法。这种方法简单易行，但是精度低，一般用于项目建议书阶段。系数估算法的种类很多，下面介绍几种主要类型。

① 设备系数法。设备系数法以拟建项目的设备费为基数，根据已建成的同类项目的建筑安装费和其他工程费等占设备价值的百分比，求出拟建项目建筑安装工程费和其他工程费，进而求出建设项目总投资。其计算公式为

$$C = E(1 + f_1 P_1 + f_2 P_2 + f_3 P_3 + \cdots) + I \tag{3-3}$$

式中，C——拟建项目的静态投资；

　　　E——拟建项目根据当时当地价格计算的设备购置费；

　　　P_1、P_2、P_3……——已建项目中建筑安装工程费和其他工程费等与设备购置费的比例；

　　　f_1、f_2、f_3……——由时间因素引起的定额、价格、费用标准等变化的综合调整系数；

　　　I——拟建项目的其他费用。

【例 3-3】　A 地于 2017 年 8 月拟兴建一年产 40 万 t 甲产品的工厂，现获得 B 地 2014 年 10 月投产的年产 30 万 t 甲产品类似厂的建设投资资料。B 地类似厂的设备费为 12 400 万元，建筑工程费为 6 000 万元，安装工程费为 4 000 万元，若拟建项目的设备购置费为 14 000 万元，工程建设其他费用为 2 500 万元。考虑因 2014 年至 2017 年时间因素导致的对建筑工程费和安装工程费的综合调整系数分别为 1.25、1.05，生产能力指数为 0.6，估算拟建项目的静态投资。

解：

建筑工程费占设备费百分比为

$$P_1 = 6\,000/12\,400 = 0.483\,9$$

安装工程费占设备费百分比为

$$P_2 = 4\,000/12\,400 = 0.322\,6$$

拟建项目的静态投资为

$$\begin{aligned}
C &= E(1 + f_1 P_1 + f_2 P_2 + f_3 P_3 + \cdots) + I \\
&= 14\,000 \times (1 + 1.25 \times 0.483\,9 + 1.05 \times 0.322\,6) + 2\,500 \\
&= 29\,710.47（万元）
\end{aligned}$$

② 主体专业系数法。主体专业系数法以拟建项目中投资比重较大，并与生产能力直接相关的工艺设备投资为基数，根据已建同类项目的有关统计资料，计算出拟建项目各专业工程（总图、土建、采暖、给排水、管道、电气、自控等）费用占工艺设备投资的百分比，再据以求出拟建项目各专业投资，然后加总求得项目总投资。其计算公式为

$$C = E(1 + f_1 P_1' + f_2 P_2' + f_3 P_3' + \cdots) + I \tag{3-4}$$

式中,P'_1、P'_2、P'_3…——已建项目各专业工程费用占工艺设备投资的百分比。

其他符号含义同前。

③ 朗格系数法。朗格系数法以设备费为基数,乘以适当系数来推算项目的建设费用。其计算公式为

$$C = E\left(1 + \sum K_i\right) K_c \qquad (3-5)$$

式中,K_i——管线、仪表、建筑物等项费用的估算系数;

　　　K_c——管理费、合同费、应急费等的总估算系数。

其他符号含义同前。

总建设费用与设备费用之比为朗格系数 K_L。即

$$K_L = \left(1 + \sum K_i\right) K_c \qquad (3-6)$$

应用朗格系数法进行工程项目或装置估价的精度仍不是很高,其原因如下:装置规模大小发生变化的影响;不同地区自然地理条件的影响;不同地区经济地理条件的影响;不同地区气候条件的影响;主要设备材质发生变化时,设备费用变化较大而安装费用变化不大所产生的影响。朗格系数法以设备费为计算基础,估算误差为 $10\% \sim 15\%$。

④ 比例估算法。比例估算法根据统计资料,先求出已有同类企业主要设备投资占全厂建设投资的比例,然后再估算出拟建项目的主要设备投资,即可按比例求出拟建项目的建设投资。其计算公式为

$$I = \frac{1}{K} \sum_{i=1}^{n} Q_i P_i \qquad (3-7)$$

式中,I——拟建项目的建设投资;

　　　K——同类企业主要设备投资占全厂建设投资的比例;

　　　n——设备种类数;

　　　Q_i——第 i 种设备的数量;

　　　P_i——第 i 种设备的单价(到厂价格)。

⑤ 指标估算法。指标估算法是把建设项目划分为建筑工程、设备安装工程、设备购置费及其他基本建设费等费用项目或单位工程,再根据各种具体的投资估算指标,进行各项费用项目或单位工程投资的估算。在此基础上,可汇总成每一单项工程的投资。另外,再估算工程建设其他费用和预备费,即可求得建设项目投资。

估算指标是一种比概算指标更为扩大的单位工程指标或单项工程指标。其编制方法:采用有代表性的单位或单项工程的实际资料,采用现行的概预算定额编制概预算或收集有关工程的施工图预算、结算资料,经过修正、调整、反复综合平衡,以单项工程(装置、车间)或工段(区域、单位工程)为扩大单位,以“量”和“价”相结合的形式,用货币来反映活劳动与物化劳动。估算指标应以定“量”为主,故在估算指标中应有人工数、主要设备规格表、主要材料量、主要实物工程量、各专业工程的投资等。对单项工程,应做简洁的介绍,必要时还要附工艺流程图、物料平衡表及消耗指标。这样,就为动态计算和经济分析创造了条件。

2)动态投资部分的估算

建设投资的动态投资部分主要包括价格、税率变动可能增加的投资额,即价差预备费、

增值税和建设期利息的估算。如果是涉外项目,那么还应该计算汇率的影响。动态投资部分的估算应以基准年静态投资的资金使用计划为基础来计算,而不应以编制的年静态投资为基础来计算。汇率的估算依据实际汇率的变化情况进行估算。

(1)价差预备费的估算。价差预备费的内容包括在建设期间内人工、设备、材料、施工机械的价差费,建筑安装工程费及工程建设其他费用调整产生的费用,利率、汇率调整等增加的费用。公式为

$$PF = \sum_{t=1}^{n} I_t \left[(1+f)^m (1+f)^{0.5} (1+f)^{t-1} - 1 \right] \tag{3-8}$$

式中,PF—— 价差预备费;

t—— 建设期年份数;

I_t—— 建设期第 t 年的投资计划额,包括工程费用、工程建设其他费用及基本预备费,即第 t 年的静态投资;

f—— 年均投资价格上涨率;

m—— 建设前期年限(从编制估算到开工建设),年。

汇率变化对涉外建设项目动态投资的影响如下。

① 外币对人民币升值。项目从国外市场购买设备材料所支付的外币换算成人民币的金额增加。

② 外币对人民币贬值。项目从国外市场购买设备材料所支付的外币换算成人民币的金额减少。

(2)建设期利息的估算。建设期利息是指项目借款在建设期内发生并计入固定资产投资的利息。计算建设期利息时,为了简化计算,通常假定当年借款按半年计息,以上年度借款按全年计息,计算公式为

$$q_j = (P_{j-1} + 0.5 A_j)i \tag{3-9}$$

式中,q_j——建设期第 j 年应计利息;

P_{j-1}——建设期第$(j-1)$年末贷款累计金额与利息金额之和;

A_i——建设期第 j 年货款金额;

i——年利率。

2. 流动资金估算方法

流动资金是指生产经营性项目投产后,为进行正常生产运营,用于购买原材料、燃料,支付工资及其他经营费用等所需的周转资金。它是伴随着建设投资而发生的长期占用的流动资产投资。

流动资金等于流动资产减去流动负债。其中,流动资产主要考虑存货、现金、应收账款和预付账款;流动负债主要考虑应付账款和预收账款。因此,流动资产的概念,实际上就是财务中的营运资金。

流动资金估算一般采用分项详细估算法。个别情况或者小型项目可采用扩大指标估算法。

1)分项详细估算法

流动资金的显著特点是在生产过程中不断周转,其周转额的大小与生产规模和周转速

度直接相关。分项详细估算法是根据周转额与周转速度之间的关系,对构成流动资金的各项流动资产和流动负债分别进行估算。在可行性研究中,为简化计算,流对资产仅对存货、现金、应收账款和预付账款 4 项内容进行估算。流动资金的计算公式为

$$流动资金＝流动资产－流动负债 \qquad (3-10)$$

$$流动资产＝存货＋现金＋应收账款＋预付账款 \qquad (3-11)$$

$$流动负债＝应付账款＋预收账款 \qquad (3-12)$$

$$流动资金本年增加额＝本年流动资金－上年流动资金 \qquad (3-13)$$

估算的具体步骤:先计算各类流动资产和流动负债的年周转次数,然后再分项估算占用资金额。

(1)周转次数计算。周转次数是指流动资金的各个构成项目在一年内完成多少个生产过程,其计算公式为

$$周转次数＝\frac{360 \text{天}}{流动资金最低周转天数} \qquad (3-14)$$

存货、现金、应收账款和预付账款的最低周转天数可参照同类企业的平均周转天数并结合项目特点确定,或按部门(行业)规定确定。在确定最低周转天数时应考虑储存天数、在途天数,并考虑适当的保险系数。

因为

$$周转次数＝\frac{周转额}{各项流动资金平均占用额} \qquad (3-15)$$

所以若周转次数已知,则有

$$各项流动资金平均占用额＝\frac{周转额}{周转次数} \qquad (3-16)$$

(2)应收账款估算。应收账款是指企业对外赊销商品、劳务而占用的资金,其计算公式为

$$应收账款＝\frac{年经营成本}{应收账款周转次数} \qquad (3-17)$$

(3)预付账款估算。预付账款是指企业为购买各类材料、半成品或服务所预先支付的款项,其计算公式为

$$预付账款＝\frac{外购商品或服务年费用金额}{预付账款周转次数} \qquad (3-18)$$

(4)存货估算。存货是企业为销售或者生产耗用而储备的各种物资,主要有原材料、辅助材料、燃料、低值易耗品、维修备件、包装物、在产品、自制半成品和产成品等。为简化计算,存货仅考虑外购原材料、外购燃料、在产品和产成品的占用资金,并分项进行计算。存货的计算公式为

$$存货＝外购原材料＋外购燃料＋在产品＋产成品 \qquad (3-19)$$

$$外购原材料占用资金 = \frac{年外购原材料总成本}{原材料周转次数} \qquad (3-20)$$

$$外购燃料占用资金 = \frac{年外购燃料总成本}{按种类分项周转次数} \qquad (3-21)$$

$$在产品占用资金 = \frac{年外购原材料、燃料 + 年工资及福利费 + 年修理费 + 年其他制造费}{在产品周转次数}$$

$$(3-22)$$

$$产成品占用资金 = \frac{年经营成本}{产成品周转次数} \qquad (3-23)$$

(5)现金需要量估算。项目流动资金中的现金是指货币资金,即企业生产运营活动中停留在货币形态的那部分资金,包括企业库存现金和银行存款。现金需要量的计算公式为

$$现金需要量 = \frac{年工资及福利费 + 年其他费用}{现金周转次数} \qquad (3-24)$$

$$年其他费用 = 制造费用 + 管理费用 + 销售费用$$

$$—以上三项费用中所含的工资及福利费、折旧费、维简费、摊销费、修理费$$

$$(3-25)$$

(6)流动负债估算。流动负债是指在一年或者超过一年的一个营业周期内,需要偿还的各种债务。在可行性研究中,流动负债的估算只考虑应付账款一项。流动负债的计算公式为

$$应付账款 = \frac{年外购原材料、燃料、动力费及其他材料年费用}{应付账款周转次数} \qquad (3-26)$$

$$预收账款 = \frac{预收的营业收入年金额}{预收账款周转次数} \qquad (3-27)$$

根据流动资金各项估算结果,编制流动资金估算表。

2)扩大指标估算法

扩大指标估算法是根据现有同类企业的实际资料,求得各种流动资金率指标,亦可依据行业或部门给定的参考值或经验确定比率。将各类流动资金率乘以相对应的费用基数来估算流动资金。一般常用的基数有销售收入、经营成本、总成本费用和固定资产投资等。扩大指标估算法简便易行,但准确度不高,适用于项目建议书阶段的估算。扩大指标估算法计算流动资金的公式为

$$年流动资金 = 年费用基数 \times 各类流动资金率 \qquad (3-28)$$

$$年流动资金 = 年产量 \times 单位产品产量占用流动资金额 \qquad (3-29)$$

3)流动资金估算时应注意的问题

(1)在采用分项详细估算法时,应根据项目实际情况分别确定现金、存货、应收账款和预

付账款的最低周转天数,并考虑一定的保险系数。由于最低周转天数减少,将增加周转次数,从而减少流动资金需用量,因此必须切合实际地选用最低周转天数。对于存货中的外购原材料和燃料,要分品种和来源考虑运输方式、运输距离、占用流动资金的比重大小等因素确定最低周转天数。

(2)在不同生产负荷下的流动资金,应按不同生产负荷所需的各项费用金额,分别按照上述计算公式进行估算,而不能直接按照100%生产负荷下的流动资金乘以生产负荷百分比求得。

(3)流动资金属于长期性(永久性)流动资产。流动资金的筹措可通过长期负债和资本金(一般要求占30%)的方式解决。流动资金一般要求在投产前一年开始筹措,为简化计算,可规定在投产的第一年开始按生产负荷安排流动资金需用量。其借款部分按全年计算利息,流动资金利息应计入生产期间财务费用,项目计算期末收回全部流动资金(不含利息)。

(4)用分项详细估算法计算流动资金,需以经营成本及其中的某些科目为基数,因此实际上流动资金估算应能够在经营成本估算之后进行。

【例3-4】 某拟建项目第4年开始投产,投产后的年生产成本和费用的估算见表3-2所列,各项流动资产和流动负债(应付账款)的最低周转天数见表3-3所列。试估算投产阶段需要投入的流动资金。

表3-2 投产后的年生产成本和费用的估算 （单位:万元)

序号	项目	计算期				
		4	5	6	7	……
1	外购原材料费	2 055	3 475	4 125	4 125	
2	进口零部件费	1 087	1 208	725	725	
3	外购燃料费	13	25	27	27	
4	外购动力费	29	48	58	58	
5	工资及福利费	213	228	228	228	
6	修理费	15	15	69	69	
7	折旧费	224	224	224	224	
8	摊销费	70	70	70	70	
9	利息支出	234	196	151	130	
10	其他费用	324	441	507	507	
11	总成本费用	4 264	5 930	6 184	6 163	
12	经营成本(11-7-8-9)	3 736	5 440	5 739	5 739	

注:(1)经营成本是指总成本费用中不包括折旧费、摊销费和利息支出。

(2)这张表的项目是按成本要素的,其中各项要素费用包括了制造费用、管理费用、财务费用和销售费用中的该要素费用。表中第10项的其他费用是指制造费用、管理费用、财务费用和销售费用中扣除了工资及福利费、折旧费、摊销费、修理费和利息支出后的其他费用。

表 3－3　各项流动资产和流动负债(应付账款)的最低周转天数　（单位：天）

序号	项目	最低周转天数
1	应收账款	40
2	存货	—
2.1	原材料	50
2.2	进口零部件	90
2.3	燃料	60
2.4	在产品	20
2.5	产成品	10
3	现金	15
4	应付账款	40

解：按以上资料，列表 3－4 算出流动资金的需要量和逐年的投入量，备注栏给出对应表 3－2 的用以周转的成本费用项目序号。

表 3－4　例 3－4 流动资金估算表　（单位：天）

序号	项目	最低周转天数	周转次数	计算期 4	5	6	7	⋯⋯	备注
（一）	流动资产	—	—						—
1	应收账款	40	9	415	604	638	638		12
2	存货								
2.1	原材料	50	7.2	285	483	573	573		1
2.2	进口零部件	90	4	272	302	181	181		2
2.3	燃料	60	6	3	4	5	5		3
2.4	在产品	20	18	190	278	290	290		1+2+3+4+5+6
2.5	产成品	10	36	104	151	159	159		12
3	现金	15	24	22	28	31	31		5+10
	小计	—	—	1 290	1 850	1 877	1 877		
（二）	流动负债	—	—						—
4	应付账款	40	9	354	528	548	548		1+2+3+4
（三）	流动资金（一）－（二）			936	1 322	1 329	1 329		
（四）	流动资金本年增加额			936	386	7	0		

流动资金投入后是长期占用的。因此,由表3-4可知,本例中投产年初(第4年初)需投入流动资金936万元,第5年再投入386万元;第6年再投入7万元。第6年后,假定生产已达正常,流动资金已不再需要投入,始终保持在1 329万元的水平上。

3.2 费用与成本

工程建成后投入使用,即进入运营期。运营期发生的非投资性费用称为年成本费用。它是工程经济分析要计算和分析的一个基本经济要素。

3.2.1 产品成本费用的构成

根据现行企业会计准则,按经济用途分类,企业费用由计入产品成本的生产费用和直接计入当期损益的期间费用构成。

1. 计入产品成本的生产费用

计入产品成本的生产费用是指为生产产品(或提供劳务)而发生的,与产品生产(或提供劳务)直接相关的费用,包括直接人工费、直接材料费、直接燃料动力费和间接生产费用。间接生产费用又称为制造费用,是指几类产品耗用的费用,需要归集后分摊计入各类产品的成本中,如房屋和设备的折旧费、车间管理费等。

2. 直接计入当期损益的期间费用

直接计入当期损益的期间费用是指为生产产品(或提供劳务)提供正常的条件和进行管理的需要而发生的,与产品的生产本身并不直接相关的费用,包括销售费用(营业费用)、管理费用(企业管理费)和财务费用等。

生产费用和期间费用的区别如图3-2所示。

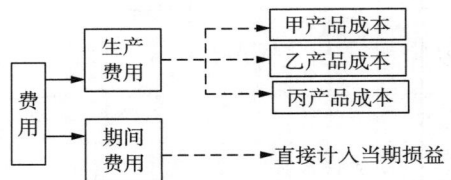

图3-2 生产费用和期间费用的区别

需要明确的是,上述划分的依据是费用的经济用途而不是费用的性质。例如,生产车间生产工人的薪酬属于生产费用中的直接人工,生产车间管理人员薪酬属于生产费用中的制造费用,而企业管理人员薪酬属于期间费用。又如,生产车间办公费属于生产费用中的制造费用,而企业总部办公费用属于期间费用中的管理费用。

3.2.2 工程经济分析中年成本费用计算

不同于企业会计核算,在工程经济分析中,通常按生产要素来计算年成本费用,将生产费用和期间费用按工资及福利费、折旧费、修理费、摊销费、利息支出进行归并后分别列出。另设一项"其他费用"归集除上述各项之外的其他费用,即制造费用、管理费用和销售费用中除工资及福利费、折旧费、修理费、摊销费之外的费用,以及财务费用中除利息支出之外的财务费用。这样,年总成本费用的计算公式为

$$年总成本费用 = 外购原材料费 + 外购燃料动力费 + 工资及福利费 + 修理费$$
$$+ 折旧费 + 维简费 + 摊销费 + 利息支出 + 其他费用 \qquad (3-30)$$

式中,外购原材料费、外购燃料动力费、修理费、其他费用均按不含进项增值税的价格计算;维简费也只是在矿山类项目经济分析中才涉及。

1. 外购原材料费计算

外购原材料费是成本的重要组成部分,其计算公式为

$$外购原材料费＝年产量×单位产品原材料成本 \tag{3-31}$$

式中,年产量可根据测定的设计生产能力和投产期各年的生产负荷加以确定;单位产品材料成本是依据原材料消耗定额和单价确定的。企业生产经营过程中所需要的原材料种类繁多,在计算时,可根据具体情况,选取耗用量较大的、主要的原材料为对象,依据有关规定、原则和经验数据进行估算。

2. 外购燃料动力费计算

外购燃料动力费的计算公式为

$$外购燃料动力费＝年产量×单位产品燃料和动力成本 \tag{3-32}$$

3. 工资及福利费计算

如前所述,工资及福利费包括在制造成本、管理费用、营业费用之中。为便于计算和进行经济分析,可将以上各项成本中的工资及福利费单独计算。

1) 工资

工资的计算可以采取以下两种方法。

一是按整个企业的职工定员数和人均年工资额计算年工资总额,其计算公式为

$$年工资成本＝企业职工定员数×人均年工资额 \tag{3-33}$$

二是按照不同的工资级别对职工进行划分,分别估算同一级别职工的工资,然后再加以汇总。一般可分为五个级别,即高级管理人员、中级管理人员、一般管理人员、技术工人和一般工人。若有国外的技术人员和管理人员,应单独列出。

2) 福利费

福利费主要包括职工的保险费、医药经费、职工生活困难补助以及按国家规定开支的其他职工福利支出,不包括职工福利设施的支出。一般可按职工工资总额的一定比例提取。

4. 折旧费计算

如前所述,折旧费包括在制造费用、管理费用、营业费用中。为便于计算和进行经济分析,可将以上各项成本费用中的折旧费单独计算。

折旧费是指在固定资产的使用过程中,随着资产损耗而逐渐转移到产品成本费用中的那部分价值。将折旧费计入成本费用是企业回收固定资产投资的一种手段。按照国家规定的折旧制度,企业把已发生的资本性支出转移到产品成本费用中去,然后通过产品的销售,逐步回收初始的投资费用。

折旧费是成本费用的重要组成部分,但不是投资项目在生产经营期的现金流出。根据我国财务会计制度的有关规定,计取折旧的固定资产范围包括房屋、建筑物;在用的机器设备、仪器仪表、运输车辆、工具器具;季节性停用和在修理停用的设备;以经营租赁方式租出的固定资产;以融资租赁方式租入的固定资产。结合我国的企业管理水平,将固定资产分为三大部分,二十二类,按大类实行分类折旧。在进行工程项目的经济分析时,可分类计算折

旧费,也可综合计算折旧费,要视项目的具体情况而定。我国现行的固定资产折旧方法,一般采用平均年限法、工作量法或加速折旧法。

1)平均年限法

平均年限法亦称为直线法,即根据固定资产原值、预计净残值率和折旧年限计算年折旧费,其计算公式为

$$年折旧费 = \frac{固定资产原值 \times (1 - 预计净残值率)}{折旧年限} \qquad (3-34)$$

上式中各项参数的确定方法如下。

(1)固定资产原值根据工程费用、预备费和建设期利息计算求得。对于一般纳税人,固定资产购置进项增值税不纳入固定资产原值。

(2)预计净残值率是固定资产的预计净残值与固定资产原值的比值。根据行业会计制度规定,固定资产的预计净残值一般为固定资产原值的3%~5%。若预计净残值率低于3%或高于5%,则由企业自主确定,并报主管财政机关备案。在工程项目的经济分析中,由于折旧年限是根据项目的固定资产经济寿命期决定的,因此固定资产的残余价值较大,预计净残值率一般可按10%计算,个别行业(如港口等)的预计净残值率可按高于10%计算。

(3)折旧年限。国家有关部门对各类固定资产折旧的最短年限做出如下规定:房屋、建筑物为20年;飞机、火车、轮船、机器、机械和其他生产设备为10年;与生产经营活动有关的器具、工具、家具等为5年;飞机、火车、轮船以外的运输工具为4年;电子设备为3年。若采用综合折旧方法,项目的生产期即为折旧年限。在工程项目的经济分析中,对轻工、机械、电子等行业的折旧年限,一般可确定为8~15年;有些项目的折旧年限可确定为20年;对港口、矿山等项目的折旧年限可确定为30年或30年以上。

【例3-5】 某企业一台专项设备账面原值为160 000元,预计折旧年限为5年,预计净残值为5 000元。按平均年限法计算折旧。

解:该项设备的年折旧率为

$$年折旧率 = \frac{1 - 5\,000/160\,000}{5} \times 100\% = 19.375\%$$

将各年固定资产折旧计算数据填在表3-5中。

表3-5 例3-5固定资产折旧计算数据

年次	期初账面净值/元	年折旧率/%	年折旧费/元	累计折旧费/元	期末账面净值/元
1	160 000	19.375	31 000	31 000	129 000
2	129 000	19.375	31 000	62 000	98 000
3	98 000	19.375	31 000	93 000	67 000
4	67 000	19.375	31 000	124 000	36 000
5	36 000	19.375	31 000	155 000	5 000

2）工作量法

对于下列专用设备可采用工作量法计提折旧。

（1）交通运输企业和其他企业专用车队的客货运汽车，按照行驶里程计算折旧费，其计算公式为

$$单位里程折旧费=\frac{原值×(1-预计净残值率)}{规定的总行驶里程} \qquad (3-35)$$

$$年折旧费=单位里程折旧费×年实际行驶里程 \qquad (3-36)$$

（2）大型专用设备，可根据工作小时计算折旧费，其计算公式为

$$每工作小时折旧费=\frac{原值×(1-预计净残值率)}{规定的总工作小时} \qquad (3-37)$$

$$年折旧费=每工作小时折旧费×年实际工作小时 \qquad (3-38)$$

【例 3-6】　某企业的一辆运货卡车的原值为 60 000 元，预计总行驶里程为 50 万 km，其报废时的残值率为 5%，本月行驶 4 000km，求该辆汽车的本月折旧费。

解：单位里程折旧费为

$$单位里程折旧费=\frac{原值×(1-预计净残值率)}{规定的总行驶里程}=\frac{60\,000×(1-5\%)}{500\,000}=0.114(元/km)$$

本月折旧费为

$$本月折旧费=单位里程折旧费×月实际行驶里程=0.114×4\,000=456(元)$$

3）加速折旧法

加速折旧法又称为递减折旧法，是指在固定资产使用初期提取折旧较多，在后期提取较少，使固定资产价值在使用年限内尽早得到补偿的折旧计算方法。它是一种鼓励投资的措施，即国家先让利给企业，加速企业回收投资、增强企业还贷能力、促进企业技术进步。因此某些确有特殊原因的工程项目，才准许采用加速折旧法计提折旧。加速折旧的方法很多，主要有双倍余额递减法和年数总和法。

（1）双倍余额递减法。双倍余额递减法是以平均年限法确定的折旧率的双倍乘以固定资产在每一会计期间的期初账面净值，从而确定当期应提折旧的方法，其计算公式为

$$年折旧率=\frac{2}{折旧年限}×100\% \qquad (3-39)$$

$$年折旧费=年初固定资产账面原值×年折旧率 \qquad (3-40)$$

实行双倍余额递减法的固定资产，应当在其固定资产折旧年限到期前两年内，将固定资产扣除预计净残值后的净额平均摊销，即最后两年改用直线折旧法计算折旧。

【例 3-7】　仍沿用例 3-5，按双倍余额递减法计算折旧。

解：该项设备的年折旧率为

$$年折旧率 = \frac{2}{折旧年限} \times 100\% = \frac{2}{5} \times 100\% = 40\%$$

将各年固定资产折旧计算数据填在表 3-6 中。

表 3-6 例 3-7 固定资产折旧计算数据

年次	期初账面净值/元	年折旧率/%	年折旧费/元	累计折旧费/元	期末账面净值/元
1	160 000	40	64 000	64 000	96 000
2	96 000	40	38 400	102 400	57 600
3	57 600	40	23 040	125 440	34 560
4	34 560	—	14 780	140 220	19 780
5	19 780	—	14 780	155 000	5 000

(2)年数总和法。年数总和法是以固定资产原值扣除预计净残值后的余额作为计提折旧的基础,按照逐渐递减的折旧率计提折旧的一种方法。采用年数总和法的关键是每年都要确定一个不同的折旧率。其计算公式为

$$年折旧率 = \frac{折旧年限 - 已使用年数}{折旧年限 \times (折旧年限 + 1) \div 2} \times 100\% \qquad (3-41)$$

$$年折旧费 = (固定资产原值 - 预计净残值) \times 年折旧率 \qquad (3-42)$$

【例 3-8】 仍沿用例 3-5,按年数总和法计算折旧。

解:将各年固定资产折旧计算数据填在表 3-7 中。

表 3-7 例 3-8 固定资产折旧计算数据

年次	尚可使用年数	固定资产原值-预计净残值/元	变动折旧率	年折旧费/元	累计折旧费/元
1	5	155 000	5/15	51 667	51 667
2	4	155 000	4/15	41 333	93 000
3	3	155 000	3/15	31 000	124 000
4	2	155 000	2/15	20 667	144 667
5	1	155 000	1/15	10 333	155 000

5. 修理费计算

与折旧费相似,修理费也包括在制造费用、管理费用、营业费用之中。为便于计算和进行经济分析,可将以上各项成本中的修理费单独估算。修理费包括大修理费用和中小修理费用。

在估算修理费时,一般无法确定修理费具体发生的时间和余额,可按照折旧费的一定百分比计算。该百分比可参照同行业的经验数据加以确定。

6. 维简费计算

维简费是指采掘、采伐企业按生产产品数量(采矿按每吨原矿产量,林区按每立方米原

木产量)提取的固定资产更新和技术改造资金。企业发生的维简费直接计入成本,其计算方法和折旧费相同。

7. 摊销费计算

摊销费是无形资产等一次性投入费用在摊销期内的平均分摊额。摊销与无形资产的关系相当于折旧与固定资产的关系,摊销费也是成本费用的组成部分。无形资产的摊销期按下列原则确定:法律和合同或者企业申请书分别规定有法定有效期限和受益年限的,按照法定有效期限与合同或者企业申请书规定的受益年限孰短的原则确定;法律没有规定有效期限,企业合同或者企业申请书中规定受益年限的,按照合同或者企业申请书规定的受益年限确定;法律和合同或者企业申请书均未规定法定有效期限和受益年限的,按照不少于 10 年的限确定。

8. 利息支出计算

运营期间发生的利息净支出为在运营期所发生的建设投资借款利息和流动资金借款利息之和。在运营期,每年利息是当年结清的,因而每年计算的利息不再参与以后各年利息的计算,即不再需要进行复利计算。

建设投资借款在生产期发生利息的计算公式为

$$每年建设借款利息＝年初借款本金余额×年有效利率 \qquad (3-43)$$

银行流动资金贷款按贷款期限分为临时贷款[3 个月(含)内]、短期贷款[3 个月(不含)至 1 年(含)]和中期贷款[1 年(不含)至 3 年(含)]。这里的流动资金主要是用于项目投入运营后正常生产经营中经常性的周转占用和铺底流动资金贷款,因此一般采用中期贷款。在工程经济分析中,如果工程计算寿命期较长,那么为简化计算,一般不再考虑中间的流动资金归还和再借,而假定运营初期借入并长期占用,直至工程计算寿命末流动资金退出时归还本金。

流动资金借款利息计算公式为

$$每年流动资金借款利息＝流动资金借款累计金额×年有效利率 \qquad (3-44)$$

9. 其他费用计算

在工程项目经济分析中,其他费用一般可根据成本中的原材料成本、燃料和动力成本、工资及福利费、折旧费、修理费、维简费及摊销费之和的一定百分比计算,并按照同类企业的经验数据加以确定。

3.2.3　工程经济分析中其他的成本

1. 经营成本

经营成本是指从年总成本费用中扣除折旧费、维简费、摊销费和利息支出以后的成本,即

$$经营成本＝总成本费用－折旧费－维简费－摊销费－利息支出 \qquad (3-45)$$

或者

$$经营成本＝外购原材料、燃料及动力费＋工资及福利费＋修理费＋其他费用$$

$$(3-46)$$

经营成本是工程经济学的特有概念。它涉及产品生产及销售、企业管理过程中的物料、人力和能源的投入费用,它反映企业的生产和管理水平。在工程项目的经济分析中,经营成本被应用于现金流量的分析。

计算经营成本之所以要从总成本中剔除折旧费、维简费、摊销费和利息支出,主要有以下几个原因。

(1)现金流量表反映项目在期内逐年发生的现金流入和流出。与常规会计方法不同,现金收支何时发生,就在何时,不作分摊。因为投资已按其发生的时间作为一次性支出被计入现金流出,所以不能再以折旧费、维简费和摊销费的方式计为现金流出,否则会发生重复计算。因此,作为经常性支出的经营成本中不包括折旧费和摊销费,同理也不包括维简费。

(2)投资现金流量表以全部投资作为计算基础,不分投资资金来源,利息支出不作为现金流出,而资本金现金流量表将利息支出单列,因此经营成本中也不包括利息支出。

2. 固定成本与可变成本

在工程经济分析中,为便于计算和分析,根据成本费用与产量的关系,可将总成本费用分为固定成本和可变成本。

(1)固定成本是指在一定的产量范围内不受产品产量影响的成本,即不随产品产量的增减发生变化的各项成本费用,如工资及福利费(计件工资除外)、折旧费、修理费、无形资产及其他资产摊销费、其他费用等。

(2)可变成本是指随着产品产量增减而成比例变化的各项成本,也称为变动成本,如原材料、燃料、动力费和计件工资等。

3. 沉没成本

经济决策过程常涉及"沉没成本"的概念。沉没成本是指已经付出且不可收回的成本。沉没成本发生在决策之前,与决策问题无关的费用。从数量上看,沉没成本可以是整体成本,也可以是部分成本。如果旧资产能变卖出售获得部分价值,那么其账面价值不会全部沉没,只有变现价值低于账面价值的部分才是沉没成本。沉没成本的计算公式为

$$沉没成本 = 旧资产账面价值 - 当前市场价值 \qquad (3-47)$$

例如,某设备 4 年前购置时资产价值为 80 000 元,目前的账面价值(原值扣除历年提取折旧后的资产价值)为 30 000 元,现在的市场价值仅为 18 000 元。在进行设备更新分析时,旧设备往往会产生一笔沉没成本 30 000 元 - 18 000 元 = 12 000 元,由于这是过去投资决策发生的而与现在更新决策无关,因此目前该设备的价值等于市场价值 18000 元。

沉没成本是过去已经发生的成本,对目前的决策不构成影响。在进行工程经济方案经济分析和比选时,不计入沉没成本。

4. 机会成本

机会成本是经济学中一个重要的概念。其是指当把一定的经济资源用于生产某种产品时放弃在其他产品生产使用所获得的最大收益。例如,企业在一个新产品生产线投资决策中,如果使用原有的厂房、设备等资产,那么就放弃了这些资产用于生产其他产品或用于出租所获得的收益,其中最大的收益就是机会成本。在新产品投资分析中,旧的厂房、设备不能以它们的原值或账面价值等沉没成本计入,而应该是以机会成本计入。在工程经济学中更常见到的机会成本概念应用是关于投资资金的机会成本。

我们应当看到机会成本是在工程方案外部形成的,不能从该工程方案财务上直接表现出来,必须通过经济分析人员的分析工作,才能确定工程方案的机会成本。机会成本虽不是实际支出,但在工程经济分析时应作为一个因素加以认真考虑,这样才能保证经济决策的正确性。

5. 边际成本

边际成本是指增加一个单位产品产量时所增加的成本,也就是增加最后一个产品生产的成本。边际成本可用成本增量与产量增量之比来计算边际成本的计算公式为

$$边际成本 = 成本增量/产量增量 \tag{3-48}$$

边际成本的经济学意义在于,当边际收益(增加最后一个单位产品时所增加的收益)大于边际成本时,增加产量扩大生产规模的决策有助于投资者增加利润总额,因而此投资方案是可取的;当边际收益小于边际成本时,增加产量扩大生产规模的决策会使投资者的利润减少,因而此投资方案是不可取的;当边际收益与边际成本相等时,当前的生产规模是投资者获利最大的生产规模,因而也是最佳的。

【例 3-9】　企业某种设备生产某一标准化的零件,设备 2 年前购置,原始购置安装费用 50 万元,年折旧 40 000 元,年产量 20 000 件,生产零件的可变费用 10 元/件,企业需要的零件数量为 12 000 件/年,企业账务会计部门考虑折旧等固定费用,提供的该零件生产成本为 15 元。另一家企业因设备故障,急需此零件,愿意出价 13 元/件订购 5 000 件。如果不考虑企业间竞争因素及税收,那么企业是否应该接受这份订单?

解:这是一个扩大生产规模的决策问题,应采用边际成本(增量成本)进行分析。这份订单不影响企业自身的零件需求,且设备富余的生产能力能够满足订单生产。订单的边际成本即为可变成本 10 元/件,边际收益为 13 元/件,边际收益大于边际成本,所以应该接受这份订单。

3.3　销售收入、税金与利润

3.3.1　销售收入

销售收入是指企业销售产品或提供劳务等取得的货币收入,包括产品销售收入和其他销售收入。产品销售收入包括销售产成品、半成品、提供工业性劳务等获得的收入,其他销售收入包括材料销售、资产出租、无形资产转让、提供非工业性劳务等获得的收入。工程经济分析中,通常只考虑产品销售收入,其计算公式为

$$销售收入 = 产品销售量 \times 产品价格 \tag{3-49}$$

式中,产品价格为不含销项增值税的价格。

3.3.2　税金

税金是指企业投资活动和经营活动过程中向国家交纳的税收。税金是国家为满足社会

公共需要,依据其社会职能,按照法律规定,强制地、无偿地参与社会产品分配的一种方式。

1. 工程经济分析涉及的主要税种

1)增值税

增值税是对销售货物或者提供加工、修理、修配、劳务以及进口货物的单位和个人就其实现的增值额征收的一个税种。从计税原理上说,增值税是对商品生产、流通、劳务服务中多个环节的新增价值或商品的附加值征收的一种流转税。

当期增值税税额的计算公式为

$$当期增值税税额＝当期销项税额－当期进项税额 \tag{3-50}$$

式中,当期销项税额为不含税的销售额和适用的增值税税率计算的增值税额;当期进项税额为购进货物或者接受加工、修理、修配、劳务和应税服务,支付或者负担的增值税税额,是可以抵扣的增值税税额。

2)增值税附加税

增值税附加税是以增值税的存在和征收为前提和依据的、按照增值税税额的一定比例征收的一种附加的特定目的税,包括城市维护建设税、教育费附加和地方教育费附加。当期增值税附加税的计算公式为

$$当期增值税附加税＝当期增值税税额×相应税率 \tag{3-51}$$

3)企业所得税

企业所得税是对我国境内的企业和其他取得收入的组织的生产经营所得和其他所得征收的一种收益税。企业所得税计算公式为

$$企业所得税＝应纳税所得额×所得税税率 \tag{3-52}$$

式中,应纳税所得额为企业的收入总额减去成本、费用、损失以及准予扣除项目(如利息、捐赠、福利费等)的金额。

4)其他税金

工程经济分析还可能涉及的其他税金主要有以下几种。

(1)属于流转税类的消费税。它是以特定消费品(如烟、酒、小汽车、珠宝、高档化妆品、成品油等)为课税对象所征收的一种税。

(2)属于资源税类的自然资源税与城镇土地使用税。自然资源税简称资源税,它是对在我国境内开采应税矿产品和生产盐的单位和个人,就其应税资源税数量征收的一种税。城镇土地使用税简称土地使用税,它是对在城市、县城、建制镇、工矿区范围内使用土地的单位和个人,以其实际占用的土地面积为计税依据,按照规定的税额计算征收的一种税。

(3)属于财产税类的房产税和车船使用税。房产税是以房屋为征税对象,按房屋的计税余值或租金收入为计税依据,向产权所有人征收的一种税。车船使用税又称为车船税,它是以车船为特征对象,向车辆、船舶的所有人或者管理人征收的一种税。

(4)属于行为税类的印花税。印花税是对经济活动和经济交往中订立、领受具有法律效力的凭证(如合同、产权转移书据、营业账簿等)的行为所征收的一种税。

2. 工程经济分析中税金的处理

企业会计处理设有专门的增值税会计科目和企业所得税费用会计科目。另外,根据财

政部《增值税会计处理规定》(财会〔2016〕22 号)规定,设置"税金及附加"科目,该科目核算企业经营活动发生的消费税、城市维护建设税、资源税、教育费附加及房产税、城镇土地使用税、车船税、印花税等相关税费。

工程经济分析中,房产税、土地使用税、车船税和印花税等实践中常称的"四小税"与工程投入运营后的生产规模基本无关,可认为是固定税费。为便于工程经济分析计算,可按传统做法,将它们计入运营生产总成本费用中其他费用项的管理费用。"税金及附加"中保留消费税、资源税及三项附加税。其中,消费税只在特定消费品生产投资项目中才会产生,但要注意消费税也是三项附加税的计税基数;资源税也只出现在矿产品(含盐)的投资项目中。

工程经济分析通常不考虑企业经营活动中可能出现的营业外收入(盘盈利得、政府补助等)、营业外支出(罚款、捐赠等)、投资损失等,且一般是以年为计息周期进行经济分析。因此,投资项目及工程方案的经济分析相关每年税费的计算方法如下:

$$增值税 = 销售量 \times 不含税销售价格 \times 适用的增值税税率 - 进项增值税税额$$

$$= 不含税销售收入 \times 适用的增值税税率 - 进项增值税税额 \qquad (3-53)$$

$$税金及附加 = 资源税 + 消费税 + (增值税 + 消费税)$$

$$\times (城市维护建设税税率 + 教育附加费税率 + 地方教育附加税率) \qquad (3-54)$$

$$所得税 = (不含税销售收入 - 总成本费用 - 税金及附加 - 弥补以前年度亏损) \times 所得税税率$$

$$(3-55)$$

其中,总成本费用为不含进项增值税价格计算的费用;弥补以前年度亏损是指根据企业所得税法,若纳税年度发生亏损,以后年度(最长不超过 5 年)计算所得税时可先弥补年度的亏损。

3. 购置固定资产进项增值税的处理

投资项目及工程方案经济分析涉及的固定资产购置包括向工程施工企业发包建筑安装工程、向制造企业购买生产设备等。按现行税法规定,企业购置固定资产发生的进项增值税处理区分不同类型的纳税人。如果是一般纳税人,购置固定资产的进项增值税可进行抵扣,但固定资产计提折旧基数——固定资产原值——不得包含进项增值税。如果是小规模纳税人,则购置固定资产进项增值税不得抵扣,但可以进入固定资产原值计提折旧。据此,在工程经济分析中购置固定资产进项增值税可按如下几种方法处理。

一是购置固定资产进项增值税计入投资额,并且在工程投入运营后逐年按最大可能抵扣额计入进项增值税额进行抵扣,直至全部抵扣完毕。在计算固定资产折旧时,购置固定资产进项增值税不计入固定资产原值。

二是购置固定资产进项增值税不计入投资额,在工程投入运营后也不作为进项增值税进行抵扣。在计算固定资产折旧时,购置固定资产进项增值税不计入固定资产原值。

三是购置固定资产进项增值税计入投资额,在工程投入运营后不作为进项增值税进行抵扣。但是,在计算固定资产折旧时,购置固定资产进项增值税计入固定资产原值。

上述三种方法中,前两种适用于作为一般纳税人企业情况,工程经济分析实践所涉及投资项目或工程方案绝大多数属于这两种类型。第一种是精确的处理方法。与第一种方法相比,虽然第二种方法的分析计算结果会有误差,但是工程经济分析只是一种事前的预测性分析,它并不可能、也不需要像企业会计或工程计算那样要求绝对的精确,工程未来实施的实际情况与工程经济性预测分析结果肯定有一定的出入,所以这样的误差并不会影响分析结论。第三种方法适用于作为小规模纳税人投资项目或工程方案的情况。因为小规模纳税人不能进行进项税抵扣,在购置固定资产时通常只要开具税率较低的普通发票,所以在工程其他条件完全相同的情况下,按小规模纳税人增值税计征方法和税率的经济分析结果与第一、第二种方法的结果差异也并不显著,一般不会影响评价的结论。

此外,根据目前税收政策,工程涉及计算机软件这种无形资产投资的,其购置进项增值税也可抵扣,可参照购置固定资产进项增值税进行处理。

3.3.3 利润

利润是企业在一定时期内全部生产经营活动的最终成果。利润是反映企业经营绩效的核心指标。企业会计涉及三种利润概念,即营业利润、利润总额和净利润。正如前文提到的,工程经济分析通常不考虑工程投入运营后的营业外收支、投资损益、公允价值变动等。因此,在工程经济分析中,可认为营业利润和利润总额是相等的,涉及的利润主要是利润总额和净利润。

1. 利润总额

利润总额又称为所得税前利润,常简称为"税前利润"。利润总额的计算公式为

$$利润总额 = 不含税销售收入 - 总成本费用 - 税金及附加 \qquad (3-56)$$

2. 净利润

净利润又称为所得税后利润,常简称为"税后利润"。净利润的计算公式为

$$净利润 = 利润总额 - 所得税 \qquad (3-57)$$

缴纳所得税后的净利润,一般按照以下顺序分配:(1)弥补企业以前年度亏损;(2)提取法定公积金(法定公积金用于弥补亏损、扩大公司生产经营、增加公司注册资本);(3)经股东会或者股东大会决议确定的提取的任意公积金;(4)向投资者分配利润或股利;(5)未分配利润。

3.4 要素之间的关系与工程投资现金流构成

3.4.1 投资、资产和成本的关系

项目建设必须筹集一定数量的资金,以满足其投资的需求。在市场经济条件下,投资资金来源主要由两部分组成:一部分是资本金,它是投资者以自有资金投入的权益性资金;另一部分是债务资金,它是从金融市场借入的资金。

投资资金来源、投资实施、投资完成所形成的资产及工程方案投入运营后的产出产品成本之间的关系可用图 3-3 来概要地表述。

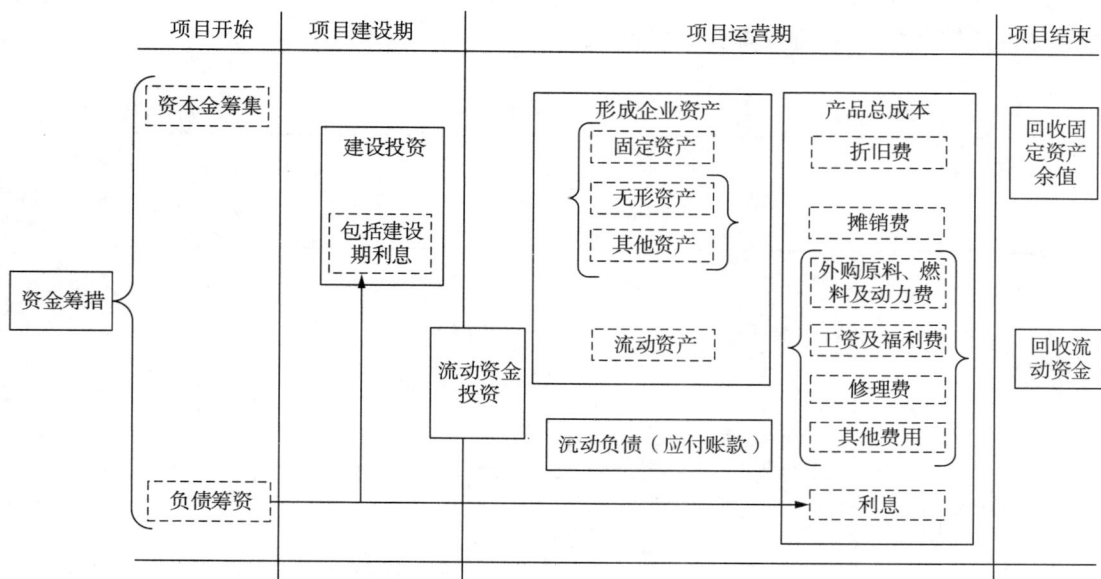

图 3-3　投资、资产、成本之间的关系

3.4.2　销售收入、总成本费用、税金和利润的关系

工程方案运营期的销售收入、总成本费用、税金和利润的关系如图 3-4 所示。

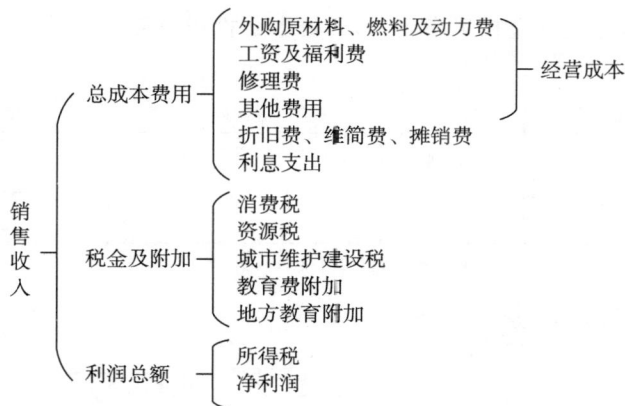

图 3-4　工程方案运营期的销售收入、总成本费用、税金和利润的关系

3.4.3　工程投资方案现金流构成

现金流是工程方案经济分析的基础。现金流量构成以"收付实现制"为原则,按实施该方案而实际发生的当期现金流为准,即由实施该方案而引起的增加的现金收入作为现金流入,引起的增加的现金支出作为现金流出。

如果不区分工程方案投资资金来源,那么从全部投资(包括资本金投资和负债投资)收益角度来考察,全部投资现金流和全部投资收益关系如图 3-5 所示。项目运营期的净现金流就是全部投资净收益,即全部投资回报。

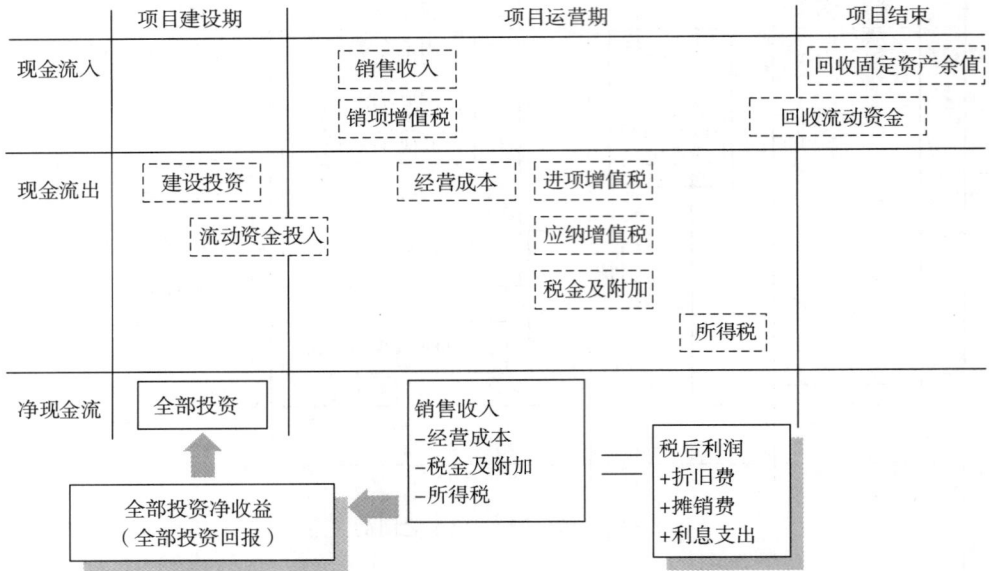

图 3-5　全部投资现金流和全部投资收益关系

从投资者的资本金投资收益角度来考察,资本金投资现金流和资本金投资收益关系如图 3-6 所示。建设期的全部投资资金与借入资金的差额就是投资者的权益投资资金,项目运营期的净现金流就是资本金投资净收益,即资本金投资回报。

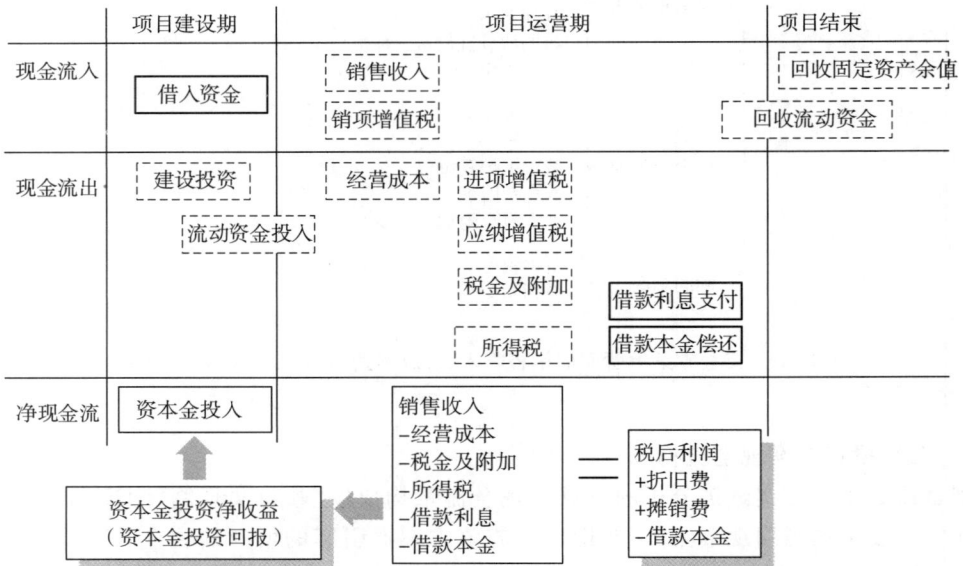

图 3-6　资本金投资现金流和资本金投资收益关系

习　题

1. 简述工程经济要素的基本构成及计算方法。
2. 理解总成本、经营成本、固定成本、可变成本之间的关系。
3. 分析销售收入、总成本、税金、利润之间的关系。
4. 试述利润总额、净利润及未分配利润的关系。
5. 分析投资、资本和成本之间的关系。
6. 分析全部投资的净收益来源及构成要素之间的关系。
7. 工程经济分析涉及的主要税收种类有哪些?
8. 某已建的年产 10 万吨化工产品项目的静态投资额为 5 000 万元,现拟建年产同类产品 20 万吨的项目。若生产能力指数为 0.6,综合调整系数为 1.2,则采用单位生产能力指数法估计该拟建项目静态投资额。
9. 某企业拟投资一个化工项目,相关数据如下:

(1)项目实施计划:该项目建设期为 3 年。实施计划进度为第 1 年完成项目全部投资的 20%,第 2 年完成项目全部投资的 55%,第 3 年完成项目全部投资的 25%,第 4 年全部投产,投产当年项目的生产负荷达到设计生产能力的 70%,第 5 年项目的生产负荷达到设计生产能力的 90%,第 6 年项目的生产负荷达到设计生产能力的 100%。项目的运营期总计为 15 年。

(2)建设投资估算:工程费与工程建设其他费用的估算额为 52 180 万元,预备费为 5 000 万元。

(3)建设资金来源:本项目的资金来源为自有资金和贷款。贷款总额为 30 000 万元,其中外汇贷款为 2 300 万美元。外汇牌价为 1 美元兑换 6.5 元人民币。人民币贷款的年利率为 12.48%(按季计息)。外汇贷款年利率为 8%(按年计息)。

(4)生产经营费用估计:工程项目达到设计生产能力以后,全厂定员为 1 100 人,工资和福利费按照每人每年 72 000 元估算;每年的其他费用为 860 万元(其中,其他制造费用为 660 万元);年外购原材料、燃料及动力费估算为 19 200 万元;年经营成本为 21 000 万元,年修理费占年经营成本的 10%。各项流动资金的最低周转天数分别为应收账款 30 天、现金 40 天、应付账款 30 天、存货 40 天。

要求完成下列投资费用项目估算:

(1)估算建设期利息;

(2)用分项详细估算法估算项目的流动资金;

(3)估算项目的总投资。

10. 某台设备原价为 120 000 元,若折旧年限为 10 年,残值为 6 000 元,试分别用平均年限法、双倍余额递减法、年数总和法计算各年的折旧额。

11. 某公司有一项固定资产原值为 50 000 元,估计使用年限为 5 年,预计清理费用为 2 000元,预计残值收入为 2 800 元。请分别用平均年限法、双倍余额递减法和年数总和法计算各年的折旧额。

12. 某拟建项目设计生产能力为 15 万 t 产品,每吨产品消耗的原材料为 1.2t,原料价格为 1 000 元/吨,每吨产品耗费的燃料及动力费为 100 元、包装费为 200 元、生产人员计件工资为 500 元,非生产人员工资及福利费为 100 万元/年,年修理费为 200 万元,销售费、管理费等其他费用为 300 万元/年,年折旧费、摊销费分别为 1000 万元、100 万元,年利息为 400 万元。

(1)预计其投资运营后产品年产量中销量为 10 万 t,则该项目投入运营后,每年的总成本、经营成本、固定成本、可变成本分别为多少?

(2)若投入运营后,其中某一年正常订单仍为 10 万 t,但在下半年额外获得了一笔 2 万 t 的新订单,试计算这笔订单的产品边际成本。

(3)在(2)中,若该笔新订单的不含税总价为 4300 万元,是否接受这笔订单?

13. 某项目建设投资 2000 万元(不含建设期利息和增值税),其中土地使用权费用为 500 万元,建设期为 1 年,流动资金投资 500 万元。建成后,除土地使用权费用外,其余建设投资全部形成固定资产。固定资产折旧期 15 年,残值 100 万元;无形资产摊销期为 5 年。建设投资中有 1 100 万元来自建设单位投入的资本金(其中,100 万元用于支付建设期利息),其余银行贷款(建设期年初借入),年有效利率为 10%,银行还款按五年后一次性还本、利息当年结清方式。流动资金投资资金来源为资本金。项目建成后,生产期第 1 年销售收入为 2 100 万元,外购原料、燃料及动力费为 500 万元,工资及福利费为 300 万元,修理费为 100 万元,其他费用为 200 万元,年税金及附加为 180 万元,所得税率为 25%。计算生产期第 1 年利润总额、所得税及税后利润、全部投资净收益(全部投资回报)和资本金投资净收益(资本金投资回报)。

第 4 章　工程项目经济评价方法

> **内容提要：**
> 　　本章介绍工程项目经济评价方法，主要内容包括静态评价方法与指标体系、动态评价方法与指标体系、多方案比选的方法等。
>
> **能力要求：**
> 　　(1)能够正确理解项目经济评价计算期和项目评价基本原则；
> 　　(2)能够正确掌握静态评价方法；
> 　　(3)能够正确应用动态评价方法进行项目评价计算；
> 　　(4)能够正确掌握多方案的类型及比选方法。

4.1　基本原理

4.1.1　项目评价的概念

　　建设项目评价是从工程、技术、经济、资源、环境等多方面对拟建项目进行全面、系统、综合的技术经济分析、比较、论证和评价，从多个可供选择的可行性方案中选出最优方案。从项目投资者角度来看，经济评价是建设项目评价的核心内容。

　　建设项目经济评价是在完成市场需求预测、场址选择、工艺技术方案选择等可行性研究的基础上，对拟建项目投入产出的各种经济因素进行调查、研究、预测、计算及论证，运用宏观经济效益分析与微观经济效益分析相结合、动态分析与静态分析相结合、定量分析与定性分析相结合的方法，选择最佳方案。

　　建设项目经济评价分析的核心内容就是要根据所考察系统的预期目标和所拥有的资源条件，分析该系统的现金流量情况，达到合适的技术方案，以获得最佳的经济效果。对投资项目经济效果的评价，根据评价的角度、范围和作用等，可分为财务评价和国民经济评价两个层次。

　　财务评价是在国家现行财税制度和价格体系的前提下，从项目的角度出发，计算项目范围内的财务效益和费用、分析项目的盈利能力和清偿能力，评价项目在财务上的可行性。财务评价属于微观经济效果评价范畴。

　　国民经济评价是在合理配置社会资源额前提下，从国家整体经济利益的角度出发，计算项目对国民经济的贡献，分析项目的经济效率、效果和对社会的影响，评价项目在宏观经济上的合理性。

　　依据《建设项目经济评价方法与参数》，建设项目经济评价有以下主要步骤。

　　(1)收集整理基础数据并填辅助报表，作为后续分析的基础数据来源。

　　(2)编制财务评价和国民经济评价基本报表。

　　(3)计算评价指标，进行财务评价和国民经济评价。

（4）提出综合分析评价意见，确定经济可行方案。

4.1.2 项目评价的计算期

对工程项目进行经济分析和评价时，往往都是根据项目特定时期内的现金流量来展开的，因此在进行项目评价时应明确项目评价计算期。项目评价计算期是指对拟建方案进行现金流量分析时所设定的项目任务年限。对于建设项目来说，项目计算期可分为建设期和运营两个阶段（见图4-1）。

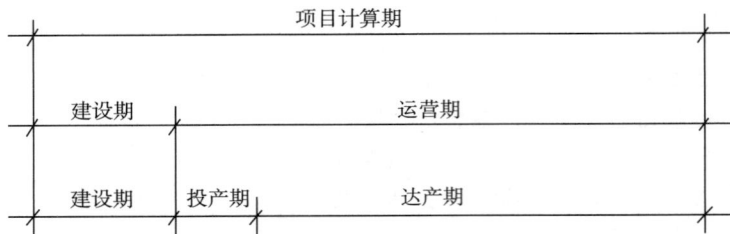

图4-1 项目计算期示意

项目建设期是指从项目资金正式投入全部建成投产所需要的时间。其主要特点是只有投资，很少有产出，因此项目建设期应参照项目建设的合理工期或建设进度计划合理确定。项目运营期是指项目从建成到全部固定资产报废为止所经历的时间，包括投产期（项目投入生产，但尚未达到设计生产能力的过渡期）和达产期。项目运营期不能等同于项目投资后服务期（物理寿命期），而应根据项目的特点、技术水平、技术进步及主要设备的合理经济寿命期来确定。

对于项目（或方案）计算期的确定，主要考虑其主体结构的经济性、维护的可行性、关联设施的实用性等方面的综合因素，若计算期太短，将有可能漏掉一些具有重大盈利机会的方案；若计算期太长，则对未来预测精度降低，计算误差偏大，将导致决策者决策的失误。

因此，合理地确定项目计算期，将为项目经济分析的正确性奠定基础。计算期较长的项目多以"年"为时间单位。对于计算期较短的行业项目，在较短的时间间隔内其现金流量会发生较大变化，因此这类项目不宜用"年"作为时间单位，可根据具体情况选择合适的时间单位。本书若无特别说明，项目计算期一般以"年"为单位。

4.1.3 项目评价的指标

进行投资项目经济效果评价，首先应选取较合理的评价指标体系，再根据可靠的相关基础数据计算和分析所选取的经济指标。

项目经济评价指标可分为两大类：静态评价指标（不考虑时间因素影响）和动态评价指标（考虑时间因素影响）。静态评价指标因计算较简便（如投资收益率、静态投资回收期等），主要用于技术经济数据不完备或不精确的项目初选阶段或对短期投资项目的评价；动态评价指标因考虑了资金时间价值因素（如净现值、净年值、内部收益率等），主要用于项目最后决策可行性研究阶段。

总之，在进行投资项目经济评价时，应根据评价深度要求或获得了解的情况以及评价方案本身所处的情形，选用多个不同的指标，从不同侧面反映评价方案的经济效果。

4.1.4　项目评价的原则

实现同一个目标,可以有多个方案。但各个方案存在社会、技术、经济和环境的差异,因此各方案实施后的效果并不相同。工程经济分析的实质就是对可实现某一预定目标的多种方案进行分析、评价和比较,并从中选择一种最优方案。然而,进行比较的方案一方面必须具有可比性,另一方面必须使用各种评价方法,否则就无法选择。具体来说,项目经济评价应遵循以下原则。

1. 宏观经济效益分析与微观经济效益分析相结合

建设行业的发展要满足项目承建单位的利益追求,但同时由于建设项目的成功与否直接影响到国民经济的发展与环境可持续发展,因此应将建设项目的发展与国民经济全局联系起来,实现项目微观经济效益与宏观经济效益的双赢。

对于建设项目而言,必须采取财务分析和国民经济分析相结合的评价原则,即项目既要符合国家的发展需要使资源合理配置并充分发挥效能,又要尽量使项目能够有较好的经济效益,具有相应的财务生存能力,为今后的发展打下良好的基础。

2. 动态分析与静态分析相结合,以动态分析为主

传统的经济评价方法以静态分析为主,忽略资金的时间价值。传统的经济评价方法比较适用于项目投资量较少或项目计算期较短的情况。由于建设工程项目具有周期长、投资大的特点,项目资金价值对项目评价结果具有重要的影响作用,因此在建设工程项目经济评价中应坚持动态分析与静态分析相结合、以动态分析为主的基本原则。这对于提高项目决策的科学性和准确性具有直接影响。

3. 定量分析与定性分析相结合,以定量分析为主

现代项目经济评价要求评价人员能在进行广泛而深入的市场调查基础上,通过预测、计算,对项目未来的经济效果进行计算后的定量分析。定量分析以科学计算为依据,不仅使各种评价更加精确、科学,减少了分析中的直觉成分,还可以在定量分析中发现研究对象的实质和规律,尤其是可以发现定性分析中难以确定或不易掌握的不确定性因素和风险,并用量化的指标对其做出判断。然而,项目评价是对未来的预测评价,项目的细节问题有待改进。有些经济问题非常复杂,难以用准确的数字来描述。评价人员只能定性地根据自己掌握的有关资料,如国家的法律法规、国家的产业政策、国家的发展布局和发展方向、技术的发展现状、工程项目的市场资料和经验等对拟建项目进行模糊评价,并做出方案选择。

定量分析和定性分析相互配合,相互依存,缺一不可。定量分析的科学计算是分析的基础,定性分析可以对定量分析进行修正,是定量分析的补充和完善。定性分析又是定量分析的基础。在定量分析以前,又必须进行必要的定性分析,才能正确选择评价的参数。因此,工程经济分析必须采用定性分析和定量分析相结合、以定量分析为主的评价原则,才能做出正确的决策。

4. 满足具有可比性的原则

经济效益评价中,只有满足可比条件的方案才能进行比较。这些可比条件有满足需要上的可比、消耗费用上的可比、价格上的可比和时间上的可比。

任何一个工程项目的建设都是为了满足一定的社会需要,不同的项目可以满足不同的社会需要,只有当进行比较的项目满足相同的社会需要时才能进行比较。例如,铜和铁是具有不同特性的金属,可以满足不同的社会需要,两者不能直接比较。但当它们被制成导线,用于运输电能满足输送电能这一社会需求时就可以进行比较了。又如,煤炭和电能是两种性能完全不同的产品,不能直接比较,但如果把它们转换成产生能量,就可以进行比较了。

经济效益的取得建立在一定的消耗费用基础上,因此对工程项目或技术方案进行比较时,不仅要求在满足需要上可比,还要求在消耗费用上可比。坚持消耗费用的可比原则就是指在计算和比较工程项目或技术方案的费用时,不仅要计算和比较方案本身的费用消耗,而且要考虑相关的费用消耗,还要在计算中采用统一的计算方法和计算原则。

在经济效益评价时,无论是计算收益还是费用,都要借助于价格,所以价格必须能够可比。价格可比是指在对工程项目或技术方案进行分析比较时,必须采用合理的、一致的价格体系。

在实际生产中,即使投资、成本和预计每年的收益完全相同的两个方案,如果在不同的时期实施,其经济效益都会完全不同。在相同时期实施的方案,如果各自的建设期和寿命期不同,即使投资、成本和预计每年的收益完全相同,其经济效益也会有很大差异。所以,时间因素对项目的经济效益有很大的影响。因此,在对工程项目或技术方案进行经济效益分析时,必须考虑时间的可比性。

4.2 静态评价方法

静态评价方法是在不考虑资金时间价值的情况下,对工程项目在计算期内的现金流量进行分析、计算、评价的方法。静态评价方法可适用于对多个方案进行粗略评价或对短期投资项目进行经济分析。

当项目属于资金相当短缺、技术上更新迅速、未来情况很难预测,而投资者又特别关心资金补偿的项目,可以考虑静态评价方法来分析。

4.2.1 单位生产能力投资

单位生产能力投资是指建设每单位生产能力项目所耗用的建设项目平均投资。该指标反映投资节约效果,适用于同类项目进行大致比较的情况。该指标值越低,表示项目经济效果越好。单位生产能力投资的计算公式为

$$A = \frac{I}{Q} \tag{4-1}$$

式中,A—— 单位生产能力投资;

I—— 投资总额;

Q—— 生产能力。

4.2.2 静态投资回收期

静态投资回收期是指在不考虑资金时间价值的条件下,以方案的净收益回收其总投资(包括固定资产投资和流动资金)所需要的时间,一般以年为单位。静态投资回收期示意如图4-2所示。

项目投资回收期应从项目建设开始年算起,若从项目建成投产开始年算起,应予以特别

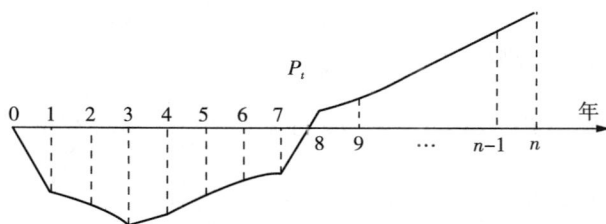

图 4-2　静态投资回收期示意

注明。投资回收期的表达式为

$$\sum_{t=0}^{P_t} (CI - CO)_t = 0 \tag{4-2}$$

式中,P_t—— 静态投资回收期;

$(CI - CO)_t$—— 第 t 年净现值流量。

静态投资回收期 P_t 是反映项目财务上投资回收能力的主要指标,其通过判断初始投资得到补偿的快慢来评价方案的优劣。计算出的静态投资回收期 P_t 要与行业基准静态投资回收期 T_c 进行比较,当 $P_t \leqslant T_c$(国家或部门行业的基准静态投资回收期) 时,可以接受,否则应予以否定。

静态投资回收期 P_t 可采用线性内插法计算,也可采用如下所示的实用计算方法计算:

$$P_t = T - 1 + \frac{U_{T-1}}{V_T} \tag{4-3}$$

式中,T—— 累计净现金流量开始出现正值的年份数;

U_{T-1}—— 第 $T-1$ 年末累计净现金流量的绝对值;

V_T—— 第 T 年的净现金流量。

【例 4-1】　某建设项目投资方案各年份净现金流量见表 4-1 所列,如果基准回收期 $T_c = 3.5$ 年,试问该项目是否可行?

表 4-1　净现金流量表　　　　　　　　(单位:万元)

年份	0	1	2	3	4	5	6
净现金流量	-1 500	600	400	400	300	300	300

解: 采用线性内插法计算:

$$\sum_{t=0}^{3} (CI - CO)_t = -100$$

$$\sum_{t=0}^{4} (CI - CO)_t = 200$$

$$P_t = 3 + \frac{0 - (-100)}{200 - (-100)} = 3.3(年)$$

> 也可直接用简化公式进行计算：
>
> $$P_t = T - 1 + \frac{U_{T-1}}{V_T} = 4 - 1 + \frac{|-100|}{300} = 3.3(年)$$
>
> 因为 $P_t < T_c$，所以项目可行。

静态投资回收期的经济意义明确、直观，计算简便，在一定程度上反映了方案经济效果的优劣，而且由于它选择方案时回收资金的速度越快越好，迎合了一部分风险投资者的心理，是人们乐于接受和使用的方法。但是，一般认为投资回收期只能作为一种参考指标，而不能单独使用。这是因为：第一，没有考虑资金的时间价值；第二，仅以投资的回收快慢作为决策的依据，没有考虑投资回收以后的情况，无法全面地反映项目在整个计算期内的盈利水平。

4.2.3 投资收益率

投资收益率是指项目在正常生产年份的净收益与投资总额的比值。它表明项目在正常生产年份中单位投资产生的净收益额。投资收益率可与本行业平均投资收益率相比较，来反映投资项目的盈利能力。投资收益率的计算公式为

$$R = \frac{NB}{I}$$

式中，R—— 投资收益率；

NB—— 正常生产年份或年平均净收益；

I—— 投资总额。

在建设工程项目实际评价过程中，根据分析的目的，投资收益率具体可用投资利润率、资本金利润率、投资利税率来表示。

1. 投资利润率

投资利润率是指项目在正常生产年份的年利润总额或年平均利润总额与项目投资总额的比值，其计算公式为

$$投资利润率 = \frac{年利润总额}{项目投资}$$

2. 资本金利润率

资本金利润率是指项目在正常生产年份的年利润总额或年平均利润总额与项目资本金的比值。项目资本金利润率作为政府和银行特别关心的一个盈利指标，被财政部门和多家银行视为重要指标。资本金利润率的计算公式为

$$资本金利润率 = \frac{年利润总额}{项目资本金}$$

3. 投资利税率

投资利税率是指在正常生产年份的年利税总额（利润＋税金）与项目投资总额的比值，其计算公式为

$$投资利税率 = \frac{年利税总额}{项目投资总额}$$

【例 4-2】　某新建项目投资总 65 597 万元。两年建设,投产后运行 10 年,利润总额为 155 340 万元,销售税金及附加为 56 681 万元,自有资本金总额为 13 600 万元,国家投资额为 10 600 万元,其余为国内外借款。试计算投资利润率、资本金利润率和投资利税率。

解:投资利润率 $= \dfrac{年利润总额}{项目投资总额} = \dfrac{155\,340 \div 10}{65\,597} \times 100\% = 23.7\%$

资本金利润率 $= \dfrac{年利润总额}{项目资本金} = \dfrac{155\,340 \div 10}{13\,600} \times 100\% = 114.2\%$

投资利税率 $= \dfrac{年利税总额}{总投资} = \dfrac{(155\,340 + 56\,681) \div 10}{65\,597} \times 100\% = 32.3\%$

4.3　动态评价方法

动态评价方法是在考虑资金时间价值的情况下,将工程项目在整个计算期内不同时期的现金流入量和现金流出量换算成同一时点的现金流量进行计算分析。常用的动态评价方法有净现值、净年值、内部收益率和动态投资回收期法。

4.3.1　净现值

1. 概念

净现值法是建设项目经济评价中计算投资效果的一种常用的动态分析方法。净现值(NPV)是指在项目的经济寿命周期内,将投资方案各期所发生的净现金流量(现金流入 CI - 现金流出 CO)按既定的折现率(基准收益率 i_c)统一折算为基准期(第 0 年)的现值的代数和。

设投资方案的项目计算期为 n,各期净现金流量为 $(CI - CO)_t(t = 0, 1, 2, \cdots, n)$,基准收益率为 i_c,则净现值计算公式为

$$NPV = \sum_{t=0}^{n} (CI - CO)_t (1 + i_c)^{-t} \qquad (4-4)$$

式中,NPV——净现值;

$(CI - CO)_t$——第 t 年的净现金流量;

n——项目计算期;

i_c——基准收益率。

为了计算方便,可将每年的收入与支出划分为均匀现金流 A 与非均匀现金流 F_i,则净现值计算公式为

$$NPV = P_0 + \sum_{t=1}^{n} \frac{F_i}{(1+i)^t} + A \left[\frac{(1+i)^n - 1}{i(1+i)^n} \right] \qquad (4-5)$$

【例4-3】 某建设项目工程工期2年,到第1年年末累计投资1500万元,第2年年末累计投资2000万元,第3年开始投产,每年获利1180万元。若计算期内银行贷款年利率为10%,问投产5年后该项目投资能否用利润抵消项目投资?

解:该项目现金流量如图4-3所示。净现值为

$$NPV = -1\,500(P/F,10\%,1) - 2\,000(P/F,10\%,2)$$

$$+ 1\,180(P/A,10\%,5) \times (P/F,10\%,2)$$

$$= 680.16(万元)$$

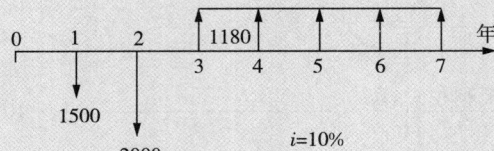

图4-3 例4-3现金流量图

根据计算结果,该项目投产5年后不仅能用利润回收投资,而且还有680.16万元的盈利,经济效果良好。

2. 经济含义

NPV 的计算结果有三种情况:

(1)若方案的 $NPV=0$,则表明该方案的实施可以收回投资资金,而且恰好取得既定的收益率(基准收益率);

(2)若方案的 $NPV>0$,则表明该方案不仅能收回投资,而且取得了比既定收益率更高的收益(尚有比通常的投资机会有更多的收益),其超额部分的现值就是 NPV 值;

(3)若方案的 $NPV<0$,则表明该方案不能达到既定的收益率,甚至不能收回投资。

因此,净现值是考察方案盈利能力的重要指标。利用净现值判断项目是否可行时,要求只有方案的 $NPV \geqslant 0$ 时,方案在经济上才可以接受;若方案的 $NPV<0$,则可认为方案在经济上是不可行的。

净现值是一个反映项目投资盈利能力的十分可靠的重要动态指标,广泛应用于方案的经济评价中。其优点是考虑了资金时间价值和方案在整个计算期内的费用和收益情况;能够表明项目(方案)投资是否达到盈利能力;它以金额表示投资收益的绝对效果,比较直观。但净现值指标也存在以下不足:

(1)需先确定一个符合经济现实的基准收益率,然而基准收益率的确定有时是比较困难的;

(2)净现值是一个绝对总量指标,在方案的比较上,当方案的投资额不同时,比较的基数不同,不能直接反映项目投资中单位投资的使用效率。

3. 净现值系数

净现值系数($NPVR$)是指单位投资现值所能带来的净现值。此效率指标通常用于考察项目单位投资的盈利水平。对于已经获得相同的财务净现值而投资规模相差较大的多方案

投资项目,常用净现值率作为补充辅助评价指标进行排序选择。净现值系数的计算公式为

$$NPVR = \frac{NPV}{|I_p|} = \frac{\sum_{t=0}^{n} \frac{(CI-CO)_t}{(1+i)^t}}{\sum_{t=0}^{n} \frac{I_t}{(1+i)^t}} \tag{4-6}$$

式中,$NPVR$——净现值系数;

　　　I_p——项目总投资的现值。

对于单个投资方案而言,一般 $NPVR$ 应与 NPV 的判别标准一致,即 $NPVR \geqslant 0$;而进行多方案的选择,就必须将 $NPVR$ 进行排序,以单位净现值最大为准则,倾向于选择投资规模偏小、资金利用率较高的项目。

【例4-4】　某工程有 A、B 两种方案可行,现金流量表见表4-2所列,设基准折现率为 10%,试用净现值法和净现值系数法进行方案比优。

表 4-2　现金流量表

项目	年份											
	0		1		2		3		4		5	
	A	B	A	B	A	B	A	B	A	B	A	B
投资	2 000	3 000										
现金流入			1 000	1 500	1 500	2 500	1 500	2 500	1 500	2 500	1 500	2 500
现金流出			400	1 000	500	1 000	500	1 000	500	1 000	500	1 000

解:(1)净现值法:

$$NPV_A = -2\,000 + (1\,000 - 400)(P/F,10\%,1)$$
$$+ (1\,500 - 500)(P/A,10\%,4)(P/F,10\%,1)$$
$$= 1427$$
$$NPV_B = -3\,000 - 1\,000(P/A,10\%,5) + 1\,500(P/F,10\%,1)$$
$$+ 2\,500(P/A,10\%,4)(P/F,10\%,1)$$
$$= 1\,777$$

因为 $NPV_A < NPV_B$,所以 B 方案优于 A 方案。

(2)净现值系数法:

$$NPVR_A = 1\,427/2\,000 = 0.713\,5, \quad NPVR_B = 1\,777/3\,000 = 0.592\,3$$

因为 $NPVR_A > NPVR_B$,所以 A 方案优于 B 方案。

由此可见,当方案的投资额相差较大时,除用净现值法外,往往需要用净现值系数法作为辅助评价,才能做出合理的评价。

4. 基准收益率

在选择投资机会和决定技术方案取舍之前,投资者首先要确定一个最低盈利目标 ——选择特定的投资机会或投资方案必须达到的预期收益率。这个最低盈利目标称为基准投资收益率,又称为基准折现率或基准贴现率,简称基准收益率,通常用 i_c 表示。基准收益率 i_c 是经济评价的一个非常重要的参数,是投资者对资金时间价值的最低期望。

从概念上来说,确定基准收益率需要考虑以下三个方面的因素。

(1) 加权平均资本成本或投资的机会成本(可用 i_1 表示)。加权平均资本成本是项目从各种渠道取得的资金所平均付出的代价,其大小取决于资金来源的构成及其各种筹资渠道的资本成本。投资的机会成本是指投资者的资金不用于拟建项目而用于其他最佳投资机会所能获得的盈利。

(2) 风险贴补率(可用 i_2 表示)。项目决策都是依据未来不确定的现金流量做出的,投资者要承担这种不确定性带来的风险。只有对风险有所补偿时,投资者才愿意承担风险。风险贴补率就是对可能发生的风险损失的补偿。

(3) 年通货膨胀率(可用 i_3 表示)。在预期未来存在通货膨胀的情况下,如果项目的支出费用和收入金额是按预期各年的当时价格来计算的,那么项目资金的收益已包含通货膨胀率。为使所选项目的实际收益率不低于实际期望水平,就应当考虑通货膨胀的影响。

综合上述三个方面的因素,基准收益率 i_c 可按下式确定:

$$i_c = i_1 + i_2 + i_3$$

基准收益率是极其重要的一个评价参数,是决定方案取舍的一个主要参照指标。基准收益率不同于贷款利率,通常要求基准收益率大于贷款所得。

4.3.2　净年值

1. 概念

净年值(NAV)是指把项目经济寿命周期中发生的净现金流量,通过基准收益率换算成服务期各年(从第 1 年到第 n 年)净等额年值。

设投资方案的计算寿命期为 n,各期净现金流量为 $(CI-CO)_t(t=0,1,2,\cdots,n)$,基准折现率为 i_c,则净年值的计算公式为

$$NAV = NPV(A/P, i, n) = \sum_{t=0}^{n} \frac{(CI-CO)_t}{(1+i)^t} \frac{i(1+i)^n}{(1+i)^n - 1} \tag{4-7}$$

对于将每年的收入与支出划分为均匀现金流 A 与非均匀现金流 F_i 的净年值计算公式可表示为

$$NAV = \left[P_0 + \sum_{t=1}^{n} \frac{F_t}{(1+i)^t} \right] \frac{i(1+i)^n}{(1+i)^n - 1} + A$$

2. 经济含义

净年值具有与净现值相同的经济含义,同样可以根据是否 $NAV \geqslant 0$ 来判断方案在经济上是否可以接受。净年值法与净现值法代表相同的评价尺度,但净年值法用于选择服务期不同的方案时比较方便。

【例 4-5】　有 A、B 两个方案：A 方案的寿命期为 15 年，经计算其净现值为 100 万元；B 方案的寿命期为 10 年，经计算其净现值为 85 万元。设基准折现率为 10%，试比较两个方案的优劣。

解：采用净年值法计算比较：

$$NAV_A = NPV_A(A/P,i_0,n) = 100 \times (A/P,10\%,15)$$

$$= 100 \times 0.13147 = 13.147(万元)$$

$$NAV_B = NPV_B(A/P,i_0,n) = 85 \times (A/P,10\%,10)$$

$$= 85 \times 0.16275 = 13.834(万元)$$

因此，B 方案优于 A 方案。

4.3.3　内部收益率

1. 概念

内部收益率（IRR）是项目在经济寿命周期内的净现值累计等于零时的折现率。

设投资方案的计算寿命期为 n，各期净现金流量为 $(CI-CO)_t, t=0,1,2,\cdots,n$，则内部收益率的计算公式为

$$NPV = \sum_{t=0}^{n} (CI-CO)_t (1+IRR)^{-t} = 0 \tag{4-8}$$

式中，IRR——内部收益率。

前面讲过，净现值是按照一个给定的折现率计算项目的现值之和的。这样，不同的折现率就会得出不同的净现值，而且净现值与折现率之间就会存在一定的函数关系。例如，某项目净现金流量如图 4-4 所示，则项目的净现值可表示为

$$NPV_A = -1\,000 + 400(P/A,i,4)$$

图 4-4　净现金流量图

不同的折现率下的净现值计算结果见表 4-3 所列。

表 4-3　不同的折现率下的净现值计算结果

$i/\%$	0	10	20	22	23	30	40	50	∞
NPV	600	268	35	0	-20.7	-133	-260	-358	-1 000

根据表 4-3 中的数据，以横轴为折现率，纵轴表示净现值，则可得到净现值与折现率之间的关系曲线（见图 4-5）。

从图 4-5 可以直观地看出，随着折现率的增加，净现值逐渐减小，当折现率达到某个值时，净现值变成负值。净现值与折现率之间的关系曲线与横轴的交点就是内部收益率数值点。

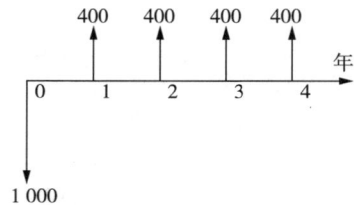

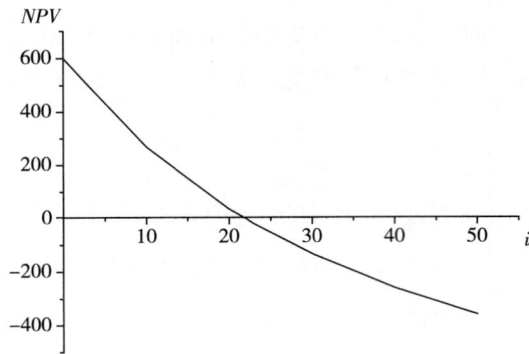

图 4-5 净现值与折现率之间的关系曲线

因为难以直接依据公式计算得出内部收益率数值,所以一般可采用"线性插值法"来求 IRR 的近似解。如图 4-6 所示,先根据给出 i_m 和 i_n 两个折现率,分别计算两个折现率对应的净现值 $NPV(i_m)$ 和 $NPV(i_n)$,且有 $NPV(i_m) > 0$,$NPV(i_n) < 0$,然后根据相似形原理,用线性内插法计算 IRR 的近似值,其计算公式为

$$IRR = i_m + \frac{NPV(i_m) \cdot (i_n - i_m)}{NPV(i_m) + |NPV(i_n)|} \tag{4-9}$$

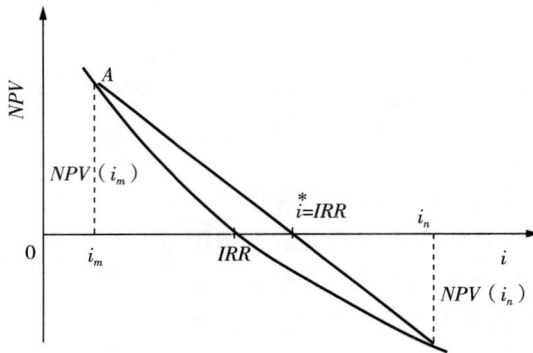

图 4-6 线性内插法计算示意

IRR 的具体计算步骤如下:

(1) 选定一个初始折现率 i_1,计算对应的 $NPV(i_1)$,并不断试算,使得 $NPV(i_1) > 0$,且接近于 0;

(2) 给出一个折现率 i_2,计算对应的 $NPV(i_2)$,并不断试算,使得 $NPV(i_2) < 0$,且接近于 0;

(3) 进行迭代计算,计算 $\Delta = i_2 - i_1$,但选取的 i_2 和 i_1 的差别不能太大,要求 $i_2 - i_1 < 5\%$,目的是减少内插的误差;

(4) 将上述数据代入以下公式可计算出 IRR。

$$IRR = i_1 + \frac{NPV(i_1) \cdot (i_2 - i_1)}{NPV(i_1) + |NPV(i_2)|}$$

【例4-6】　某工程项目期初投资10 000万元,一年后投产并获得收益,每年的净收益是3 000万元,项目寿命期为10年,试计算该项目的内部收益率。

解:绘制项目的净现金流量图(见图4-7)。

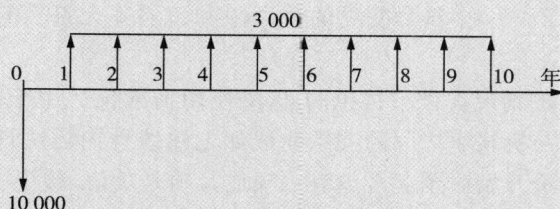

图4-7　净现金流量图

根据图4-7,可得净现值为

$$NPV_A = -10\,000 + 3\,000(P/A, i, 10)$$

经迭代计算,取 $i_1 = 25\%$,则 $NPV(i_1) = 711.5$ 万元;取 $i_2 = 30\%$,则 $NPV(i_2) = -725.5$ 万元。

将上述数据带入 IRR 的计算公式[式(4-9)],得

$$IRR = 25\% + \frac{711.5 \times (30\% - 25\%)}{711.5 + |-725.5|} = 27.48\%$$

2. 经济含义

从经济上说,内部收益率就是项目在寿命期结束时,投资刚好被全部收回的折现率。也就是说,在项目的整个寿命期内,按照利率 $i = IRR$ 计算,始终存在未能收回的投资,而在寿命期结束时,投资刚好被全部收回。因此,内部收益率实际上就是方案本身的投资收益率。它反映了方案占用资金的盈利率,也反映了方案对投资资金成本的最大承受能力。

应用内部收益率来判断项目是否达到预期效果,要将根据现金流量计算得出的 IRR 与基准收益率 i_c 进行比较:

当 $IRR = i_c$ 时,表明方案的投资收益率恰好达到既定的收益率(基准收益率);

当 $IRR > i_c$ 时,表明方案的投资收益率超过既定的收益率;

当 $IRR < i_c$ 时,表明方案的投资收益率未能达到既定的收益率。

因此,当方案的 $IRR \geq i_c$ 时,认为方案在经济上是可接受的;当方案的 $IRR < i_c$ 时,认为方案在经济上是不可行的。

内部收益率 IRR 反映的是对应项目净现值 NPV 为零的折现率,依据净现值与折现率之间的关系曲线可以得出 IRR 与 NPV 之间的关系:

当 $IRR > i_c$ 时,必有 $NPV(i_c) > 0$,反之亦然;

当 $IRR < i_c$ 时,必有 $NPV(i_c) < 0$,反之亦然;

当 $IRR = i_c$ 时,必有 $NPV(i_c) = 0$,反之亦然。

3. 内部收益率唯一性讨论

从数学角度来看,求解 IRR 的过程实际上是求解关于 IRR 的 n 次多项式方程正实根的

过程,因此可将 IRR 的表达式写成 $NPV(IRR)=\sum\limits_{t=0}^{n}F_t\dfrac{1}{(1+IRR)^t}=0$,以 x 代表 $1/(1+IRR)$,则有 $NPV(IRR)=F_nx^n+\cdots+F_3x^3+F_2x^2+F_1x+F_0$。

根据笛卡尔符号规则[系数为实数的 n 次多项式按降序排列,其正实数根的数目不会超过其系数 F_n,$\cdots F_3$,F_2,F_1,F_0 中符号变更的数目(0 可以看作无符号的)],可以判断 IRR 正实根的个数。

(1)存在唯一 IRR 的情况。以上讨论的 IRR 使用情况仅适用于"常规"方案的经济评价。这类方案的净现值与折线率之间的关系曲线如上述线性内插法计算示意(见图 4-6),方案的净现金流量从投资开始时刻起至少有一项或几项是负值,接下去项目开始盈利,净现金流量是一系列正值,此时计算期内净现金流量的符号变化只有一次,可判断出这种情况下方案有唯一的 IRR 解。

(2)不存在 IRR 的情况如下。① 只有现金流入或现金流出,此时不存在具有明确经济意义的 IRR[见图 4-8(a) 和图 4-8(b)]。② 存在现金流入和现金流出,但现金流出的数量远大于现金流入的数量[见图4-8(c)]。

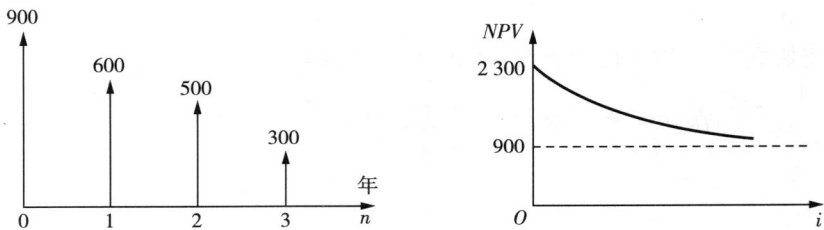

(a)只存在现金流入

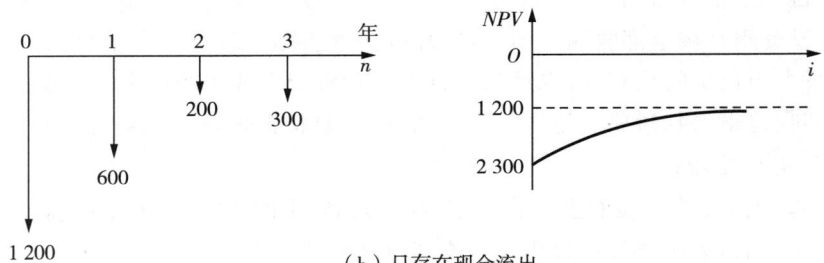

(b)只存在现金流出

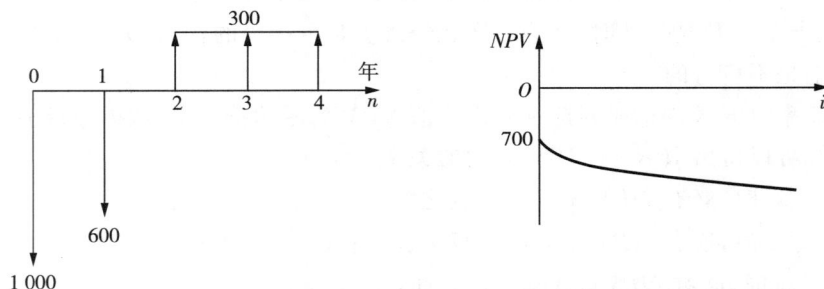

(c)存在现金流入和现金流出,但现金流出数量远大于现金流入的数量

图 4-8 不存在 IRR 的情况

（3）存在多个 *IRR* 的情况。对于非常规项目，当项目净现金流量在项目计算期内变化多次时，可能存在多个正实根，但所有计算正实根都不是项目真正的内部收益率。如图 4-9 所示，净现金流量符号变化共 3 次，此时内部收益率最多有 3 个。这种情况下的 *IRR* 有多个，因此不能按照常规计算 *IRR* 的方式进行相应的判别。

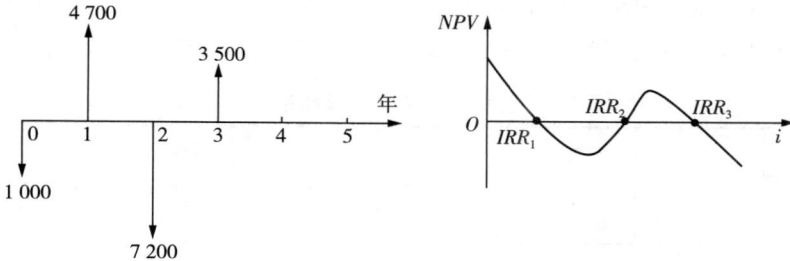

图 4-9　存在多个 *IRR* 的情况

4. 增量内部收益率

在进行多方案比较时，还可用增量内部收益率来进行比选。增量内部收益率是指增量净现值等于零时的折现率，其计算公式为

$$\Delta NPV = \sum_{t=0}^{n} \frac{(\Delta CI - \Delta CO)_t}{(1 + IRR_{A-B})^t} = 0 \tag{4-10}$$

式中，ΔNPV——增量净现值；

$\quad IRR_{A-B}$——增量内部收益率；

$\quad \Delta CI$——方案 A 与方案 B 的增量现金流入；

$\quad \Delta CO$——方案 A 与方案 B 的增量现金流出。

当使用增量内部收益率比选方案时，首先备选方案内部收益率 *IRR* 均应大于或等于基准收益率 i_c；然后计算增量部分的内部收益率，若 $IRR_{A-B} \geqslant i_c$，则增量投资部分达到了规定的要求，增加投资有利，投资大的方案为优；若 $IRR_{A-B} < i_c$，则投资小的方案为优。

4.3.4　动态投资回收期

动态投资回收期是指在考虑资金时间价值的条件下，以项目各年净收益抵偿项目全部投资所需要的时间反映项目财务上投资回收能力的指标。动态投资回收期的计算公式为

$$NPV = \sum_{t=0}^{P'_t} \frac{(CI - CO)_t}{(1 + i)^t} = 0 \tag{4-11}$$

式中，P'_t——动态投资回收期。

类似于静态投资回收期的计算，动态投资回收期也可采用如下简化计算方法进行计算：

$$P'_t = T' - 1 + \frac{U'_{T-1}}{V'_T}$$

式中，T'——累计净现值开始出现正值的年份数；

$\quad U'_{T-1}$——第 $(T-1)$ 年末累计净现值的绝对值；

$\quad V'_T$——第 T 年的净现金流的折现值。

用动态投资回收期进行项目经济评价时,需要将计算所得到的项目动态投资回收期与同类项目的历史数据及投资者意愿等确定的基准动态投资回收期 T'_c 进行比较:若 $P'_t \leqslant T'_c$,则认为该方案可行;若 $P'_t > T'_c$,则认为该方案不可行。

【例 4-7】 某工程项目各年的净现金流量表见表 4-4 所列,假定基准收益率为 10%,项目基准动态投资回收期为 9 年,试利用动态投资回收期法判断项目的可行性。

表 4-4 净现金流量表

年份	0	1	2	3	4	5	6~n
净现金流量	-6 000	0	0	800	1 200	1 600	2 000

解:分别按年份计算该项目的累积折现值见表 4-5 所列。

表 4-5 累积折现值

年份	0	1	2	3	4	5
净现金流量	-6 000	0	0	800	1 200	600
折现值	-6 000	0	0	601.04	819.60	993.44
累计折现值	-6 000	-6 000	-6 000	-5 398.96	-4 579.39	-3 585.95

年份	6	7	8	9	10~n
净现金流量	2 000	2 000	2 000	2 000	2 000
折现值	1 129	1 026.4	933	848.2	
累计折现值	-2 456.95	-1 430.55	-497.55	350.65	

动态投资回收期为

$$P'_t = T' - 1 + \frac{U'_{T-1}}{V'_T} = 9 - 1 + \frac{|-497.55|}{848.2} = 8.59 < 9 \text{ 年}$$

因此,该方案可行。

净现值、内部收益率和动态投资回收期 3 个指标对同一个方案的基本结论是一致的,但是 3 个指标是无法替代的,这是由它们各自特点及所具备的经济涵义所决定的。

(1)净现值是一个绝对效果指标,反映方案所取得的超过既定收益率的超额部分收益的现值,全面考虑了方案在整个寿命期的现金流量和资金成本。

(2)内部收益率是一个相对效果指标,反映方案回收投资的收益率,全面考虑了方案在整个寿命期的现金流量。

(3)动态投资回收期通常被认为是净现值的一种简便方法(只需要考虑到回收期时点以前的现金流),或者认为是净现值的一种变形。

4.4　多方案比选

对工程项目方案进行经济评价,常遇到两种情况:一种是单方案评价,即投资项目只有一种经济方案可供评价,采用前述的静态和动态评价方法就可以决定项目的取舍;另一种是在工程实践中存在相互关系的多方案的比较和选择(简称比选)。

4.4.1　多方案之间的关系类型

在进行多方案比选前,应明确多个方案之间的逻辑关系,多方案之间的关系类型主要有独立型、互斥型、混合型和相关型。

1. 独立型

在没有资源约束的条件下,一组方案中,选择其中的一个方案并不排斥接受其他的方案,即一个方案是否采用与其他方案是否采用无关,则称这一组方案为独立型方案。例如,一个工业园区的建设,可以修建厂房、办公楼、职工宿舍等多个建筑,各建筑建设方案之间不互相排斥也不互相影响,这一组方案就是独立型方案。

独立型方案的特点是具有可加性,只要备选项目是可行的,在条件允许的情况下,可以同时投资多个项目。

2. 互斥型

在一组方案中,选择其中的一个方案则排除了接受其他任何一个的可能性,则这一组方案称为互斥型方案。例如,同一个地块只能在建工业厂房和办公用房之间选择一个合适的方案。互斥型方案的特点是各个方案之间具有排他性,只能在备选方案中选择一个方案。

3. 混合型

混合型方案是指各方案之间既有互斥关系,又有独立关系。具体有两种情形:一是在一组独立多方案中,每个独立方案下又有若干个互斥方案类型[见图4-10(a)];另一种是在一组互斥多方案中,每个互斥方案下又有若干个独立方案类型[见图4-11(b)]。

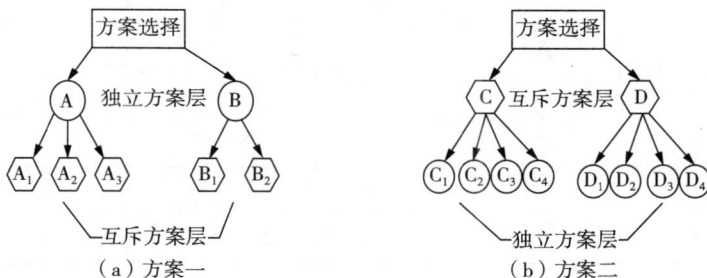

（a）方案一　　　　　　　　（b）方案二

图 4-10　混合型方案

4. 相关型

相关型方案是指在多个方案之间选择时,如果接受(或拒绝)某一方案,会显著改变其他方案的现金流量,或者接受(或拒绝)某一方案会影响对其他方案的接受(或拒绝)。

若某方案的实施要以另一方案（或另几个方案）的实施为条件，则该方案与其他方案的关系就是从属关系。

4.4.2 独立型方案比选

1. 无资源限制

如果独立方案之间共享的资源（通常为资金）足够多（没有限制），那么任何一个方案只要是可行的（经济上可接受的），就可采纳并实施。

2. 有资源限制

如果独立型方案之间共享的资源是有限的，不能满足所有方案的需要，在这种不超出资源限额条件下，常采用"互斥方案组合法"。列出独立方案所有的可能组合，每个组合形成一个组合方案（其现金流量为被组合方案的现金流量的叠加）。由于列出的是所有的可能组合，最终的选择只可能是其中的一种组合方案，因此所有可能的组合方案形成互斥关系，可按互斥型方案的比较方法确定最优的组合方案。最优的组合方案即为独立型方案的最佳选择。

【例4-8】 现有独立方案A、B、C的投资分别为100万元、80万元和120万元，计算各方案的净年值分别为35万元、30万元和40万元。若要求资金总量不超过250万元。试问该如何进行多方案比选。

解：第一步进行方案组合。三个方案可能的组合数为 $2^3 = 8$ 种（包括不投资这一组合），各方案组合的投资及净年值见表4-6所列。

表4-6 各方案组合的投资及净年值

序号	方案组合			组合方案	投资	净年值
	A	B	C			
1	0	0	0	0	0	0
2	1	0	0	A	100	35
3	0	1	0	B	80	30
4	0	0	1	C	120	40
5	1	1	0	A+B	180	65
6	0	1	1	B+C	200	70
7	1	0	1	A+C	220	75
8	1	1	1	A+B+C	300	105

第二步进行方案选择。从表4-6可以看出，组合后的方案8总投资为300万元，超过了资金限制250万元，应首先排除。剩余的方案2~7都为经济可行方案，且生成的组合之间具有互斥性，因此可依据互斥方案选择的方法来确定方案7（A+C）为最优方案。

4.4.3　互斥型方案比选

互斥型方案比选方法是多方案比选的特殊型式,对于互斥型方案的评价与选择包括两个内容:一是要考察各个方案自身的经济效果,即进行绝对(经济)效果检验,检验方案自身是否可行;二是要考察哪个方案相对最优,即进行相对经济效果检验,并最后从中选择一个或几个最优方案。两种检验的目的和作用不同,通常缺一不可。只有在众多的互斥方案中必须选择其中之一时才可以只进行相对效果检验。

必须注意的是,参加比选的互斥方案应具有可比性。这些可比性包括考察时间段和计算期的可比性;收益和费用的性质及计算范围的可比性;方案风险水平的可比性和评价所用的假设条件的合理性。

前面介绍的多方案的评价指标均可以用作互斥方案的比选,如 NPV、NAV、IRR 等指标。

【例 4-9】　设互斥方案 A、B 的寿命分别为 5 年和 3 年,各自寿命期内的净现金流量表见表 4-7 所列,若基准折现率为 10%,请用内部收益率判断哪一个方案较好。

表 4-7　净现金流量表

	0	1	2	3	4	5
A	−300	96	96	96	96	96
B	−100	42	42	42		

解:根据前述内部收益率计算方法,得 $IRR_A=18.14\%$、$IRR_B=12.53\%$。两者都大于基准折现率,因此方案均可行。

计算增量内部收益率:$\Delta IRR_{A-B}=20.77\%>10\%$,所以投资大的方案 A 为优选方案。

4.4.4　混合型方案比选

在对混合型方案进行比选时,无论方案的结构类型如何,其采用的方法是一样的,比选的关键是理清方案之间的逻辑关系,列出具有互斥关系的各种组合后进行比选。具体步骤如下:

(1)按不同方案之间相互排斥、组内方案互相独立的原则,形成所有可能的组合;

(2)组内方案筛选;

(3)在总的投资限额下,方案组之间进行比选,选出最优方案组。

【例 4-10】　对于混合型方案,A、B 方案是相互独立的,A 方案下有三个互斥方案 A_1、A_2、A_3,B 方案下有两个互斥方案 B_1、B_2。列出所有可能的组合。

解:根据方案之间的关系,列出所有可能的组合见表 4-8 所列。

表 4-8　所有可能的组合

序　号	方案组合					组合方案
	A			B		
	A_1	A_2	A_3	B_1	B_2	
1	0	0	0	0	0	0
2	1	0	0	0	0	A_1
3	0	1	0	0	0	A_2
4	0	0	1	0	0	A_3
5	0	0	0	1	0	B_1
6	0	0	0	0	1	B_2
7	1	0	0	1	0	A_1+B_1
8	1	0	0	0	1	A_1+B_2
9	0	1	0	1	0	A_2+B_1
10	0	1	0	0	1	A_2+B_2
11	0	0	1	1	0	A_3+B_1
12	0	0	1	0	1	A_3+B_2

4.4.5　相关型方案比选

常见的现金流量相关型方案也可以采用"互斥方案组合法"将各方案组合成互斥方案组,分别计算各组的现金流量,再按经济评价方法进行评价和选择。

【例 4-11】　有 5 个投资建议方案 A_1、A_2、B_1、B_2 及 C,各方案的现金流量及净现值见表 4-9 所列。已知 A_1 与 A_2 互斥,B_1 与 B_2 互斥,B_1 及 B_2 均从属于 A_2,C 从属于 B_1。设定资金限额为 220 万元,试选择出最优的投资组合方案。

表 4-9　各方案的现金流量及净现值

方案	现金流量					NPV/万元
	第 0 年	第 1 年	第 2 年	第 3 年	第 4 年	
A_1	−200	80	80	80	80	53.6
A_2	−120	48	48	48	48	32.2
B_1	−56	18	18	18	18	1.1
B_2	−60	20	20	20	20	3.4
C	−40	24	24	24	24	36.1

解：第一步进行方案组合。根据逻辑关系可组成 5 个互斥的投资方案组合,各方案组合的投资及净现值见表 4－10 所列。

表 4－10　各方案组合的投资及净现值

序　号	方案组合					组合方案	投资/万元	NPV/万元
	A_1	A_2	B_1	B_2	C			
1	1	0	0	0	0	A_1	200	53.6
2	0	1	0	0	0	A_2	120	32.2
3	0	1	1	0	0	A_2+B_1	176	33.3
4	0	1	0	1	0	A_2+B_2	180	35.6
5	0	1	1	0	1	A_2+B_1+C	216	69.4

第二步进行方案选择。从表 4－10 可以看出,组合后的方案 5 总投资为 216 万元,即没有超过资源限制 220 万元,净现值和为 69.4 万元,为最优方案。

习　题

1. 项目进行经济评价的基本原则是什么?

2. 常用的静态评价指标有哪些? 分别反映什么经济含义?

3. 常用的动态评价指标有哪些? 分别反映什么经济含义?

4. 如何确定项目的基准收益率?

5. 净现值、内部收益率、动态投资回收期在评价项目经济可行上有什么异同点,三个指标之间有什么联系?

6. 多方案比选时,各方案之间的关系类型有哪些?

7. 某工程项目的净现金流量表见表 4－11 所列,若基准收益率为 10%,求其净现值、内部收益率、静态投资回收期、动态投资回收期。

表 4－11　净现金流量表

年末	1	2	3	4～7	8	9	10	11	12	13
净现金流量	−15 000	−2 500	−2 500	4 000	5 000	6 000	7 000	8 000	9 000	10 000

8. 已知某技术方案拟投入资金和利润表见表 4－12 所列。计算该技术方案的总投资利润率和资本金利润率。

表 4－12　某技术方案拟投入资金和利润表　　　　　　　（单位:万元）

序号	项目	年份						
		1	2	3	4	5	6	7～10
1	建设投资							
1.1	自有资金部分	1 200	340					

（续表）

序号	项目	年份						
		1	2	3	4	5	6	7～10
1.2	贷款本金		2 400					
1.3	贷款利息（年利率为 6%，投产后前 4 年等本偿还，利息照付）		60	123.6	92.7	61.8	30.9	
2	流动资金							
2.1	自有资金部分			300				
2.2	贷款			100	400			
2.3	贷款利息（年利率 4%）			4	20	20	20	20
3	所得税前利润			−50	550	590	620	60
4	所得税后利润（所得税率为 25%）			−50	425	442.5	465	487.5

9. 某技术方案投资现金流量表见表 4-13 所列，计算该技术方案的静态投资回收期。

表 4-13　某技术方案投资现金流量表　　　　　　（单位：万元）

序号	计算期	0	1	2	3	4	5	6	7	8
1	现金流入	—	—	—	800	1 200	1 200	1 200	1 200	1 200
2	现金流出	—	600	900	500	700	700	700	700	700
3	净现金流量	—	−600	−900	300	500	500	500	500	500
4	累计净现金流量	—	−600	−1 500	−1 200	−700	−200	300	800	1 300

10. 某建设项目初始投资为 5 000 万元，当年投产，预计计算期 10 年中每年可获得净收益为 100 万元，第 10 年末项目的残值为 700 万元，试求该项目的内部收益率。

11. 建一临时仓库需要 8 000 元，一旦拆除将毫无价值，假定仓库出租每年可获得净收益 1 260 元，试求：

（1）使用 8 年时，其静态投资收益率为多少？

（2）若希望得到收益率为 10%，考虑资金时间价值，仓库至少应使用多少年？

12. 某公司拟投资新增一条流水线，预计初始投资为 900 万元，使用期为 5 年，新增流水线可使公司每年销售收入增加到 513 万元，运营费用增加到 300 万元，第 5 年末流水线的残值为 200 万元。公司确定的基准收益率为 10%。试计算该方案的净现值、净年值和内部收益率，并判断项目的可行性。

13. 某项目初始投资为 8 000 元，在第一年末现金流入 2 000 元，第二年末现金流入为 3 000 元，第三、第四年末的现金流入为 4 000 元，试计算该项目的净现值、净年值、净现值率、内部收益率、动态投资回收期（假定基准收益率为 10%）。

14. 在正常情况下，某年产 100 万吨水泥厂建设期为 2 年，项目经济寿命期为 18 年，全部投资在 8 年内可回收（从投资时刻算起的静态投资回收期），则该项目的内部收益率是多少？如果该项目投资规模为 200 万 t,项目建设期为 2 年,运营期为 20 年,要达到同样的投资效果,回收期应不大于几年？该项目的现金流量图如图 4-11 所示。

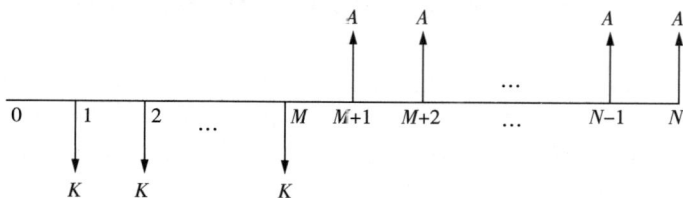

图 4-11　现金流量图

15. 某构件制造厂考虑下面 3 个投资计划,在 5 年计划期中,这 3 个投资方案的现金流量表见表 4-14 所列(假定基准收益率为 10%)。

表 4-14　现金流量表　　　　　(单位:元)

方案	A	B	C
期初投入	65 000	58 000	93 000
年净收入(1~5 年末)	18 000	15 000	23 000
残值	12 000	10 000	15 000

(1)假设这 3 个计划是独立的,且资金没有限制,如何进行多方案比选？
(2)假定资金限制在 160 000 元,试选出最好的方案。
(3)假设 A、B、C 三个方案是互斥的,试用增量内部收益率法来选出最合适的投资计划。

16. 有 5 个备选投资项目,各项目的净现金流量表见表 4-15 所列。这些项目之间的关系:A 与 B 互斥,C 与 D 互斥,接受项目 C 与项目 D 均要以接受项目 B 为前提,若接受项目 E 要以接受项目 C 为前提。若基准收益率为 10%,试分别就资金无限制和资金限额为 500 万元这两种情况选择最优项目组合。

表 4-15　净现金流量表　　　　　(单位:万元)

年份	0	1~4
项目 A	−500	200
项目 B	−300	120
项目 C	−140	40
项目 D	−150	50
项目 E	−120	70

第5章　工程项目不确定性分析

内容提要：

　　本章介绍工程项目不确定性分析，主要内容包括技术方案不确定性分析概述、盈亏平衡分析、敏感性分析、概率分析、决策树分析等。

能力要求：

　　(1)能够了解不确定性的含义及产生原因；

　　(2)能够正确掌握线性盈亏平衡分析及非线性盈亏平衡分析方法；

　　(3)能够正确掌握敏感性分析方法的原理及项目应用；

　　(4)能够理解概率分析方法；

　　(5)能够绘制决策树并进行决策分析。

　　不确定性分析就是计算分析不确定因素的假想变动对技术经济效果评价的影响程度，以预测项目可能承担的风险，确保项目在财务、经济上的可靠性。

　　不确定性分析是技术方案经济效果评价中的一个重要内容。因为决策的主要依据之一是技术方案经济效果评价，而技术方案经济效果评价都是以一些确定的数据为基础（如技术方案总投资、建设期、年销售收入、年经营成本、年利率和设备残值等指标值），认为这些数据都是已知的、确定的，即使对某个指标值进行估计或预测，也认为是可靠的、有效的。但事实上，对技术方案经济效果的评价通常是对技术方案未来经济效果的计算，一个拟实施技术方案的所有未来结果都是未知的。因为计算中所使用的数据大都是建立在分析人员对未来各种情况所做的预测与判断基础之上的，所以不论用什么方法预测或估计，都会包含许多不确定性因素。可以说不确定性是所有技术方案固有的内在特性。只是对不同的技术方案，这种不确定性的程度有大有小。为了尽量避免决策失误，我们需要了解各种内外部条件发生变化时对技术方案经济效果的影响程度，需要了解技术方案对各种内外部条件变化的承受能力。

5.1　技术方案不确定性分析概述

　　不确定性不同于风险。风险是指不利事件发生的可能性，其中不利事件发生的概率是可以分析计量的；而不确定性是指人们在事先只知道采取行动的所有可能后果，而不知道它们出现的可能性，或者两者均不知道，只能对两者做些粗略的估计，因此不确定性是难以计量的。不确定性分析是指研究和分析当影响技术方案经济效果的各项主要因素发生变化时，拟实施技术方案的经济效果会发生什么样的变化，以便为正确决策服务。不确定性分析是技术方案经济效果评价中的一项重要工作，在拟实施技术方案未做出最终决策之前，均应进行技术方案的不确定性分析。

5.1.1　不确定性因素产生的原因

产生不确定性因素的原因很多,一般情况下,产生不确定性的主要原因有以下几点。

(1)所依据的基本数据不足或者统计偏差。这是指由原始统计上的误差、统计样本点的不足、公式或模型的套用不合理等所造成的误差。比如说,技术方案的建设投资和流动资金是技术方案经济效果评价中重要的基础数据,但在实际中,往往会因各种原因而高估或低估了它的数额,从而影响了技术方案经济效果评价的结果。

(2)预测方法的局限,预测的假设不准确。

(3)未来经济形势的变化。通货膨胀的存在会产生物价的波动,从而影响技术方案经济效果评价中所用的价格,进而导致诸如年营业收入、年经营成本等数据与实际发生偏差;同样,市场供求结构的变化,会影响产品的市场供求状况,进而对某些指标值产生影响。

(4)技术进步。技术进步会引起产品和工艺的更新替代,这样根据原有技术条件和生产水平所估计出的年营业收入、年经营成本等指标就会与实际值发生偏差。

(5)其他外部影响因素,如政府政策的变化,新的法律、法规的颁布,国际政治经济形势的变化等,均会对技术方案的经济效果产生一定的甚至是难以预料的影响。在评价中,想全面分析这些因素的变化对技术方案经济效果的影响是十分困难的,因此在实际工作中,往往要着重分析和把握那些对技术方案影响大的关键因素,以期取得较好的效果。

5.1.2　不确定性分析的内容

由于上述种种原因,技术方案经济效果计算和评价所使用的计算参数(如投资、产量、价格、成本、利率、汇率、收益、建设期限、经济寿命等),总是不可避免地带有一定程度的不确定性。不确定性的直接后果是使技术方案经济效果的实际值与评价值相偏离,从而给决策者带来风险。

假定某技术方案的基准收益率 i_c 为 8%,根据技术方案基础数据求出的技术方案财务内部收益率为 10%,由于内部收益率大于基准收益率,因此根据方案评价准则自然认为技术方案是可行的。但如果凭此就做出决策则是不够的,因为我们还没有考虑不确定性问题。比如说,在技术方案实施的过程中存在投资超支、建设工期拖长、生产能力达不到设计要求、原材料价格上涨、劳务费用增加、产品售价波动、市场需求量变化、贷款利率变动等,都可能使技术方案达不到预期的经济效果,从而导致财务内部收益率下降,甚至发生亏损。当内部收益率下降多于 2% 时,技术方案就会变成不可行,此时技术方案就会有风险。如果不对这些进行分析,仅以一些基础数据所做的确定性分析为依据来取舍技术方案,那么可能会导致决策的失误。

因此,为了有效地减少不确定性因素对技术方案经济效果的影响,提高技术方案的风险防范能力,进而提高技术方案决策的科学性和可靠性,除对技术方案进行确定性分析以外,还有必要对技术方案进行不确定性分析。为此,应根据拟实施技术方案的具体情况,分析各种内外部条件发生变化或者测算数据误差对技术方案经济效果的影响程度,以估计技术方案可能承担的不确定性风险及其承受能力,确定技术方案在经济上的可靠性,并采取相应的对策,力争把风险降低到最小限度。

工程经济分析人员应善于根据各项目的特点及客观情况变化的特点,抓住关键因素,做出正确判断,提高分析水平。工程经济分析中不确定性分析的常用方法有盈亏平衡分析、敏感性分析、概率分析和决策树分析。

5.2 盈亏平衡分析

盈亏平衡分析也称为量本利分析,是在一定的市场、生产能力的条件下,研究成本与收益的平衡关系,判断项目对产出品数量变化的适应能力和抗风险能力。据此分析判断不确定性因素对技术方案经济效果的影响程度,说明技术方案实施的风险大小及技术方案承担风险的能力,为决策提供科学依据。

盈亏平衡点(Break-Even Point,BEP)也叫保本点,是项目盈利与亏损的分界点,它标志着项目不盈不亏的生产经营临界水平,反映在一定的生产经营水平时工程项目的收益与成本的平衡关系。

根据项目生产成本及销售收入与产销量之间是否呈线性关系,盈亏平衡分析又可进一步分为线性盈亏平衡分析和非线性盈亏平衡分析。

5.2.1 线性盈亏平衡分析

1. 基本变量1——成本 C

根据成本费用与产量(或工程量)的关系可以将技术方案总成本费用分解为固定成本、可变成本和半可变(或半固定)成本。

1) 固定成本 C_f

固定成本是指在技术方案一定的产量范围内不受产品产量影响的成本,即不随产品产量的增减发生变化的各项成本费用,如工资及福利费(计件工资除外)、折旧费、修理费、无形资产及其他资产摊销费、其他费用等。

2) 可变成本 C_v

可变成本是随技术方案产品产量的增减而呈正比例变化的各项成本,如原材料、燃料、动力费、包装费和计件工资等。

3) 半可变(或半固定)成本

半可变(或半固定)成本是指介于固定成本和可变成本之间,随技术方案产量增长而增长,但不呈正比例变化的成本。例如,与生产批量有关的某些消耗性材料费用、工模具费及运输费等,这部分可变成本随产量变动一般是呈阶梯形曲线。由于半可变(或半固定)成本通常在总成本中所占比例很小,在技术方案经济效果分析中,为便于计算和分析,可以根据行业特点情况将产品半可变(或半固定)成本进一步分解成固定成本和可变成本。长期借款利息应视为固定成本;流动资金借款和短期借款利息可能部分与产品产量相关,其利息可视为半可变(或半固定)成本,为简化计算,一般也可将其作为固定成本。

综上所述,技术方案总成本是固定成本与可变成本之和,它与产品产量的关系也可以近似地认为是线性关系,即

$$C = C_f + C_v = C_f + C_q Q \tag{5-1}$$

式中,C——总成本;

C_f—— 固定成本；

C_v—— 可变成本；

C_q—— 单位可变成本；

Q—— 产量（或工程量）。

2. 基本变量 2 —— 收入 S

1）销售收入

技术方案的销售收入与产品销量的关系有以下两种情况。

一是该技术方案的生产销售活动不会明显地影响市场供求状况，假定其他市场条件不变，产品价格不会随该技术方案销量的变化而变化，可以看作一个常数，销售收入与销量呈线性关系。

二是该技术方案的生产销售活动将明显地影响市场供求状况，随着该技术方案产品销量的增加，产品价格有所下降，这时销售收入与销量之间不再是线性关系。

为简化计算，本节仅考虑销售收入与销量呈线性关系这种情况。

2）营业税金及附加

由于单位产品的营业税金及附加是随产品的销售单价变化而变化的，为便于分析，将销售收入与营业税金及附加合并考虑。

简化后，技术方案的销售收入是销量的线性函数，即

$$S = PQ - T_u Q \qquad (5-2)$$

式中，S—— 销售收入；

P—— 单位产品价格；

T_u—— 单位产品营业税金及附加；

Q—— 销量。

3. 量本利模型

1）数学模型

企业的经营活动，通常以生产数量为起点，而以利润为目标。在一定期间把成本总额分解简化成固定成本和变动成本两部分后，再同时考虑收入和利润，使成本、产销量和利润的关系统一于一个数学模型。这个数学模型的表达形式为

$$B = S - C \qquad (5-3)$$

式中，B—— 利润；

S—— 销售收入；

C—— 总成本。

为简化数学模型，对线性盈亏平衡分析做了如下假设：生产量等于销售量，即当年生产的产品（或提供的服务，下同）当年销售出去；产销量变化，单位可变成本不变，总成本是产销量的线性函数；产销量变化，单位产品价格不变，销售收入是产销量的线性函数；只生产单一产品，或者生产多种产品，但可以换算为单一产品计算，不同产品的生产负荷率的变化保持一致。

根据上述假设，将式（5-1）、式（5-2）代入式（5-3），可得

$$B = PQ - C_q Q - C_f - T_u Q \qquad (5-4)$$

式中,Q—— 产销量(工程量)。

式(5-4)明确表达了量本利之间的数量关系,其是基本的损益方程式。它含有相互联系的 6 个变量,给定其中 5 个,便可求出另一个变量的值。

2)线性盈亏平衡分析量本利图

将式(5-4)的关系反映在直角坐标系中,即成为基本的量本利图(见图5-1)。

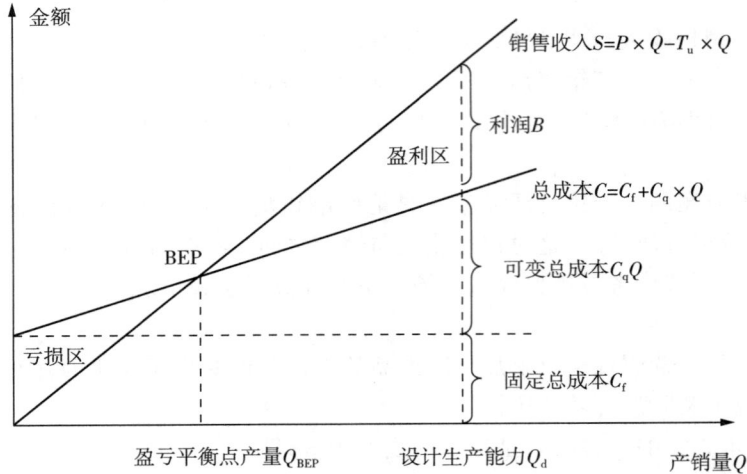

图 5-1　线性盈亏平衡分析量本利图

图 5-1 中的横坐标为产销量,纵坐标为金额(总成本和销售收入)。假定在一定时期内,产品价格不变时,销售收入 S 随产销量的增加而增加,呈线性函数关系,在图形上就是以零为起点的斜线。总成本 C 是固定总成本和变动总成本之和,当单位可变成本不变时,总成本也呈线性变化。

从图 5-1 可知,销售收入线与总成本线的交点是 BEP。BEP 表明技术方案在此产销量下总收入与总成本相等,既没有利润,也不发生亏损。在此基础上,增加产销量,销售收入超过总成本,销售收入线与总成本线之间的距离为利润值,形成盈利区;反之,形成亏损区。用图示表达量本利的相互关系不仅形象直观,一目了然,而且容易理解。

盈亏平衡分析是通过计算技术方案的 BEP,分析技术方案成本与收入的平衡关系,判断技术方案对不确定性因素导致产销量变化的适应能力和抗风险能力。技术方案 BEP 的表达形式有多种:可以用绝对值表示,如以实物产销量、单位产品价格、单位可变成本、年固定总成本以及年销售收入等表示的盈亏平衡点;也可以用相对值表示,如以生产能力利用率表示的盈亏平衡点。盈亏平衡点一般采用公式计算,也可利用盈亏平衡图求得。

4. 产销量(工程量)盈亏平衡分析的方法

从图 5-1 可见,当企业在小于 Q_{BEP} 的产销量下组织生产,则技术方案亏损;在大于 Q_{BEP} 的产销量下组织生产,则技术方案盈利。显然,产销量 Q_{BEP} 是盈亏平衡点的一个重要表现形式。就单一产品技术方案来说,盈亏平衡点的计算并不困难,一般是从销售收入等于总成本费用即盈亏平衡方程式中导出。由式(5-4)中利润 $B=0$,即可导出以产销量表示的盈亏平衡点 Q_{BEP}。

如果不考虑营业税金及附加,其计算式如下:

$$Q_{BEP} = \frac{C_f}{P - C_q} \tag{5-5}$$

也可表达为

$$Q_{BEP} = \frac{年固定总成本}{单位产品价格 - 单位可变成本}$$

如果考虑营业税金及附加,那么其计算式如下:

$$Q_{BEP} = \frac{C_f}{P - C_q - T_u} \tag{5-6}$$

也可表示为

$$Q_{BEP} = \frac{年固定总成本}{单位产品价格 - 单位可变成本 - 单位产品营业税金及附加}$$

由于单位产品营业税金及附加常常是单位产品价格与营业税金及附加税率的乘积,因此盈亏平衡点可表示为

$$Q_{BEP} = \frac{C_f}{P(1 - r) - C_q} \tag{5-7}$$

式中,r—— 营业税金及附加税率。

对技术方案运用盈亏平衡点分析时应注意:盈亏平衡点要按技术方案投产达到设计生产能力后正常年份的产销量、单位可变动成本、年固定总成本、单位产品价格、单位产品营业税金及附加等数据来计算,而不能按计算期内的平均值计算。正常年份一般选择还款期间的第一个达产年和还款后的年份分别计算,以便分别给出最高和最低的盈亏平衡点区间范围。

【例 5-1】　某技术方案年设计生产能力为 10 万台,年固定总成本为 1 200 万元,产品单台销售价格为 900 元,单台产品可变成本为 560 元,单台产品营业税金及附加为 120 元。试求盈亏平衡点的产销量。

解:根据式(5-6)可得

$$Q_{BEP} = \frac{12\,000\,000}{900 - 560 - 120} = 54\,545(台)$$

计算结果表明,当技术方案产销量低于 54 545 台时,技术方案亏损;当技术方案产销量高于 54 545 台时,技术方案盈利。

5. 平衡点的生产能力利用率

生产能力利用率 E_{BEP} 是指盈亏平衡点产量与技术方案设计生产能力 R 的比值。

$$E_{BEP} = \frac{Q_{BEP}}{R} \times 100\% \tag{5-8}$$

式中,R—— 正常产销量或技术方案设计生产能力。

又因为

$$Q_{\mathrm{BEP}} = \frac{C_{\mathrm{f}}}{P - C_{\mathrm{q}}}$$

所以

$$E_{\mathrm{BEP}} = \frac{C_{\mathrm{f}}}{(P - C_{\mathrm{q}})R} \times 100\% \qquad (5-9)$$

也可表示为

$$E_{\mathrm{BEP}} = \frac{年固定总成本}{年营业收入 - 年可变成本} \times 100\%$$

【例 5-2】 数据同例 5-1,试计算以生产能力利用率表示的盈亏平衡点。

解:根据式(5-8)可得

$$E_{\mathrm{BEP}} = \frac{1\,200}{(900 - 560 - 120) \times 10} \times 100\% = 54.55\%$$

计算结果表明:当技术方案生产能力利用率低于 54.55% 时,技术方案亏损;当技术方案生产能力利用率大于 54.55% 时,技术方案盈利。

【例 5-3】 某工业项目年设计生产能力为年 3 万件,单位产品售价 3 000 元/件,年总成本为 7 800 万元,年固定成本 3 000 万元,若该产品的单位产品营业税金及附加为 6 元/件,求以产量、生产能力利用率、销售价格、销售收入、单位产品可变成本表示的盈亏平衡点。

解:首先计算单位产品可变成本

$$C_{\mathrm{v}} = \frac{C - C_{\mathrm{f}}}{Q_{\mathrm{c}}} = \frac{78\,000\,000 - 30\,000\,000}{300\,000} = 1\,600(元/件)$$

盈亏平衡点的产量为

$$Q^* = \frac{C_{\mathrm{f}}}{(P - T_{\mathrm{u}} - C_{\mathrm{v}})} = 30\,000\,000/(3\,000 - 6 - 1\,600) = 21\,521(件)$$

盈亏平衡点的生产能力利用率为

$$E_{\mathrm{BEP}} = \frac{Q^*}{R} \times 100\% = \frac{2\,152}{30\,000} \times 100\% = 71.7\%$$

盈亏平衡点的销售价格为

$$P^* = \frac{C_{\mathrm{f}}}{R} + C_{\mathrm{v}} + T = 30\,000\,000/30\,000 + 1\,600 + 6 = 2\,606(元/件)$$

盈亏平衡点的销售收入为

$$B^* = (C_{\mathrm{v}} - T)Q^* = (1\,600 - 6) \times 21\,521 = 34\,304\,474(元)$$

盈亏平衡点的单位产品可变成本为

$$C_v = P - T - \frac{G}{R} = 3\,000 - 6 - 30\,000\,000/30\,000 = 1\,994(元/件)$$

根据计算结果,我们可以对项目发生亏损的可能性做出大致判断。如果未来的产品销售价格及生产成本与预期值相同,项目不发生亏损的条件是年销售量不少于 21 521 件,生产能力利用率不低于 71.7%,销售收入不低于 34 304 474 万元。如果按设计生产能力进行生产并全部销售,生产成本与预期相同,项目不发生亏损的条件是产品销售价格不低于 2 606 元/件。若销售价格和固定成本与预期相同,项目不发生亏损的条件是单位产品可变成本不高于 1 994 元/件。由此可知,本项目投资风险在可承受范围之内。

【例5-4】　某企业生产某种结构件,设计年产销量为 3 万件,每件售价为 300 元,单位产品可变成本为 120 元,单位产品营业税金及附加为 40 元,年固定成本为 280 万元。

试求:(1) 该公司不亏不盈时的最低年产销量是多少?

(2) 达到设计能力时盈利是多少?

(3) 年利润为 100 万元时的年产销量是多少?

解:(1) 根据式(5-5)可得该公司不亏不盈时的最低年产销量为

$$Q_{BEP} = \frac{2\,800\,000}{300 - 120 - 40} = 20\,000(件)$$

计算结果表明:当公司生产结构件产销量低于 20 000 件时,公司亏损;当公司生产结构件产销量高于 20 000 件时,公司盈利。

(2) 根据式(5-4)可得达到设计能力时盈利为

$$B = P \times Q - C_q Q - C_f - T_u \times Q$$

$$= 300 \times 3 - 120 \times 3 - 280 - 40 \times 3$$

$$= 140(万元)$$

(3) 根据式(5-4)可得年利润为 100 万元时的年产销量为

$$Q = \frac{B + C_f}{P - C_q - T_u} = \frac{1\,000\,000 + 2\,800\,000}{300 - 120 - 40} = 27\,143(件)$$

盈亏平衡点反映了技术方案对市场变化的适应能力和抗风险能力。从图 5-1 可以看到,盈亏平衡点越低,达到此点的盈亏平衡产销量就越少,技术方案投产后盈利的可能性越大,适应市场变化的能力越强,抗风险能力也越强。盈亏平衡分析虽然能够从市场适应性方面说明技术方案风险的大小,但并不能揭示产生技术方案风险的根源。

5.2.2　非线性盈亏平衡分析

在实际生产经营过程中,产品的销售收入与销售量之间、成本费用与产量之间并不一定呈现出线性关系,在这种情况下进行盈亏平衡分析称为非线性盈亏平衡分析。

一般情况下,线性关系只是在生产产量较低的情况下成立。当产量达到一定数额时,市

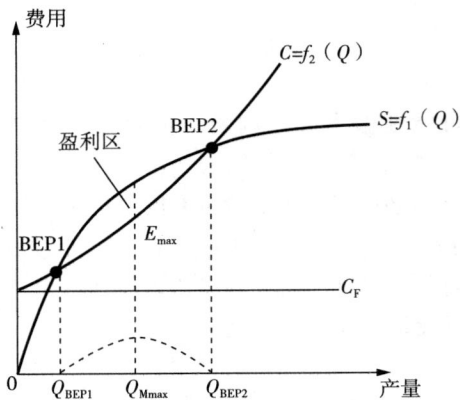

图 5-2　非线性盈亏平衡分析量本利图

场趋于饱和,产品可能会滞销或降价,这时销售收入曲线呈非线性变化;而当产量增加到超出已有的正常生产能力时,可能会造成设备磨损,原材料和燃料的价格上涨,要加班时还需要加班费和照明费,此时成本产量曲线呈上弯趋势。

非线性盈亏平衡分析基本变量可以用函数形式表示:销售收入为 $S = f_1(Q)$;成本为 $C = f_2(Q)$。

绘制非线性盈亏平衡分析量本利图如图 5-2 所示。

项目的盈亏平衡计算公式可表示为 $f_1(Q) - f_2(Q) = 0$,项目的盈利区介于 Q_{BEP1} 和 Q_{BEP2} 之间。非线性盈亏平衡分析除了关注最小盈亏平衡点外,还要关注最大盈利点。

项目的利润可表示为 $M = f_1(Q) - f_2(Q)$,则由 $dM/dQ = 0$,可计算出利润最大时的产量 Q_{max}。

【例 5-5】　某项目的设计生产能力为每年 5 000 件,税后销售收入函数为 $S = 260Q - 0.01Q^2$;生产总成本函数为 $C = 280\ 000 + 80Q + 0.01Q^2$。试计算该项目盈亏平衡点的产量和利润最大时的产量。

解:盈亏平衡点:

$$f(Q) = f_1(Q) - f_2(Q) = -0.02Q^2 + 180Q - 280\ 000 = 0$$

则盈亏平衡点的产量为

$$Q_{BEP1} = 2\ 000(件)$$

$$Q_{BEP2} = 7\ 000(件)$$

由 $dM/dQ = 0$ 求最大利润时的产量,即

$$dM/dQ = -0.04Q + 180$$

得出

$$Q_{max} = 4\ 500(件)$$

从计算结果可见,该项目的第一个盈亏平衡点的产量数值较低,盈利空间较大;且设计生产能力比较接近最大利润时的产量 Q_{max},经营风险相对较小。

5.3　敏感性分析

在技术方案经济效果评价中,各类因素的变化对经济指标的影响程度是不相同的。有些因素可能仅发生较小幅度的变化就能引起经济效果评价指标发生较大的变动;而另一些

因素即使发生了较大幅度的变化,对经济效果评价指标的影响也不是太大。我们将前一类因素称为敏感性因素,后一类因素称为非敏感性因素。决策者有必要把握敏感性因素,分析方案的风险大小。

敏感性分析则是分析各种不确定性因素发生增减变化时对技术方案经济效果评价指标的影响,并计算敏感度系数和临界点,找出敏感因素。在具体应用时,要综合考虑技术方案的类型、特点、决策者的要求,相应的人力、财力,以及技术方案对经济的影响程度等来选择具体的分析方法。

5.3.1　敏感性分析的基本概念

技术方案评价中的敏感性分析,就是在技术方案确定性分析的基础上,通过进一步分析、预测技术方案主要不确定因素 F 的变化对技术方案经济效果评价指标 A(如财务内部收益率、财务净现值等)的影响,并计算敏感度系数和临界点,从中找出敏感因素,确定评价指标对该因素的敏感程度和技术方案对其变化的承受能力。

在进行敏感性分析时,项目经济参数的变动可以用敏感度系数 S_{AF} 表示(又称为相对值法),也可以用临界点表示(又称为绝对值法)。

1. 敏感度系数

相对值法的关键是计算敏感度系数 S_{AF}。敏感度系数系指项目评价指标变化率与不确定性因素变化率之比。计算公式为

$$S_{AF} = \frac{\Delta A/A}{\Delta F/F} \tag{5-10}$$

式中,S_{AF}——敏感度系数;

　　$\Delta F/F$——不确定性因素 F 的变化率(%);

　　$\Delta A/A$——不确定性因素 F 发生 ΔF 变化时,评价指标 A 的相应变化率(%)。

计算敏感度系数判别敏感因素的方法是一种相对测定法,即根据不同因素相对变化对技术方案经济效果评价指标影响的大小,可以得到各个因素的敏感性程度排序。$S_{AF} > 0$,表示评价指标与不确定因素同方向变化;$S_{AF} < 0$,表示评价指标与不确定因素反方向变化。$|S_{AF}|$ 越大,表明评价指标 A 对不确定因素 F 越敏感;反之,则不敏感。

敏感度系数提供了各个不确定因素变动率与评价指标变动率之间的比例,但不能直接显示变化后评价指标的值。为了弥补这种不足,有时需要编制敏感性分析表,列出各因素变动率及相应的评价指标值(见表 5-1)。

表 5-1　单因素变化对 ×× 评价指标的影响　　　　　(单位:万元)

项目	变化幅度						
	-20%	-10%	0	+10%	+20%	平均+1%	平均-1%
投资额							
产品价格							
经营成本							
……							

敏感性分析表的缺点是不能连续表示变量之间的关系,为此人们又设计了敏感性分析图(见图 5-3)。图中,横轴代表各不确定因素变动百分比,纵轴代表评价指标(以财务净现值为例)。根据原来的评价指标值和不确定因素变动后的评价指标值,画出直线。这条直线反映不确定因素不同变化水平时所对应的评价指标值。每一条直线的斜率反映技术方案经济效果评价指标对该不确定因素的敏感程度,斜率越大,敏感度越高。一张敏感性分析图可以同时反映多个因素的敏感性分析结果。

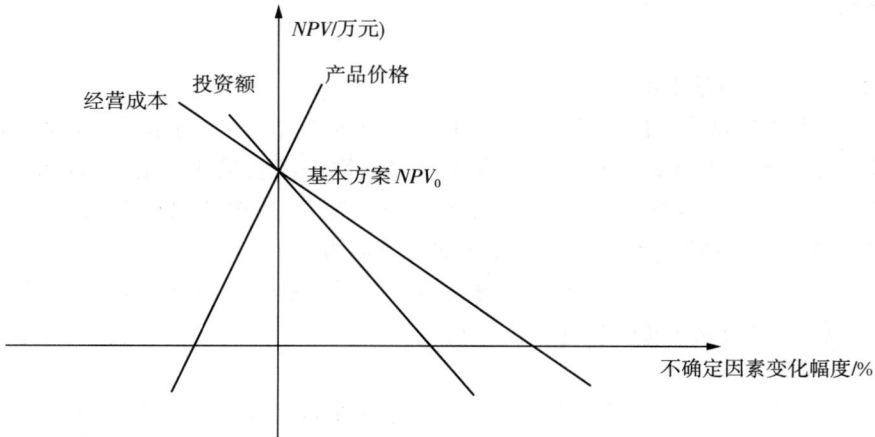

图 5-3　单因素敏感性分析图

2. 临界点

临界点是指不确定因素的变化使项目经济指标由可行变为不可行的临界数值。根据其可以得到不确定因素的最大允许变动幅度。允许变动幅度小,则项目对该因素的敏感度高(见图 5-4)。

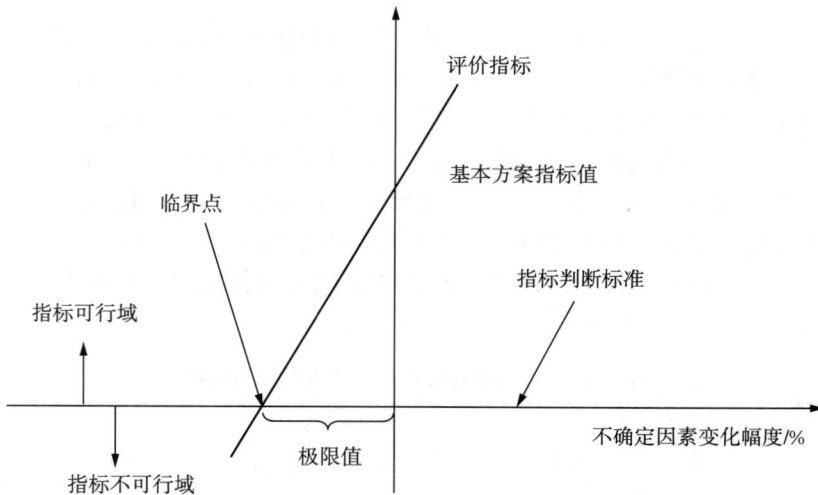

图 5-4　单因素敏感性分析临界点图

超过极限值技术方案的经济效果指标将不可行。例如,当产品价格下降到某一值时,财务内部收益率将刚好等于基准收益率,此点称为产品价格下降的临界点。临界点可用临界点百分比或者临界值分别表示某一变量的变化达到一定的百分比或者一定数值时,技术方案的经济效果指标将从可行转变为不可行。

临界点可用专用软件的财务函数计算,也可由敏感性分析图直接求得近似值。采用图解法时,每条直线与判断基准线的相交点所对应的横坐标上不确定因素变化率即为该因素的临界点。利用临界点判别敏感因素的方法是一种绝对测定法,技术方案能否接受的判据是各经济效果评价指标能否达到临界值。若某因素可能出现的变动幅度超过最大允许变动幅度,则表明该因素是技术方案的敏感因素。把临界点与未来实际可能发生的变化幅度相比较,就可大致分析该技术方案的风险情况。在实践中,常常把敏感度系数和临界点两种方法结合起来确定敏感因素。

敏感性分析有单因素敏感性分析和多因素敏感性分析两种。单因素敏感性分析是对单一不确定因素变化对技术方案经济效果评价指标的影响进行分析,即假设各个不确定性因素之间相互独立,每次只考察一个因素变动,其他因素保持不变,以分析这个可变因素对经济效果评价指标的影响程度和敏感程度。为了找出关键的敏感因素,通常只进行单因素敏感性分析。多因素敏感性分析是假设两个或两个以上互相独立的不确定因素同时变化时,分析这些变化的因素对技术方案经济效果评价指标的影响程度和敏感程度。本教材重点介绍单因素敏感性分析的计算分析过程。

5.3.2　单因素敏感性分析的步骤

单因素敏感性分析一般按以下步骤进行。

(1) 确定经济分析评价指标 A。技术方案评价的各种经济效果指标(如财务净现值、财务内部收益率、静态投资回收期等),都可以作为敏感性分析的指标。

分析指标的确定与进行分析的目标和任务有关,一般根据技术方案的特点、实际需求情况和指标的重要程度来选择。如果主要分析技术方案状态和参数变化对技术方案投资回收快慢的影响,那么可选用静态投资回收期作为分析指标;如果主要分析产品价格波动对技术方案超额净收益的影响,那么可选用财务净现值作为分析指标;如果主要分析投资大小对技术方案资金回收能力的影响,那么可选用财务内部收益率指标作为分析指标。

由于敏感性分析是在确定性经济效果分析的基础上进行的,因此敏感性分析的指标应与确定性经济效果评价指标一致,不应超出确定性经济效果评价指标范围而另立新的分析指标。当确定性经济效果评价指标比较多时,敏感性分析可以围绕其中一个或若干个最重要的指标进行。

(2) 选择需要分析的不确定性因素 F。影响技术方案经济效果评价指标的不确定性因素很多,但没有必要对所有的不确定因素都进行敏感性分析,只需对一些主要的影响因素进行敏感性分析即可。在选择需要分析的不确定性因素时,主要考虑以下两条原则:第一,预计这些因素在其可能变动的范围内对经济效果评价指标的影响较大;第二,对在确定性经济效果分析中采用该因素的数据的准确性把握不大。

选定不确定性因素时应当把这两条原则结合起来进行。对于一般技术方案来说,通常从以下几个方面选择敏感性分析中的影响因素。

① 从收益方面来看,主要包括产销量与销售价格、汇率。许多产品,其生产和销售受国内外市场供求关系变化的影响较大,市场供求难以预测,价格波动也较大,而这种变化不是

技术方案本身所能控制的,因此产销量与销售价格、汇率是主要的不确定性因素。

② 从费用方面来看,包括成本(特别是与人工费、原材料费、燃料费、动力费及技术水平有关的可变成本)、建设投资、流动资金占用、折现率、汇率等。

③ 从时间方面来看,包括技术方案建设期、生产期,生产期又可分为投产期和正常生产期。

此外,选择的因素要与选定的分析指标相联系。否则,当不确定性因素变化到一定幅度时,并不能反映评价指标的相应变化,达不到敏感性分析的目的。比如,折现率因素对静态评价指标不起作用。

(3)分析每个不确定性因素 F 的波动程度及其对分析指标可能带来的增减变化情况,具体步骤如下。

① 对所选定的不确定性因素,应根据实际情况设定这些因素的变动幅度,其他因素固定不变。因素的变动可以按照一定的变化幅度(如 $\pm 5\%$、$\pm 10\%$、$\pm 15\%$、$\pm 20\%$ 等;对于建设工期,可采用延长或压缩一段时间表示)改变它的数值。

② 计算不确定性因素每次变动对技术方案经济效果评价指标的影响。

③ 对每一因素的每一变动,均重复以上计算。然后,把因素变动及相应指标变动结果以敏感性分析表(见表 5-1)和敏感性分析图(见图 5-3)的形式表示出来,以便于测定敏感因素。

(4)计算由各不确定性因素的变化而引起敏感性分析的分析对象的变动幅度,建立一一对应关系。

(5)计算敏感度系数 S_{AF} 或临界点。

【例 5-6】 设某项目基本方案的初期投资 $P_0 = 1\,500$ 万元,年销售收入 $S = 650$ 万元,年经营成本 $C = 280$ 万元,项目服务期为 8 年,估计预测误差不超过 $\pm 10\%$,假定基准收益率为 16%。试进行单因素敏感性分析。

解:该项目现金流量如图 5-5 所示。

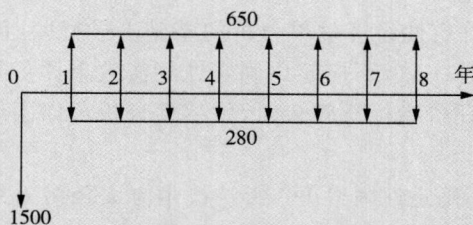

图 5-5 现金流量图

(1)选择项目的内部收益率为敏感性分析对象。

(2)以销售收入、经营成本和投资作为不确定因素。

(3)估计不确定因素的变化范围——$\pm 10\%$。

(4)计算由各不确定因素的变化而引起敏感性分析对象的变动幅度。

基本方案的内部收益率计算公式为

$$NPV = \sum_{t=0}^{n} (CI - CO)_t (1 + IRR)^{-t} = -1\,500 + (650 - 280) \frac{(1 + IRR)^8 - 1}{IRR (1 + IRR)^8} = 0$$

计算得到 $IRR = 18.19\%$。

同理,可依次计算各不确定因素单独变化时项目的内部收益率(见表 5-2)。

表 5-2　不确定因素变化时内部收益率 IRR 值

评价指标 A	变化率 $\Delta F/F$				
	-10%	-5%	基本方案	5%	10%
销售收入 S	12.29	15.30	18.19	20.99	23.72
经营成本 C	20.61	19.42	18.19	16.95	15.71
投资 P	21.73	19.88	18.19	16.64	15.19

建立不确定因素变化率与项目的内部收益率变化率之间的一一对应关系(见表 5-3)。

表 5-3　敏感性分析表

评价指标 $\Delta A/A$	变化率 $\Delta F/F$				
	-10%	-5%	基本方案	5%	10%
销售收入 S	-32.44	-15.89	0	15.39	30.40
经营成本 C	13.30	6.76	0	-6.82	-13.63
投资 P	19.46	9.29	0	-8.52	-16.49

(5)利用相对值法计算敏感系数 S_{AF}(见表 5-4 和图 5-6)。

表 5-4　敏感度系数分析表

序号	不确定因素	不确定因素变化率(%)	项目财务内部收益率	评价指标 $\Delta A/A$	敏感度系数 S_{AF}
	基本方案		18.19%		
1	销售收入 S	10%	23.72%	30.40%	3.04
		-10%	12.29%	-32.40%	3.24
2	经营成本 C	10%	15.71%	-13.63%	-1.36
		-10%	20.61%	13.30%	-1.33
3	投资 P	10%	15.19%	-16.49%	-1.65
		-10%	21.73%	19.46%	-1.95

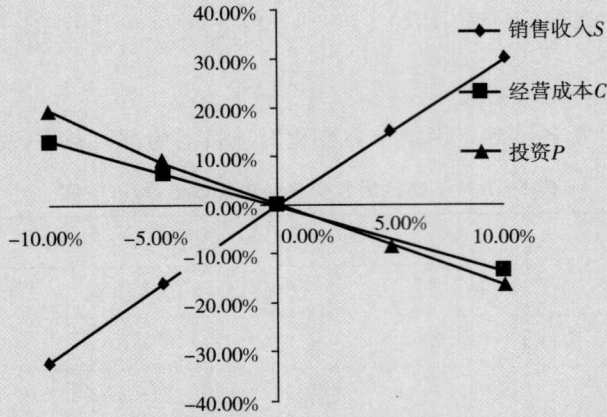

图 5-6　敏感度系数分析图

计算结论:各因素的敏感度为 $S > P > C$。

(6)利用绝对值法计算项目的临界点(见图 5-7)。

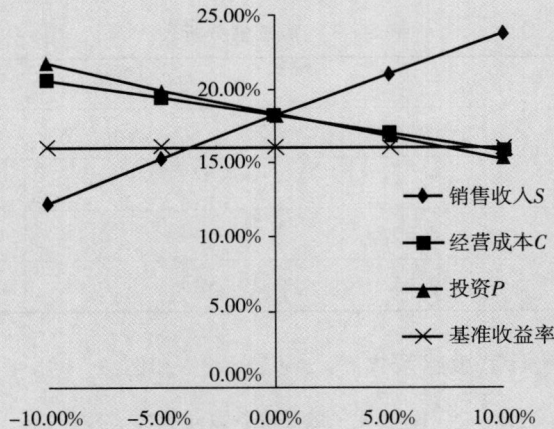

图 5-7　临界点分析图

从临界点分析图上可以看出,该项目盈利的可能性还是比较大的。

如果进行敏感性分析的目的是对不同的技术方案进行选择,一般应选择敏感程度小、承受风险能力强、可靠性大的技术方案。需要说明的是,单因素敏感性分析虽然对技术方案分析中不确定因素的处理是一种简便易行、具有实用价值的方法,但它以假定其他因素不变为前提。这种假定条件在实际经济活动中是很难实现的,因为各种因素的变动都存在着相关性,一个因素的变动往往会引起其他因素也随之变动。比如,产品价格的变化可能引起需求量的变化,从而引起市场销售量的变化。所以,在分析技术方案经济效果受多种因素同时变化的影响时,要用多因素敏感性分析,使之更接近于实际过程。多因素敏感性分析由于要考虑可能发生的各种因素不同变动情况的多种组合,因此计算起来要比单因素敏感性分析复杂得多。

5.3.3　多因素敏感性分析

单因素敏感性分析在分析某一因素对经济效果的影响时假定其他因素不变,具有一定的局限性。实际上有些因素的变动不是独立的,而是相互之间有相关性,某一个因素变动的同时其他因素也会有相应的变动。多因素敏感性分析研究了多个不确定性因素同时发生不同幅度的变化时,对项目经济效果产生的影响。若两个因素同时变动,则称为双因素敏感性分析。

双因素敏感性分析的步骤:第一步,确定因素间变动的函数关系,令经济效果指标等于临界值,求解因素间函数关系;第二步,绘制双因素敏感性图,令两坐标轴各代表一个因素的变化率;第三步,求解两因素变化率的一系列组合,绘制曲线,此曲线称为平衡线或临界线。若两个不确定性因素同时变化的交点落在临界线经济指标大于 0 的一侧,则认为项目可行;若两不确定性因素同时变化的交点落在临界线经济指标小于 0 的一侧,则认为项目不可行。

我们仍以例 5−5 为例来说明双因素敏感性分析。假设投资额与经营成本同时变动,两个因素同时变动对方案净现值影响的计算公式为

$$NPV = -1500(1+x) + [650 - 280(1+z)](P/A,16\%,8)$$

$$= 107.13 - 1500x - 1216.21z$$

取 NPV 的临界值,即 $NPV = 0$,有

$$107.13 - 1500x - 1216.21z = 0$$

化简得到 $z = 0.09 - 1.23x$,即为该项目的临界线。在该临界线上,$NPV = 0$;在临界线下方,$NPV > 0$;在临界线上方,$NPV < 0$。也就是说,如果投资额与经营成本同时变动,只要变动范围不超过临界线下方区域(包括临界线上的点),方案都是可以接受的。双因素敏感性分析图如较 5−8 所示。

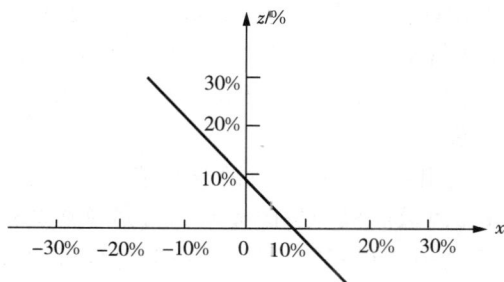

图 5−8　双因素敏感性分析图

多因素敏感性分析要考虑可能发生的各种因素不同变动幅度的多种组合,当同时变动的不确定性超过三个时,经济效果指标计算较为复杂,这里就不做具体介绍。

敏感性分析在一定程度上就各种不确定性因素的变化,对项目经济效果的影响进行了定量描述。敏感性分析有助于决策者了解项目的不确定程度,有助于决策者确定在项目决策和实施过程中需要重点控制的因素,对提高项目经济评价的可靠性具有重要意义。但敏感性分析也有其局限性。敏感性分析没有考虑各不确定性因素在未来发生变动的概率。这可能会影响分析结论的准确性。因此,必须借助于概率分析方法。

5.4　概率分析

概率分析是一种利用概率值定量研究预测不确定性因素对项目经济指标影响的方法。进行概率分析,首先要确定影响项目经济效果的变量及其可能的变动范围,以此确定变量在此范围内的分布概率;其次要计算期望值、标准差和离散系数,进行定量分析。

5.4.1　概率分析方法

根据对数据的取值与概率估算方法的不同,概率分析可以分为主观概率分析和客观概率分析。

主观概率分析是指人们根据长期积累的经验和所掌握的大量信息对某一风险事件发生可能性的主观判断。主观概率分析是以人为预测、以估计为基础的概率分析方法。因此,主观概率分析的结果应十分慎重,否则会对分析结果产生较大的影响。

客观概率分析是指根据大量的实验数据,用统计的方法所计算出的某一风险事件发生的可能性。客观概率分析是常用的方法,它是以客观长期的历史统计资料为基础的概率分析方法。在经济评价中,简单的概率分析可以计算工程方案净现值的期望值及净现值不小于零的累计概率。方案比较时,可以只计算净现值的期望值。总之,应根据具体问题选择适当的计算方法,有时为研究不同比较方案的风险问题,还要计算标准差和变异系数。

为了准确地判断项目风险事件发生的概率,在项目前期可以借助于专家的知识、经验和判断能力对事件出现风险的可能性做出主观的估计。

项目评价中的概率是指各种变量(如价格、成本、投资)出现的频率,这些参数的变化规律往往可以用概率分布来描述。因此,项目的经济指标作为这些参数的函数也是一个随机变量。

概率分析一般包括两方面内容:一是计算并分析项目净现值、内部收益率等评价指标的期望值;二是计算并分析净现值不小于零,或内部收益率不小于社会折现率(或行业基准收益率)的累计概率。累计概率的数值越大(上限值为1),项目承担的风险越小。概率分析适用于国民经济评价和财务评价。

概率分布是指随机变量能出现的概率取值的分布情况。对于连续型随机变量,通常可以用概率分布函数来表示;而离散随机变量的概率分布则通常是根据个人主观判断得到各种确定的概率值。在项目评估中进行概率分析时,一般只分析和研究离散型随机变量的概率分布情况。一般情况下,概率分布函数应根据历史资料进行确定。当项目管理人员没有足够的历史资料来确定不确定性事件的概率分布函数时,可以利用理论概率分布进行风险估计,也可以用概率树、蒙特卡罗模拟及CIM模型等分析方法确定不确定性因素的概率分布函数。

概率分析就是在对参数分布进行概率估计的基础上,通过计算反映项目经济效果指标的期望值、累积概率、标准差及变异系数等来反映方案的风险程度。

5.4.2　投资方案经济效果的概率描述

完整地描述一个随机变量,需要确定其概率分布的类型和参数。常用的概率分布有正态分布和均匀分布。要想反映方案的经济效果,需要计算经济指标的期望值、标准差与变异系数。这里介绍经济效果的期望值。

投资方案经济效果的期望值是指在一定概率分布下,投资效果所能达到的概率平均值。其一般表达式为

$$E(x) = \sum_{i=1}^{n} x_i p_i \qquad (5-11)$$

式中,$E(x)$—— 变量的期望值;

x_i—— 变量的第 i 个值;

p_i—— 变量 x_i 的取值概率。

【例5-7】　某土方工程,施工管理人员要决定下个月是否开工,若开工后遇天气不下雨,则可按期完工,获利润6万元;若遇天气下雨,则要造成1.5万元的损失。假如不开工,不论下雨还是不下雨都要付窝工费1000元。据气象预测下月天气不下雨的概率为0.3,下雨概率为0.7,利用期望值的大小为施工管理人员做出决策。

解:开工方案的期望值为

$$E_1 = 60\,000 \times 0.3 + (-15\,000) \times 0.7 = 7\,500(元)$$

不开工方案的期望值为

$$E_2 = (-1\,000) \times 0.3 + (-1\,000) \times 0.7 = -1\,000(元)$$

因为 $E_1 > E_2$,所以应选开工方案。

【例5-8】　某建设工程建设期2年,各年投资1000万元(投资在各年末)。由概率统计资料可知,该工程年经济效益与概率的关系见表5-5所列。

表5-5　工程年经济效益与概率的关系

年效益 / 万元	200	300	500	700	900
概率 /%	10	20	40	20	10

已知该工程的年运行费为50万元,社会折现率取7%,以施工开始为基准年,生产期为25年,计算期为27年,求该工程年效益的期望值、净现值的期望值、净现值大于或等于0时的累计概率。

解:(1)年效益的期望值为

$$\overline{S} = 200 \times 0.1 + 300 \times 0.2 + 500 \times 0.4 + 700 \times 0.2 + 900 \times 0.1 = 510(万元)$$

(2)已知该工程的年运行费用为 500 万元,由年效益 S 及其概率,先求净现值 $ENPV$,再计算加权净现值 $ENPVP$,最后求得 $\overline{ENPV}$。

① 当 $S=200$ 万元,概率 $P=0.1$,累计概率 $\sum P=0.1$,有

$$\overline{ENPV}=-1\,000\times\frac{1}{1.07}-1\,000\times\frac{1}{1.07^2}+(200-50)\times\frac{(1+0.07)^{25}-1}{0.07(1+0.07)^{25}}\times\frac{1}{1.07^2}$$

$$=-1\,000\times0.9346-1\,000\times0.8734+150\times11.645\times0.8734$$

$$=-281.21(万元)$$

$$ENPV_P=0.1\times(-281.21)=-28.12(万元)$$

② 当 $S=300$ 万元,概率 $P=0.2$,累计概率 $\sum P=0.3$,有

$$ENPV=-1\,000\times1.808+(300-50)\times10.1786=736.65(万元)$$

$$ENPV_P=0.2\times736.65=147.33(万元)$$

③ 当 $S=500$ 万元,概率 $P=0.4$,累计概率 $\sum P=0.7$,有

$$ENPV=-1\,000\times1.808+(500-50)\times10.1786=2\,772.73(万元)$$

$$ENPV_P=0.4\times2772.73=1\,108.95(万元)$$

④ 当 $S=700$ 万元,概率 $P=0.2$,累计概率 $\sum P=0.9$,有

$$ENPV=-1\,000\times1.808+(700-50)\times10.1786=4\,808.09(万元)$$

$$ENPV_P=0.2\times4\,808.09=961.62(万元)$$

⑤ 当 $S=900$ 万元,概率 $P=0.1$,累计概率 $\sum P=1$,有

$$ENPV=-1\,000\times1.808+(900-50)\times10.1786=6\,843.81(万元)$$

$$ENPV_P=0.1\times6\,843.81=684.38(万元)$$

故净现值的期望值 $\overline{ENPV}$ 为

$$\overline{ENPV}=-281.21+147.3+1\,108.95+961.62+684.38=2\,874.16(万元)$$

(3) 设净现值 ENPV 为零时的累计概率(量由小到大排列)为 x,已知 $P=0.1$ 时,$ENPV=-281.21$ 万元;$\sum P=0.3$ 时,$ENPV=736.65$ 万元。用图解比例法计算求得 $x=0.16$,故净现值 ENPV 大于零的概率为 $1-0.16=0.84$,即本工程盈利的机会为 84%。

5.5　决策树分析

将概率分析损益期望值法中的各个方案的情况用一个概率树来表示,就形成了决策树。它是模拟树木生长的过程,从出发点开始不断分枝来表示所分析问题的各种发展可能性,并以各分枝的损益期望值中的最大者作为选择的依据。

5.5.1　决策树画法

决策树画法(见图 5－9)的具体步骤如下。

(1) 先画一个方框"□"作为出发点,这个出发点又称为决策点;

(2) 从出发点向右引出若干条直线,这些直线叫作方案枝;

(3) 在每个方案枝的末端画一个圆圈"○",这个圆圈称为机会点;

(4) 从机会点引出代表各自然状态的分枝,称为概率枝;

(5) 在概率枝末端画三角形"△",表示结果点。

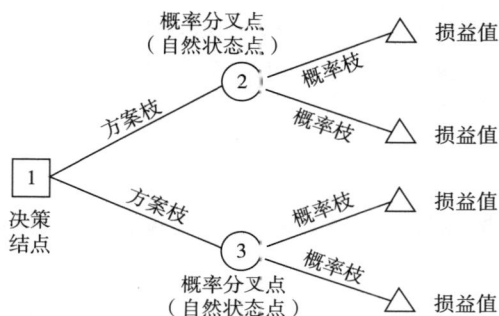

图 5－9　决策树画法

5.5.2　单级决策树

具有一个决策点的问题称为单级决策树。

【例 5－9】　某项目有两个备选方案 A 和 B,两个方案的寿命周期均为 10 年。方案 A 的投资额为 500 万元,其年净收益在产品销路好时为 150 万元,在产品销路差时为－50 万元;方案 B 的投资额为 300 万元,其年净收益在产品销路好时为 100 万元,在产品销路差时为 10 万元。根据市场预测,在项目寿命期内,产品销路好的可能性为 70%,销路差的可能性为 30%。若已知标准折现率为 10%,试用决策树对备选方案进行比选。

解:首先,画出上述问题的决策树(见图 5－10)。

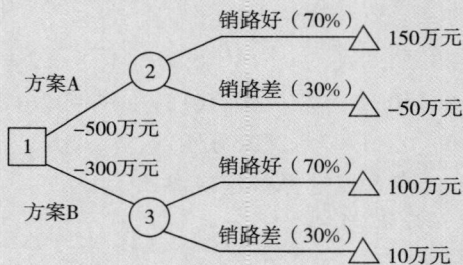

图 5－10　例 5－9 决策树

然后,计算各个机会点的期望值:

机会点 2 的期望值 $=150 \times (P/A,10\%,10) \times 0.7 - 50 \times (P/A,10\%,10) \times 0.3 = 533$(万元);

机会点 3 的期望值 $=100 \times (P/A,10\%,10) \times 0.7 + 10 \times (P/A,10\%,10) \times 0.3 = 448.50$(万元)。

最后,计算各个方案净现值的期望值:

方案 A 的净现值期望值 $=533-500=33$(万元);

方案 B 的净现值期望值 $=448.50-300=148.50$(万元)。

因此,应该优先选择方案 B。

5.5.3　多级决策树

具有多个决策点的问题称为多级决策树,利用决策树来分析概率问题具有直观方便的特点。

【例 5-10】　某市拟建预制构件厂,现有三个方案可供选择:一次投资建大厂,需投资 300 万元;一次投资建小厂,需投资 160 万元;先建小厂,三年后如果产品销路好,再扩建,需投资 140 万元。工厂的使用年限按 10 年计算。三个方案在前三年和后七年销路好、销路差的概率和损益值如下:

前三年销路好的概率为 0.7,销路差的概率为 0.3;

若销路好,则建大厂的损益值为 100 万元/年,建小厂的损益值为 40 万元/年;

若销路差,则建大厂的损益值为 -20 万元/年,建小厂的损益值为 10 万元/年;

若前三年销路好,则后七年销路好的概率为 0.9,销路差的概率为 0.1;

若前三年销路差,则后七年的销路一定差。

试做出决策。

解:首先画出上述问题的决策树(见图 5-11)。

期望值计算方法同单节点决策树,其计算过程如下:

结点 4:$(100 \times 0.9 - 20 \times 0.1) \times 7 = 616$(万元);

结点 5:$(-20 \times 1) \times 7 = -140$(万元);

结点 2:$(100 \times 0.7 - 20 \times 0.3) \times 3 + 616 \times 0.7 - 140 \times 0.3 - 300 = 281.2$(万元);

结点 8:$(100 \times 0.9 - 20 \times 0.1) \times 7 - 140 = 616 - 140 = 476$(万元);

结点 9:$(40 \times 0.9 + 10 \times 0.1) \times 7 = 259$(万元);

结点 6:根据结点 8 和结点 9 点选择扩建,476 万元;

结点 7:$10 \times 1 \times 7 = 70$(万元);

结点 3:$476 \times 0.7 + 70 \times 0.3 + (40 \times 0.7 + 10 \times 0.3) \times 3 - 160 = 287$(万元)。

所以,正确的选择是先建小厂,三年后再扩建成大厂。

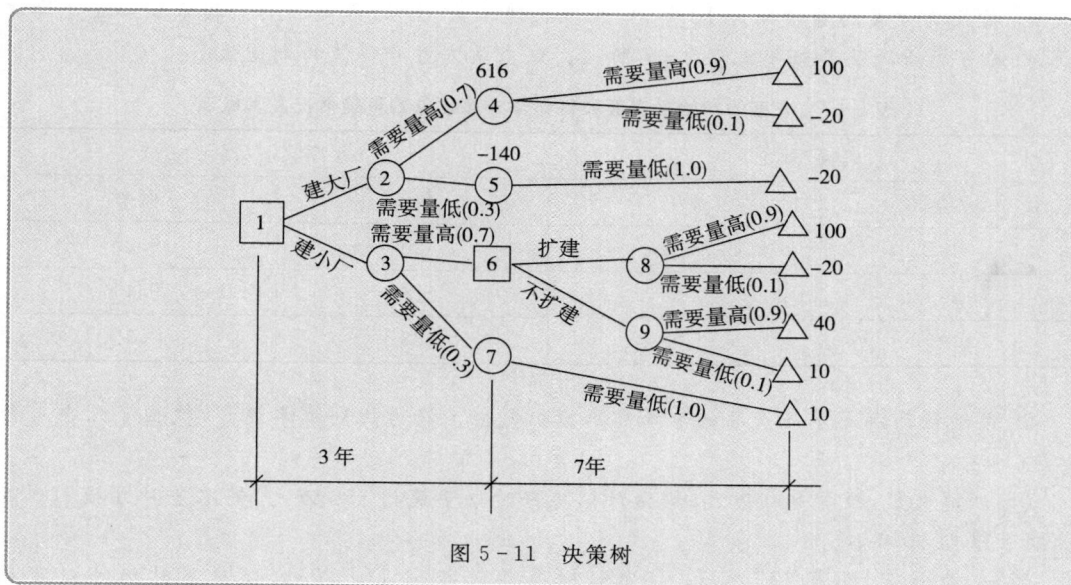

图 5-11　决策树

习　题

1. 为什么项目进行经济评价时要进行不确定性分析？
2. 线性盈亏平衡分析是基于什么假定的？
3. 敏感性分析的主要计算分析步骤是什么？
4. 某技术方案年设计生产能力为 20 万吨，年固定成本为 2 200 万元，产品销售单价为 1 200 元/t，每吨产品的可变成本为 800 元，每吨产品应交纳营业税金及附加为 180 元，试分析该项目的盈亏平衡点。
5. 某化工建设项目设计年生产能力为 5 万 t，预计年固定总成本为 800 万元，产品销售价格为 1 500 元/t，产品销售税金及附加为销售收入的 10%，产品可变成本为 1 150 元/吨，试分析该项目的盈亏平衡点及对应的生产能力利用率。
6. 某项目投资方案用于确定性经济分析的现金流量见表 5-6 所列，所采用的数据是根据未来最可能出现的情况而预测估算的。由于对未来影响经济环境的某些因素把握不大，投资额、经营成本和销售收入均有可能在 ±20% 的范围内变动。设定基准折现率为 10%，不考虑所得税，试就三个不确定性因素做敏感性分析。

表 5-6　现金流量表

年份	0	1	2~10	11
投资 K	15 000			
销售收入 B			19 800	19 800
经营成本 C			15 200	15 200
期末资产残值 L				2 000
净现金流量	−15 000		4 600	6 600

7. 某投资方案的寿命期为 10 年,若基准折现率为 10%,方案的初始投资额和每年年末净收益的可能情况及其概率见表 5-7 所列。试求该方案净现值的期望值。

表 5-7 方案的初始投资额和每年年末净收益的可能情况及其概率

投资额/万元		年净收益/万元	
数值	概率	数值	概率
120	0.30	20	0.25
150	0.50	28	0.40
175	0.20	33	0.35

8. 某地区为满足水泥产品的市场需求拟扩大生产能力规划建水泥厂,提出了三个可行方案:

(1)新建大厂,投资 900 万元,据估计销路好时每年获利 350 万元,销路差时亏损 100 万元,经营限期 10 年;

(2)新建小厂,投资 350 万元,销路好时每年可获利 110 万元,销路差时仍可以获利 30 万元,经营限期 10 年;

(3)先建小厂,三年后销路好时再扩建,追加投资 550 万元,经营限期 7 年,每年可获利 400 万元。

据市场销售形式预测,10 年内产品销路好的概率为 0.7,销路差的概率为 0.3。

按上述情况用静态方法进行决策树分析,选择最优方案。

9. 某地区有一批施工机械,5—9 月份暂时不用,10 月份将重新使用。该地区 5—9 月份可能遭受洪水袭击,有两种选择:(1)将机械运走,用时再运回,需往返运输费 1 000 元;(2)将机械留在原地,又有两种选择:①用 400 元做一个平台放置机械,可防高水位但不能防洪水;②不做平台,但如果遇到高水位要损失 4000 元;如果遇到大洪水,无论有无平台,均遭受损失 12 000 元。历史水文资料预测:5—9 月份正常水位的概率是 0.75,高水位的概率是 0.22,大洪水位的概率是 0.03,应如何处理这些设备?

10. 某沿河岸台地铺设地下管道,工程施工期内(1 年)有可能遭到洪水的袭击,据气象预测,施工期内不出现洪水或出现洪水不超过警戒水位的可能性为 60%,出现超过警戒水位的洪水的可能性为 40%。施工部门采取的相应措施:不超过警戒水位时只需进行洪水期间边坡维护,工地可正常施工,工程费约 10 000 元。出现超警戒水位时为维护正常施工,普遍加高堤岸,工程费约 70 000 万元。

工地面临两个选择:

(1)仅做边坡维护,但若出现超警戒水位的洪水工地要损失 10 万元;

(2)普遍加高堤岸,即使出现警戒水位也万无一失。

试问应该如何决策?

第 6 章　投资项目财务评价

内容提要：

　　本章介绍投资项目的财务评价，主要内容包括工程项目投资估算概述和估算方法、工程项目收益估算、融资主体和资金成本、盈利能力分析和偿债能力分析等。

能力要求：

　　(1)能够正确理解投资估算和资金成本的含义；

　　(2)能够正确运用资金成本计算公式；

　　(3)能够了解财务评价报表编制方法；

　　(4)能够利用财务评价指标体系进行项目财务评价。

6.1　工程项目投资估算

　　工程经济分析的任务就是要根据所考察工程的预期目标和所拥有的资源条件，分析该工程的现金流量情况，选择合适的技术方案，以获得最佳的经济效果。这里的技术方案是广义的，既可以是工程建设中各种技术措施和方案(如工程设计、施工工艺、生产方案、设备更新、技术改造、新技术开发、工程材料利用、节能降耗、环境技术、工程安全和防护技术等措施和方案)，也可以是建设相关企业的发展战略方案(如企业发展规划、生产经营、投资、技术发展等关乎企业生存发展的战略方案)。可以说技术方案是工程经济最直接的研究对象，而获得最佳的技术方案经济效果则是工程经济研究的目的。

6.1.1　投资估算的概述

　　1. 投资估算的概念

　　投资估算是指在建设项目的决策阶段，对将来进行该项目建设可能要花费的各项费用的事先匡算，是对建设项目的投资数额进行的大概的估计。一个项目从开始研究时投资额的估算，直至初步设计时的设计概算及施工图设计阶段甚至施工阶段的预算都可以纳入投资估算的范畴。但目前投资估算一般专指项目投资的前期决策过程中对项目投资额的估计。

　　在估算的过程中必须依据现有的资料和一定的科学方法，并力求做到准确、全面，为建设项目决策提供重要依据，避免决策的失误。

　　按照《投资项目可行性研究指南》的划分，建设项目总投资由建设投资(固定资产投资)和流动资金两部分构成。在编制投资估算时，需对建设投资(固定资产投资)和流动资金分别进行估算。

　　2. 投资估算的阶段划分

　　项目的投资决策过程：投资机会研究——初步可行性研究——详细可行性研究。

　　投资估算工作按投资决策过程的进展相应地可分为三个阶段：投资机会研究与项目建议书阶段的投资估算——初步可行性研究阶段的投资估算——详细可行性研究阶段的投资

估算。

　　在不同的阶段,由于估价条件和资料的掌握程度不同,投资估算的准确度也不一样,投资估算所起的作用也不一样。但随着研究的不断深入,投资估算将逐步准确。

　　1)投资机会研究与项目建议书阶段的投资估算

　　投资机会研究与项目建议书阶段主要是选择有利的投资机会,提出投资建议,估算概略投资,作为有关部门审批项目建议书的依据,据此可以否定一个项目,但不可能完全肯定一个项目。

　　(1)毛估阶段。它属于项目规划阶段的投资估算。这时,没有工艺流程图、平面布置图和设备分析情况,主要靠比照同类型已投产项目的投资额并考虑涨价因素等估算。估算的目的仅在于判断一个项目是否值得进一步研究。由于资料的综合性很强,因此估算的工作量小,时间和费用均消耗少,但误差较大,可达±30%以上。

　　(2)粗估阶段。它属于项目建议书阶段的投资估算。在此阶段,有了初步的流程图、主要设备的生产能力,并已确定了项目的地理位置。粗估的目的主要是判断一个项目是否可行,指导进一步的研究。此阶段的误差可达±30%以内。

　　2)初步可行性研究阶段的投资估算

　　初步可行性研究阶段是介于投资机会研究和详细可行性研究之间的阶段,在项目初步方案明确的基础上,做出投资估算,为项目进行技术经济论证提供依据。

　　此时要进一步明确项目的可行性,以及设备、材料的规格、设备的生产能力、工厂的总平面图、公用设施的初步配置等,进而确定项目是否进行详细可行性研究,并为下一步的研究和投资计划奠定基础。这种估算的误差为±20%以内。

　　3)详细可行性研究阶段的投资估算

　　详细可行性研究阶段又可称为最终可行性研究阶段。在此阶段,项目已经进行了较详细的技术经济分析,决定了项目是否可行,并比选出最佳投资方案,估算的投资额比较准确。可据此进行项目的筹资,编制设计文件、控制初步设计概算。这种估算的误差为±10%以内。

　　估算的阶段是按工作深度划分的。实际上,各阶段间并无明确的界线。决策者可根据实际工程的特点、类型,参照同类型工程的经济指标,适当地进入相应的工作阶段,快速地做出满足工作要求的估算来。

　　3. 投资估算的作用

　　根据工程项目建设程序的要求,任何一个拟建项目,都必须通过全面的技术、经济论证后,才能决定其是否正式立项。在对拟建项目的全面论证过程中,除考虑国家经济发展上的需求和技术上的可行性外,还要考虑经济上的合理性,而项目的投资额是经济评价的重要依据,因此投资估算具有以下作用。

　　(1)投资估算是项目建议书审批的重要依据。项目建议书阶段的投资估算,是项目主管部门审批项目建议书的依据之一,并对项目的规划、规模起参考作用。在项目建议书阶段,主管部门将根据所报项目的类型、初步规划、规模及其对应的投资估算额来初步分析、评价决策项目。

　　(2)投资估算是可行性研究中进行经济评价和项目决策的重要依据。项目可行性研究阶段的投资估算是项目投资决策的重要依据,是研究分析项目投资经济效果的重要条件,一且可行性研究报告被批准,其投资估算额即成为建设项目投资的最高限额。

(3)投资估算是控制设计概算的依据。在项目决策后的实施过程中,为保证有效控制投资,应进行限额设计,以保证设计概算不得突破批准的投资估算额,并应控制在投资估算额以内。也就是说,投资估算是设计者控制设计方案的投资范围、实行工程限额设计的依据。

(4)投资估算是制订项目建设资金筹措计划的依据。工程项目的投资估算不仅对其设计概算起控制作用,而且是项目筹措资金及制订建设贷款计划、核算建设项目固定资产投资需要额及编制固定资产投资计划的重要依据。

(5)在工程设计招标中,投资估算是优选设计单位和设计方案、衡量设计方案的经济合理性的重要依据。

总之,投资估算的作用:一是作为建设项目投资决策的依据;二是在项目决策以后,成为项目实施阶段投资控制的依据。

6.1.2　投资估算编制的内容和要求

1. 投资估算编制的内容

一份完整的投资估算,包括投资估算编制依据、投资估算编制说明、投资估算总表。其中,投资估算总表是核心内容,它主要包括建设项目总投资的构成。但该构成的范围及按什么标准计算,要受编制依据的制约,所以估算编制中,编制依据和编制说明是不可缺少的内容。它是检验编制结果准确性的必要条件,包括明确待估项目的项目特征、所在地区的状况、政策条件、估算的基准时间等。

2. 投资估算编制的要求

投资估算是建设项目投资决策的依据,也是项目实施阶段投资控制的依据。投资估算质量如何将影响项目的取舍、影响项目真正的投资效益,因此投资估算不能太粗糙,必须达到国家或部门规定深度要求。误差太大必然导致投资者决策失误,带来不良后果。所以投资估算的最根本要求是精度要求。但投资估算的精度怎样才算精确,一般难以定论。其实每一项工程在不同的建设阶段,由于条件不同,其估算准确度的标准也就不同,人们不可能超越客观条件,把建设项目投资估算编制的与最终实际投资(决算价)完全一致。但可以肯定,如果能充分地掌握市场变动信息,并全面加以分析,那么投资估算的准确性就能提高。所以每一项工程在估算编制时应根据不同的估算阶段,充分收集相关资料,合理选用估算方法,以确保估算精度。投资估算的另一个要求是责任要求,为了保证投资的精度要求,对估算编制部门或个人应给予一定的责任要求,给予一定的约束,以防止因主观原因造成的估算不准确。

6.1.3　投资估算的编制依据

(1)项目特征。项目特征是指待建项目的类型、规模、建设地点、时间、总体建筑结构、施工方案、主要设备类型、建设标准等。它是进行投资估算的最根本的内容,该内容越明确,估算结果相对越准确。

(2)同类工程的竣工决算资料。同类型建设项目的投资经济指标、概预算为投资估算提供了可比资料。

(3)项目所在地区状况。该地区的地质、地貌、交通等情况是作为对同类投资资料调整的依据。

(4)时间条件。时间条件包括待建项目的开工日期、竣工日期、每段时间的投资比例等。这是因为不同时间有不同的价格标准、利率等。

(5)政策条件。投资中需缴哪些规费、税费及相关的取费标准等。

① 项目建议书(或建设规划)、可行性研究报告(或设计任务书)、建设方案;

② 估算指标、概算指标、概预算定额、技术经济指标、造价指标、类似工程概预算;

③ 专门机构发布的建设工程造价费用构成、工程建设其他费用、间接费、税金的取费标准及计算方法、物价指数;

④ 设计参数,包括各种建筑面积指标、能源消耗指标等;

⑤ 现场情况,如地理位置、地质条件、交通条件、供水条件、供电条件等;

⑥ 其他经验数据,如材料、设备运杂费率、设备安装费率等。

以上资料越具体、越完备,编制的投资估算就越准确。

6.1.4　投资估算的原则

(1)深入开展调查研究,掌握第一手资料。

(2)实事求是地反映投资情况,不弄虚作假。

(3)综合考虑设计标准和工程造价两方面的问题,在满足设计功能的前提下,节约建设成本。

(4)尽量减少投资估算的误差,注意分析市场的变动因素,充分估计物价上涨因素和市场供求情况对造价的影响。

(5)合理选用造价指标,切忌生搬硬套。

6.1.5　投资估算的审查

(1)审查投资估算编制依据的可信性。

① 审查选用的投资估算方法的科学性、适用性。每种投资估算方法都各有各的适用条件和范围,并具有不同的精确度。使用的投资估算方法应与项目的客观条件和情况相适应,且不得超出该方法的适用范围。这样才能保证投资估算的质量。

② 审查投资估算采用数据资料的时效性、准确性。估算项目投资所需的数据资料(如已运行同类型项目的投资、设备和材料价格、运杂费率、有关的定额、指标、标准,以及有关规定等)都与时间有密切关系,都可能随时间的变化而发生不同程度的变化,必须注意其时效性和准确程度。

(2)审查投资估算内容与规定、规划要求的一致性。

① 审查项目投资估算包括的工程内容与规定要求是否一致,是否漏掉了某些辅助工程、室外工程等的建设费用。

② 审查项目投资估算的项目产品生产装置的先进水平和自动化程度等是否符合规划要求的先进程度。

③ 审查是否对拟建项目与已运行项目在工程成本、工艺水平、规模大小、自然条件、环境因素等方面的差异进行了适当的调整。

(3)审查投资估算的费用项目、费用数额与实际情况的相符性。

① 审查费用项目与规定要求、实际情况是否相符,有无漏项或多项现象,估算的费用项

目是否符合国家规定,是否针对具体情况进行了适当的增减。

②　审查是否考虑了采用新技术、新材料以及现行标准和规范比已运行项目的要求提高而所需增加的投资额,考虑的额度是否合适。

③　审查是否考虑了物价上涨和汇率变动对投资额的影响,考虑的波动变化幅度是否合适。

④　审查"三废"处理所需投资是否进行了估算,其估算数额是否符合实际。

6.2　财务分析报表构成

财务分析的方法是根据建设项目经济要素的基础数据,编制财务分析辅助报表,估计财务效益和费用,在此基础上编制财务分析的基本报表,计算财务分析指标,并进行建设项目财务可行性的判断。

6.2.1　财务分析报表

1.　财务分析报表的构成

财务分析报表由辅助报表和基本报表共同组成。首先,通过财务评价基础数据与参数的确定、估算与分析,编制出财务评价的辅助报表;然后,将辅助报表中的基础数据进行汇总后编制出用于财务评价的基本报表。财务分析报表的构成见表 6-1 所列。

表 6-1　财务分析报表的构成

辅助报表	基本报表
B1 建设投资估算表(概算法)	
B2 建设投资估算表(形成资产法)	
B3 建设期利息估算表	
B4 流动资金估算表	B9 项目投资现金流量表
B5 项目总投资使用计划与资金筹措表	B10 项目资本金现金流量表
B6 营业收入、营业税金及附加和增值税估算表	B11 投资各方现金流量表
B7 总成本费用估算表(生产要素法)	B12 利润与利润分配表
B7$_{基1}$外购原材料费估算表	B13 财务计划现金流量表
B7$_{基2}$外购燃料和动力费估算表	B14 资产负债表
B7$_{基3}$固定资产折旧费估算表	B15 借款还本付息计划表
B7$_{基4}$无形资产和其他资产摊销估算表	
B7$_{基5}$工资及福利费估算表	
B8 总成本费用估算表(生产成本＋期间费用法)	

2.　财务分析基本报表的内容

(1)财务现金流量表:反映项目计算期内各年的现金流入与流出,用以计算各项动态和静态评价指标,进行项目财务盈利能力分析。具体可分为下列三种类型。

①　项目投资现金流量表:该表以项目为一个独立系统,从融资前的角度出发,不考虑投资来源,假设全部投资都是自有资金。其用于计算项目投资内部收益率及净现值等财务分析指标。

② 项目资本金现金流量表:该表从项目法人(或投资者整体)的角度出发,以项目资本金作为计算基础,把借款还本付息作为现金流出。其用于计算项目资本金财务内部收益率。

③ 投资各方现金流量表:该表分别从各个投资者的角度出发,以投资者的出资额作为计算的基础,用于计算投资各方内部收益率。只有投资者中各方有股权之外的不对等利益分配时,投资各方的收益率才会有差异,才需要编制此表。

(2)利润与利润分配表:用于反映项目计算期内各年的营业收入、总成本费用、利润总额、所得税及税后利润的分配情况,用于计算总投资收益率、项目资本金净利润率等指标。

(3)财务计划现金流量表:用于反映项目计算期内各年的投资、融资和经营活动所产生的各项现金流入和流出,计算净现金流量和累计盈余资金,分析项目的财务生存能力。

(4)资产负债表:用于综合反映项目计算期内各年末资产、负债和所有者权益的增减变化及应对关系,计算资产负债率。

(5)借款还本付息计划表:用于反映项目计算期内各年借款本金偿还和利息支付情况,计算借款偿还期或者偿债备付率、利息备付率等指标。该表可以与辅助报表中的"建设期利息估算表"合二为一。

3. 辅助报表与基本报表的关系

图 6-1 为辅助报表与基本报表之间的关系。从图 6-1 可以看出,财务评价的数据是从辅助报表流向基本报表的,辅助报表是基本报表的基础,而基本报表是计算财务评价各类指标的依据。

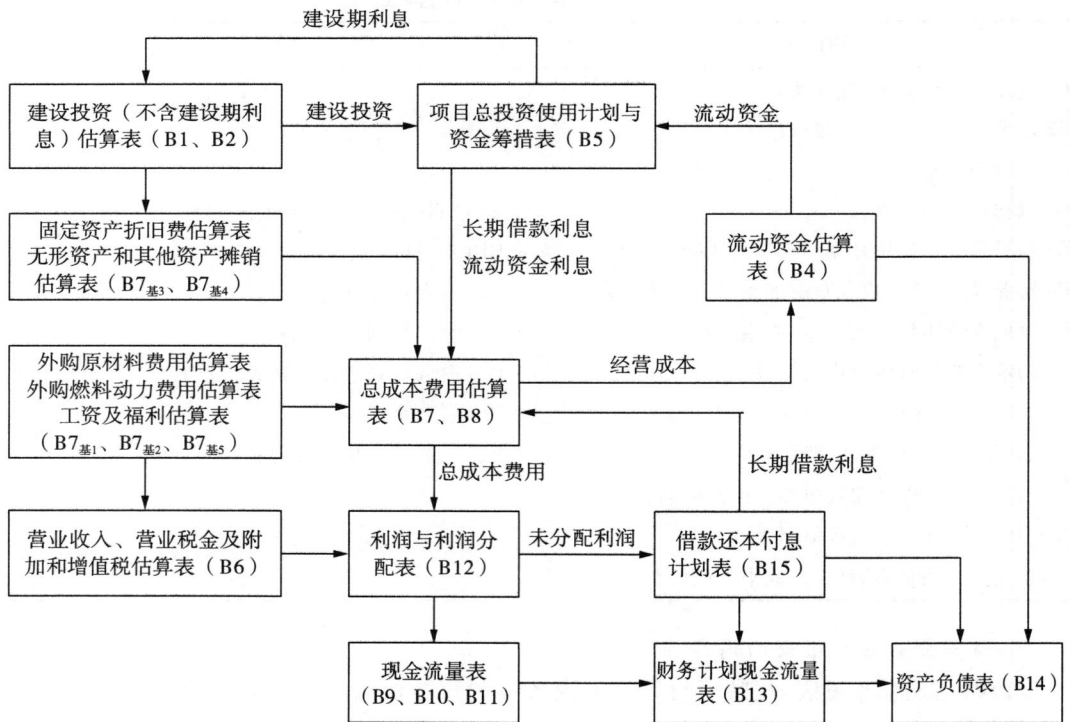

图 6-1 辅助报表与基本报表之间的关系

6.2.2　财务分析指标体系构成及其与基本报表的关系

财务分析指标体系构成如图 6－2 所示。

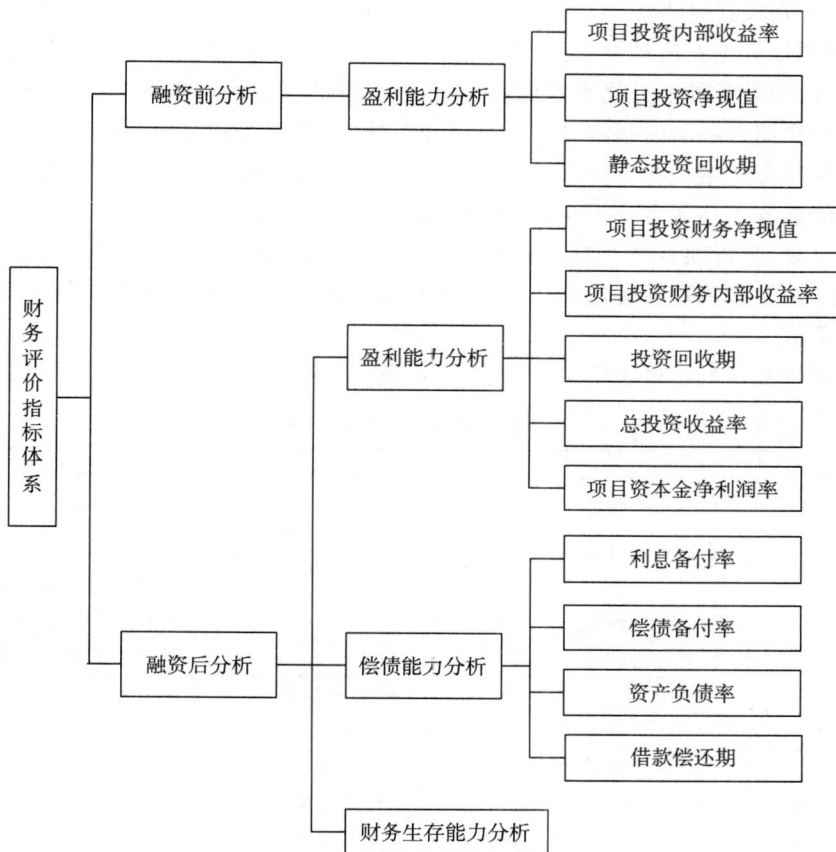

图 6－2　财务分析指标体系构成

融资前分析以动态分析为主、静态分析为辅。融资前动态分析以营业收入、建设投资、经营成本和流动资金的估算为基础,考察整个计算期内现金流入和流出,计算项目投资内部收益率和净现值等指标。融资前静态分析可计算静态投资回收期指标,用以反映收回项目投资所需要的时间。融资后分析以融资前分析和初步的融资方案为基础,考察项目在拟定融资条件下的盈利能力、偿债能力和财务生存能力,判断项目方案在融资条件下的可行性。

融资后的盈利能力分析主要是考察项目投资的盈利水平。它直接关系到项目投产后能否生存和发展,是评价项目在财务上可行性程度的基本标志。盈利能力的大小应从以下两方面进行评价。

(1)项目达到设计生产能力的正常生产年份可能获得的盈利水平,即主要通过计算总投资收益率、资本金净利润率等静态指标,考察项目在正常生产年份年度投资的盈利能力,判别项目是否达到行业的平均水平;

(2)项目整个寿命期间内的盈利水平,即主要通过计算财务净现值、财务内部收益率、投资回收期等指标,考察项目在整个计算期内的盈利能力及投资回收能力,判别项目投资的可行性。

融资后的偿债能力分析主要是考察项目的财务状况和按期偿还债务的能力。它直接关系到企业面临的财务风险和企业的财务信用程度。偿债能力的大小应从以下两方面进行评价。

(1)考察项目偿还建设投资国内借款所需要的时间,即通过计算借款偿还期,考察项目的还款能力,判别项目是否能满足贷款机构的要求;

(2)考察项目资金的流动性水平,即通过计算利息备付率、偿债备付率、资产负债率、流动比率、速动比率等各种财务比率指标,对项目投产后的资金流动情况进行比较分析。其用于反映项目寿命期内各年的利润、盈亏、资产和负债、资金来源和运用、资金的流动和债务运用等财务状况及资产结构的合理性,考察项目的风险程度和偿还流动负债的能力与速度。

融资后的财务生存能力分析在财务分析辅助表和利润与利润分配表的基础上编制财务计划现金流量表,分析项目是否有足够的净现金流量以维持正常运营,实现财务可持续性。这里的可持续性首先体现在有足够大的经营活动净现金流量,其次体现在各年累计盈余资金不应出现负值。

财务分析指标与基本报表的关系见表 6-2 所列。

表 6-2 财务分析指标与基本报表的关系

评价内容	基本报表	静态指标	动态指标
盈利能力分析	项目投资现金流量表	项目 静态投资回收期	项目投资财务内部收益率 项目投资财务净现值 项目动态投资回收期
	项目资本金现金流量表		项目资本金财务内部收益率
	投资各方现金流量表		投资各方财务内部收益率
	利润和利润分配表	总投资收益率 项目资本金净利润率	
偿债能力分析	资产负债表 建设期利息估算表 借款还本付息计划表	资产负债率 偿债备付率 利息备付率	
财务生存能力分析	财务计划现金流量表	累计盈余资金	

6.2.3 财务分析步骤

财务评价可分为以下几个步骤。

1. 基础数据的调查与测算

在熟悉拟建项目基本情况的基础上,通过调查研究、分析、预测确定的或相关专业人员提供的数据(如产出物数量、销售价格、原材料和燃料动力消耗量及其价格,人员数量和工资,折旧和摊销年限,成本计算中的各种费率、税率、汇率、利率、计算期和运营负荷等),收集整理出初级基础数据;通过初级数据计算、派生出来的数据[如成本费用、销售(营业)收入、销售税金与附加、增值税等],供下一步财务分析之用。

2. 评价参数的选用

评价参数主要指判别用的参数,即用于判别项目效益是否满足要求的基准参数,如基准收益率或最低可接受收益率、基准投资回收期、基准投资利润率等。这些基准参数往往需要通过专门分析和测算得到,或者直接采用有关部门或行业的发布值,或者由投资者自行确定。

3. 辅助报表的编制

依据上述基础数据,估算项目的财务效益和费用,进而编制财务评价的辅助报表。

4. 基本报表的编制与指标计算

编制融资前分析基本报表与指标的基本步骤如下。

(1)估算建设投资、营业收入、经营成本和流动资金。

(2)编制项目投资现金流量表,计算项目投资财务内部收益率项目投资、财务净现值和项目静态投资回收期等指标。

(3)若分析结果表明项目效益符合要求,则考虑融资方案,继续进行融资后分析;若分析结果不能满足要求,则通过修改、调整项目的方案设计以达到项目效益的要求;若修改或调整后方案仍然不能满足要求,则据此做出放弃项目的建议。

编制融资后分析基本报表与指标的基本步骤如下。

(1)在融资前分析结论满足要求的情况下,初步设定融资方案。

(2)在已有财务分析辅助报表的基础上,编制项目总投资使用计划与资金筹措表和建设期利息估算表。

(3)编制项目资本金现金流量表,计算项目资本金财务内部收益率指标,考察项目资本金可获得的收益水平。

(4)编制投资各方现金流量表,计算投资各方的财务内部收益率指标,考察投资各方可获得的收益水平。

5. 做出财务效益分析结论

利用各基本报表,可直接计算出一系列财务评价的指标,包括反映项目的盈利能力、偿债能力的静态和动态指标。将这些指标值与国家有关部门规定的基准值进行对比,就可得出项目在财务上是否可行的评价结论。

6.2.4　财务评价的基本报表

财务评价的基本报表包括现金流量表、利润与利润分配表、财务计划现金流量表、资产负值表和借款还本付息估算表。

1. 现金流量表

现金流量表是用以反映项目计算期内各年的现金流入和现金流出的表格,用以计算各种动态和静态的评价指标,进行项目盈利能力分析。现金流量表可以分为项目投资现金流量表、项目资本金现金流量表和投资各方现金流量表。

(1)项目投资现金流量表见表 6-3 所列。项目投资现金流量表用于计算项目投资内部收益率及净现值等财务评价指标。

表 6-3　项目投资现金流量表

序号	项目	合计	计算期					
			1	2	3	4	……	n
1	现金流入							
1.1	营业收入							

（续表）

序号	项目	合计	计算期					
			1	2	3	4	……	n
1.2	补贴收入							
1.3	回收固定资产余值							
1.4	回收流动资金							
2	现金流出							
2.1	建设投资							
2.2	流动资金							
2.3	经营成本							
2.4	营业税金及附加							
2.5	维持运营投资							
3	所得税前净现金流量（1－2）							
4	累计所得税前净现金流量							
5	调整所得税							
6	所得税后净现金流量（3－5）							
7	累计所得税后净现金流量							

计算指标：

项目投资财务内部收益率（％）（所得税前）

项目投资财务内部收益率（％）（所得税后）

项目投资财务净现值（所得税前）（$i_c=$ ％）

项目投资财务净现值（所得税后）（$i_c=$ ％）

项目投资回收期（年）（所得税前）

项目投资回收期（年）（所得税后）

注：(1)本表适用于新设法人项目与既有法人项目的增量和"有项目"的现金流量分析。

(2)调整所得税为以息税前利润为基数计算的所得税，区别于"利润与利润分配表"、"项目资本金现金流量表"和"财务计划现金流量表"中的所得税。

(2)项目资本金现金流量表见表6-4所列。项目资本金现金流量表用于计算项目资本金财务内部收益率。

表6-4 项目资本金现金流量表

序号	项目	合计	计算期					
			1	2	3	4	……	n
1	现金流入							
1.1	营业收入							
1.2	补贴收入							
1.3	回收固定资产余值							

（续表）

序号	项目	合计	计算期					
			1	2	3	4	……	n
1.4	回收流动资金							
2	现金流出							
2.1	项目资本金							
2.2	借款本金偿还							
2.3	借款利息支付							
2.4	经营成本							
2.5	营业税金及附加							
2.6	所得税							
2.7	维持运营投资							
3	净现金流量(1－2)							

计算指标：

资本金财务内部收益率(%)

注：(1)项目资本金包括用于建设投资、建设期利息和流动资金的资金。

(2)对外商投资项目，现金流出中应增加职工奖励及福利基金科目。

(3)本表适用于新设法人项目与既有法人项目"有项目"的现金流量分析。

（3）投资各方现金流量表见表 6-5 所列。投资各方现金流量表用于计算投资各方内部收益率。

表 6-5　投资各方现金流量表

序号	项目	合计	计算期					
			1	2	3	4	……	n
1	现金流入							
1.1	实分利润							
1.2	资产处置收益分配							
1.3	租赁费收入							
1.4	技术转让或使用收入							
1.5	其他现金流入							
2	现金流出							
2.1	实缴资本							
2.2	租赁资产支出							
2.3	其他现金流出							
3	净现金流量(1－2)							

计算指标：

投资各方财务内部收益率(%)

注：(1)本表可按不同投资方分别编制。

（2）投资各方现金流量表既适用于内资企业，也适用于外商投资企业；既适用于合资企业，也适用于合作企业。

（3）投资各方现金流量表中现金流入是指出资方因该项目的实施将实际获得的各种收入；现金流出是指出资方因该项目的实施将实际投入的各种支出。表中科目应根据项目具体情况调整。

① 实分利润是指投资者由项目获取的利润。

② 资产处置收益分配是指对方有明确的合营期限或合资期限的项目，在期满时对资产余值按股比或约定比例的分配。

③ 租赁费收入是指出资方将自己的资产租赁给项目使用所获得的收入，此时应将资产价值作为现金流出，列为租赁资产支出科目。

④ 技术转让或使用收入是指出资方将专科或专有技术转让或允许该项目使用所获得的收入。

2．利润与利润分配表

利润与利润分配表见表 6-6 所列。利润与利润分配表用于反映项目计算期内各年的营业收入、总成本费用、利润总额等情况及所得税后利润的分配情况，用于计算总投资收益率、项目资本金净利润等指标。

表 6-6　利润与利润分配表

序号	项目	合计	计算期					
			1	2	3	4	……	n
1	营业收入							
2	营业税金及附加							
3	总成本费用							
4	补贴收入							
5	利润总额（1－2－3＋4）							
6	弥补以前年度亏损							
7	应纳税所得数（5－6）							
8	所得税							
9	净利润（5－8）							
10	期初未分配利润							
11	可供分配的利润（9＋10）							
12	提取法定值余公积金							
13	可供投资者分配的利润（11－12）							
14	应付优先股股利							
15	提取任意盈余公积金							
16	应付普通股股利（13－14－15）							
17	各投资方利润分配：							
	其中：××方							
	××方							
18	未分配利润（13－14－15－17）							

（续表）

序号	项目	合计	计算期					
			1	2	3	4	……	n
19	息税前利润（利润总额＋利息支出）							
20	息税折旧摊销前利润（息税前利润＋折旧＋摊销）							

注：(1)对于外商出资项目由第 11 项减去储备基金、职工奖励与福利基金和企业发展基金后,得出可供投资者分配的利润。

(2)第 14～16 项根据企业性质和具体情况选择填列。

(3)法定盈余公积金按净利润计提。

3. 财务计划现金流量表

财务计划现金流量表见表 6-7 所列。财务计划现金流量表用于反映项目计算期各年的投资、融资及经营活动的现金流入和流出,用于计算累计盈余资金,分析项目的财务生存能力。

表 6-7　财务计划现金流量表

序号	项目	合计	计算期					
			1	2	3	4	……	n
1	经营活动净现金流量(1.1－1.2)							
1.1	现金流入							
1.1.1	营业收入							
1.1.2	增值税销项税额							
1.1.3	补贴收入							
1.1.4	其他流入							
1.2	现金流出							
1.2.1	经营成本							
1.2.2	增值税进项税款							
1.2.3	营业税金及附加							
1.2.4	增值税							
1.2.5	所得税							
1.2.6	其他流出							
2	投资活动净现金流量(2.1－2.2)							
2.1	现金流入							
2.2	现金流出							

（续表）

序号	项目	合计	计算期					
			1	2	3	4	……	n
2.2.1	建设投资							
2.2.2	维持运营投资							
2.2.3	流动资金							
2.2.4	其他流出							
3	筹资活动净现金流量（3.1－3.2）							
3.1	现金流入							
3.1.1	项目资本金投入							
3.1.2	建设投资借款							
3.1.3	流动资金借款							
3.1.4	债券							
3.1.5	短期借款							
3.1.6	其他流入							
3.2	现金流出							
3.2.1	各种利息支出							
3.2.2	偿还债务本金							
3.2.3	应付利润（股利分配）							
3.2.4	其他流出							
4	净现金流量（1＋2＋3）							
5	累计盈余资金							

注：(1)对于新设法人项目，本表投资活动的现金流入为零。

(2)对于既有法人项目，可适当增加科目。

(3)必要时，现金流出中可增加应付优先股股利科目。

(4)对外商投资项目，应将职工奖励与福利基金作为经营活动现金流出。

4．资产负债表

资产负债表见表 6-8 所列。资产负债表用于综合反映项目计算期内各年年末资产、负债和所有者权益的增减变化及对应关系，计算资产负债率。

表 6-8　资产负债表

序号	项目	合计	计算期					
			1	2	3	4	……	n
1	资产							
1.1	流动资产总额							

（续表）

序号	项目	合计	计算期					
			1	2	3	4	……	n
1.1.1	货币资金							
1.1.2	应收账款							
1.1.3	预付账款							
1.1.4	存货							
1.1.5	其他							
1.2	在建工程							
1.3	固定资产净值							
1.4	无形及其他资产净值							
2	负债及所有者权益(2.4＋2.5)							
2.1	流动负债总额							
2.1.1	短期借款							
2.1.2	应付账款							
2.1.3	预收账款							
2.1.4	其他							
2.2	建设投资借款							
2.3	流动资金借款							
2.4	负债小计(2.1＋2.2＋2.3)							
2.5	所有者权益							
2.5.1	资本金							
2.5.2	资本公积							
2.5.3	累计盈余公积金							
2.5.4	累计未分配利润							

计算指标：
资产负债率(%)

注：(1)对外商投资项目,第 2.5.3 项改为累计储备金基金和企业发展基金。

(2)对既有法人项目,一般只针对法人编制,可按需要增加科目,此时表中资本金是指企业全部实收资本,包括原有和新增的实收资本。必要时,也可针对"有项目"范围编制。此时表中资本金仅指"有项目"范围的对应数值。

(3)货币资金包括现金和累计盈余资金。

5. 借款还本付息计划表

供款还本付息计划表见表 6-9 所列。借款还本付息计划表反应项目计算期内各年借款本金偿还和利息支付情况,用于计算偿债备付率和利息备付率指标。

表 6-9　借款还本付息计划表

序号	项目	合计	计算期					
			1	2	3	4	……	n
1	借款 1							
1.1	期初借款余额							
1.2	当期还本付息							
	其中:还本							
	付息							
1.3	期末借款余额							
2	借款 2							
2.1	期初借款余额							
2.2	当期还本付息							
	其中:还本							
	付息							
2.3	期末借款余额							
3	债券							
3.1	期初债务余额							
3.2	当期还本付息							
	其中:还本							
	付息							
3.3	期末债务余额							
4	借款和债券合计							
4.1	期初余额							
4.2	当期还本付息							
	其中:还本							
	付息							
4.3	期末余额							

计算指标:

利息备付率(%)

偿债备付率(%)

注:(1)本表直接适用于新设法人项目,如有多种借款或债券,必要时应分别列出。

(2)对于既有法人项目,在按有项目范围进行计算时,可根据需要增加项目范围内原有借款的还本付息计算;在计算企业层次的还本付息时,可根据需要增加项目范围外借款的还本付息计算;当简化直接进行项目层次、新增借款还本付息计算时,可直接按新增数据进行计算。

(3)本表可另加流动资金借款的还本付息计算。

6.3　工程项目收益估算

6.3.1　财务效益与费用的概述

财务效益与费用是财务分析的重要基础,其估算的准确性与可靠程度直接影响财务分析结论,应引起高度重视。

1. 财务效益与费用的识别

(1)财务效益与费用识别的原则。财务效益与费用总体上与会计准则及税收制度相适应。由于财务效益与费用的识别和估算是对未来情况的预测,因此经济评价中允许做有别于财会制度的处理,但要求在总体上与会计准则及税收制度相适应。

(2)财务效益与费用识别应遵守"有无对比"原则。"有项目"是指实施项目后的将来状况,"无项目"是指不实施项目时的将来状况。在识别项目的效益与费用时,需注意只有"有无对比"的差额部分才是项目建设增加的效益与费用。采用有无对比法是为了识别增量效益,排除那些由其他原因产生的效益,同时找出与增量效益相对应的增量费用,只有这样才能真正体现项目投资的净效益。

(3)财务效益与费用估算范围应体现效益和费用对应一致的原则。在合理确定的项目范围内,对等地估算财务主体的直接效益及相应的直接费用,避免高估或低估项目的净收益。

(4)财务效益与费用估算应依据明确、价格合理、方法适宜、表述清晰。估算应根据项目性质、类别和行业特点,明确相关政策和其他依据,选取适宜的方法,编制相关表格,辅以必要的文字说明。

2. 财务效益

财务效益是指项目投产后,由销售产品或提供劳务等获得的营业收入。市场化运作的经营性项目目标是通过销售产品或提供服务实现盈利。经营性项目的财务效益主要指所获得的营业收入。如果是国家鼓励发展的经营性项目,可以获得增值税的优惠,按照会计准则及税收制度,先征后返的增值税应记作补贴收入,作为财务效益核算,不考虑"征"和"返"的时间差。对于提供公共产品或以保护环境等为目标的非经营性项目,需要政府提供补贴才能维持正常运转,应将补贴列入项目财务收益。对于为社会提供准公共产品或服务、运营维护采用经营方式的项目(如市政公用、交通、电力项目等),其产出价格往往受到政府管制,营业收入不能满足成本补偿要求,需要政府提供补贴才具有财务生存能力。因此,这类项目财务效益应包括营业收入和补贴收入。

3. 财务费用

财务费用是指项目建设中及投产后,为生产、销售产品或提供劳务等支付的费用。财务费用主要包括投资、成本费用和税金。估算财务费用应与财务分析的步骤相协调。融资前分析时,应先估算建设投资,再估算流动资金和经营成本;融资后分析时,应先确定初步融资方案,根据债务资金计划估算建设期利息,确定总投资,进而完成固定资产原值的估算;最后通过借款还本付息计算求取项目经营期各年利息支出,估算项目总成本费用。

6.3.2　财务效益与费用的估算

1. 项目计算期的分析确定

评价用的建设期是指从项目资金正式投入开始到项目建成投产为止所需要的时间。根据项目的实际情况,评价用建设期可能大于或等于项目实施进度中的建设工期。

评价用的运营期应根据多种因素综合确定。对于中外合资项目,要考虑合资双方商定的合资生产年限。当估定评价用运营期后,还要与该合资生产年限相比较,再按两者熟长孰短的原则确定。

2. 营业收入估算的具体要求

(1)合理确定运营负荷;(2)合理确定产品或服务的价格;(3)多种产品分别估算或合理折算;(4)编制营业收入估算表。

3. 补贴收入

项目运营期内得到的各种财政性补贴可作为财务效益核算,记作补贴收入,包括按销量或工作量等,依据国家规定的补助定额计算补贴收入。

4. 成本与费用

在项目评价中,将管理费用、财务费用和营业费用与生产成本合并为总成本费用。这是财务分析相对会计规定所做的不同处理,但并不会影响利润的计算。

项目决策分析与评价中,成本与费用按计算范围可分为单位产品成本和总成本费用;按成本与产量的关系可分为固定成本和可变成本;按会计核算的要求有生产成本或称制造成本;按财务分析的特定要求有经营成本。

成本与费用估算的要求包括如下几个方面。(1)成本与费用估算,原则上应遵循国家现行《企业会计准则》和《企业会计制度》规定的成本和费用核算方法,同时应遵循有关税法中准予在所得税前列支科目的规定。当两者有矛盾时,一般应按从税的原则处理。(2)结合运营负荷,分年确定各种投入的数量,注意成本费用与收入的计算口径对应一致。(3)合理确定各项投入的价格,并注意与产出价格体系的一致性。(4)各项费用划分清楚,防止重复计算或低估漏算。(5)成本费用估算的行业性很强,应注意根据项目具体情况增减构成科目或改变名称,反映行业特点。

总成本费用是指在一定时期(项目评价中一般指一年)为生产和销售产品或提供服务而发生的全部费用。财务分析中总成本费用的构成和计算方法有生产成本加期间费用估算法和生产要素估算法。应掌握总成本费用各分项的估算要点。

固定资产的折旧方法一般采用直线法,包括年限平均法(原称平均年限法)和工作量法。税法也允许对某些机器设备采用快速折旧法,即双倍余额递减法和年数总和法。

按年限平均法计算的各年折旧率和年折旧额都相同;按双倍余额递减法计算的各年折旧率虽相同,但年折旧额因按固定资产净值计算,故逐年变小;按年数总和法进行计算时,虽按原值进行计算,但因为各年折旧率逐渐变小,所以年折旧额也逐年变小。但无论按哪种方法计算,只要折旧年限相同,所取净残值率也相同,在设定的折旧年限内,总折旧额是相同的。只是按后两种方法,在折旧年限前期折旧额大,以后逐年变小,故称这种方法为快速折旧法或加速折旧法。

无形资产是指企业拥有或者控制的没有实物形态的可辨认非货币性资产。无形资产包括专利权、非专利技术、商标权、著作权、土地使用权和外购商誉等。项目决策分析与评价中可以将项目投资中包括的技术转让或技术使用费（包括专利权、非专利技术、商标权、外购商誉等费用）直接转入无形资产原值。

按照有关规定，无形资产从开始使用之日起，在有效使用期限内平均摊入成本。法律和合同规定了法定有效期限或者受益年限的，摊销年限从其规定，否则摊销年限应注意符合税法的要求。无形资产的摊销一般采用年限平均法，不计残值。

按照现行财税规定，可以列支于总成本费用的是财务费用，它包括利息支出（减利息收入）、汇兑损失（减汇兑收益）及相关的手续费等。在项目决策分析与评价中，一般只考虑利息支出。利息支出的估算包括长期借款利息（建设投资借款利息）、用于流动资金的借款利息和短期借款利息三部分。

建设投资借款利息是指建设期间借款余额（含未支付的建设期利息）应在运营期支付的利息。国际上通行的主要有等额还本付息和等额还本、利息照付两种计算利息的方法，有时也可采取其他方法。

5. 财务分析涉及的税金

财务分析涉及的税金主要包括关税、增值税、营业税、资源税、消费税、所得税、城市维护建设税和教育费附加等。有些行业还涉及土地增值税。财务分析时应说明税种、征税方式、计税依据、税率等，如有减免税优惠，应说明依据及减免方式。在会计处理上，营业税、资源税、消费税、土地增值税、城市维护建设税和教育费附加包含在"营业税金及附加"中。

6. 改扩建项目效益和费用估算应注意的问题

1）项目的分类

投资项目可以从不同角度进行分类，按照项目建设的性质以及项目与企业原有资产的关系，可分为新建项目和改扩建项目；按照项目的融资主体，可分为新设法人项目和既有法人项目。

2）项目的层次

改扩建项目的财务分析涉及项目和企业两个层次，"有项目"和"无项目"两个方面。其特点归纳为如下几项。

（1）在不同程度上利用了原有资产和资源，以增量调动存量，以较小的新增投入取得较大的效益。

（2）原来已在生产，若不改扩建，原有状况也会发生变化。因此，项目效益与费用的识别和计算较新建项目复杂。

（3）建设期内建设与生产可能同步进行。

（4）项目与企业既有联系，又有区别。既要考察项目给企业带来的效益，又要考察企业整体财务状况。

（5）项目的效益和费用可随项目的目标不同而有很大差别，改扩建项目的目标各异，或是依托老厂新增生产线或车间，生产新品种；或是在老装置上进行技术改造，降耗、节能、提高产品质量；或是扩大老品种的生产能力，提高产量；或是达到环境保护要求；或是上述两项以上兼而有之，因此其效益可能表现在不同方面。

（6）改扩建项目的费用多样，不仅包括新增投资、新增成本费用，还可能包括因改造引起的停产损失和部分原有资产的拆除、迁移费用等。

3）项目范围的界定

对于项目建成后由新设法人承债的项目，一般是平地而起的新建项目，项目范围比较明确，就是项目本身涉及的范围。对于原法人发起的，项目建成后仍由原法人承债的既有法人项目，应认真研究项目与原有企业的关系，合理界定项目范围。项目范围的界定宜采取最小化原则。项目范围界定方法如下。（1）企业总体改造或虽局部改造但项目的效益和费用与企业的效益和费用难以分开的，应将项目范围界定为企业整体。（2）企业局部改造且项目范围可以明确为企业的一个组成部分，可将项目直接有关的部分界定为"项目范围内"，企业的其余部分作为"项目范围外"。"项目范围内"的数据需详细了解和分项估算，用于估算项目给企业带来的增量效益和费用；"项目范围外"的数据可归集在一起，必要时，用于估算有项目后企业整体效益和费用。

4）项目的盈利能力分析

对既有法人项目的盈利能力分析要强调"有无对比"，进行增量分析，即通过对"有项目"和"无项目"两种情况效益和费用的比较，求得增量的效益和费用数据，计算效益指标，并以此作为投资决策的依据。其可能涉及以下 5 套数据：现状数据、"无项目"数据、"有项目"数据、新增数据和增量数据。应掌握 5 套数据之间的关系。在这 5 套数据中"无项目"数据的预测是一个难点，也是增量分析的关键所在。现状数据是指项目实施起点时的数据，是预测无项目数据的基点数据。"无项目"数据是很可能发生变化的，若不区分项目的具体情况，一律简单地用现状数据代替"无项目"数据，则可能会影响增量数据的可靠性，进而影响盈利能力分析结果的准确性。

5）"有项目"与"无项目"效益和费用的计算范围和计算期应保持一致

为使计算期保持一致，应以"有项目"（意指新增资产部分）的计算期为基础，对"无项目"的计算期进行调整。若"有项目"时也利用了原有资产，则应对其可利用的期限进行调整。

6）沉没成本

沉没成本也称为沉没费用，是指过去已经发生的、在当前决策中可不予考虑的费用。当前项目利用企业原有设施潜存能力的，不论其潜力有多大，已投资的费用都作为沉没费用。

7）机会成本

企业资产一旦用于某项目，就同时丧失用于其他机会可能带来的潜在收入。这些丧失的收入就是该资产被用于该项目的机会成本。必要时，财务分析中应考虑机会成本。考虑的方式往往是把该机会成本作为无项目时的效益计算。

6.4　融资分析

工程项目融资方案的决策是至关重要的，它直接关系到项目的生存与财务的可持续发展。融资分析是指在全部投资营利性分析的基础上，设定初步融资方案，通过对初步融资方案的资金结构、融资成本和融资风险的分析，结合盈利性分析和清偿能力分析，比较和确定融资方案。选择确定项目融资方案的基本要求是寻找一个融资成本较低、投资资金利用率高并承担风险较低的方案，其目的是在融资风险可接受的前提下，选择合理融资结构，以降低融资成本、获取最有利的债务杠杆作用。

6.4.1　融资主体和资金筹措

1. 既有法人融资项目和新设法人融资项目

项目的融资是指进行融资活动并承担融资责任和风险的项目法人单位。按照融资主体不同,项目分为既有法人融资项目和新设法人融资项目。

1)既有法人融资项目

既有法人融资项目的特点:项目由现有企业单独发起,不再组建新的企业法人,现有企业组织融资活动并承担融资责任和风险投资。既有法人融资项目属于企业整体的一部分,投资项目的资金来源于现有企业的内部自有资金、新增资本金和新增债务资金。由项目产生的新增债务资金偿还依赖于投资项目的企业整体盈利能力,并以既有法人整体的资产和信用承担债务担保。项目融资决策的偿债能力分析应从企业整体上考察。既有法人融资项目既可以是在既有基础上进行的,以增量资产带动存量资产,如技术改造项目、改建、扩建项目,也可以是非独立法人的新建项目。

2)新设法人融资项目

新设法人融资项目的特点:由项目发起人发起组建新的具有独立法人资格的项目公司,按《公司法》履行法律程序,新组建的项目公司承担融资责任和风险。新设法人项目所需资金来源于股东投入的资金和项目公司筹措的债务资金。项目债务资金的偿还依赖于项目本身的盈利能力,并以项目投资形式的资产、未来收益或权益作为融资担保的基础。项目融资决策的偿债能力分析应从项目范围内考察。新设法人融资项目一般是新建项目,但也有剥离现有企业的部分资产组建新的独立法人的改扩建项目。

2. 权益资金和债务资金的筹措

权益资金的来源渠道和筹措方式,应根据融资主体的特点选择。若采用新设法人融资方式,则权益资金可通过股东直接投资、发行股票、政府财政性资金等渠道和方式筹措。既有法人融资除通过上述渠道和方式筹措外还有既有法人的内部自有资金(企业经营产生的现金、企业资产变现等)。债务资金可通过商业银行贷款、政策性银行贷款、外国政府贷款、国际金融机构贷款、出口信贷、企业债券、国际债券、融资租赁等渠道和方式筹措。工程经济分析中,优先股股票应视为权益资金;可转换债券,在未兑换为股票前应视为债务资金;公司的股东对公司提供的贷款(股东贷款),应视为债务资金。

3. 对项目经济分析中当前用法不一的几个名称的说明

1)注册资金

注册资金是公司登记机关依法登记的全体股东或者发起人实缴或者认缴的出资额。注册资金是企业实有资产的总和,反映投资人对公司出资金额的责任限度,反映的是企业经营管理权。注册资金随实有资金的增减而增减,即当企业实有资金比注册资金增加或减少20%以上时,要进行变更登记。

根据《中华人民共和国公司法》有关规定,注册公司最低注册资本为有限责任公司注册资本的最低限额,即 3 万元;一人有限责任公司注册资本的最低限额为 10 万元,且股东应当一次缴足出资;股份有限公司注册资本的最低限额为 500 万元。

外商投资企业的注册资金要求与生产经营规模相适应,我国相关法规明确规定了注册资金占投资总额的最低比例。投资总额为 300 万美元以下的,注册资金占总投资的比例不低于 70%;投资总额 300 万～1 000 万美元的,注册资金占比不低于 50%,其中投资总额为 400 万美元以下的,注册资金不低于 210 万美元;投资总额为 1 000 万～3 000 万美元的,注 册资金占比不低于 40%,其中投资总额为 1 250 万美元以下的,注册资金不低于 500 万美 元;投资总额为 3 000 万美元以上的,注册资金占比不低于 1/3,其中投资总额为 3 600 万美 元以下的,注册资金不低于 1 200 万美元。

2)权益资金

权益资金是全体股东认缴的出资额。股东通过投入权益资金,取得对企业的所有权、控 制权、收益权。股东投入的权益资金形成了公司注册资本和资本公积金,股东一般按照所投 入的注册资本比例分享投资收益。

为了建立投资风险约束机制,有效地控制投资规模、提高投资效益,国家对固定资产投 资项目实行资本金制度。根据国务院发布的规定,从 1996 年开始,国有单位和集体投资项 目必须首先落实资本金才能进行建设,个体和私营企业的经营性投资项目参照执行,公益性 投资项目不实行资本金制度。

资本金比例的计算基数是项目的建设投资与铺底流动资金之和。铺底流动资金按照全 部流动资金的 30%计算。国家规定,交通运输、煤炭项目的资本金比例为 35%及以上,钢 铁、邮电、化肥项目的资本金比例为 25%及以上,电力、机电、建材、化工、石油加工、有色、轻 工、纺织、商贸及其他行业项目的资本金比例为 20%及以上。根据国民经济的实际发展情 况,政府有关部门可能调整建设项目的资本金比例要求。2004 年 4 月,国务院决定,钢铁项 目资本金比例由 25%及以上提高到 40%及以上,房地产开发项目(不包括保障性住房项目) 资本金比例由 20%及以上提高到 35%及以上。2009 年 5 月,又决定保障性住房和普通商品 住房项目的最低资本金比例为 20%,其他房地产开发项目的最低资本金比例为 30%。

3)自有资金

自有资金有两种含义:一是指企业自己拥有的权益资金;二是指投资者自筹的资金。

4)资本公积金

资本公积金包括资本溢价和其他资本公积。在建设项目资金中,权益投资者出资超出 注册资本或股本的部分,作为资本公积金。

根据以上定义可以看出,对于新设法人融资项目,遵从国家项目资本金制度,投资项目 的权益资金、注册资金、自有资金一般是等同的。对于既有法人融资项目,投资项目的上述 概念就不相同了:注册资金是企业法人的而不是项目的;自有资金是既有法人的内部融资; 项目初始投资中由投资者认缴的出资额即权益资金,包括资本金和资本公积金。对于外商 投资项目,注册资金与权益资金是等同的,且注册资金一般用于涉及法律责任的场合。因 此,如果不分项目形式,投资中除债务资金投资外,一般统称为权益资金投资。但考虑到我 国目前投资体制,在初始投资阶段,为控制投资规模而称为资本金投资。在一般情况下可统 称为权益资金投资。

6.4.2 资金成本的概念及计算

1. 资金成本的一般含义

在工程项目投资决策中正确确定资金成本是一项非常重要的工作。因为资金成本就是 评价投资方案所用的贴现率,而且资金成本是选择资金来源的依据。投资项目合适的资金结构应是在融资风险可接受的前提下，使企业的资金成本最低。资金成本就是筹集资金和使用资金的代价。这一代价由资金筹集成本和资金使用成本两部分组成，也可说，由筹资费（F）和资金占用费（D）两部分组成。企业必须给投资者投资报酬，必须给债权人利息。

资金成本可用绝对数表示，也可用相对数表示。为便于分析比较，资金成本一般用相对数表示，即资金成本率。其理论计算公式为

$$i_c = \frac{D}{P - F} \tag{6-1}$$

或

$$i_c = \frac{D}{P(1 - \rho)} \tag{6-2}$$

式中，i_c—— 资金成本率（一般通称为资金成本）；

　　　P—— 筹集资金总额；

　　　D—— 资金占用费；

　　　F—— 筹资费；

　　　ρ—— 筹资费率（筹资费占筹集资金总额的比率）。

资金成本是选择资金来源、拟定筹资方案的主要依据，也是评价工程项目可行性的主要经济标准。一般而言，投资项目只有在内部收益率高于资金成本时才是有利可图的。在项目经济分析时，人们通常将加权平均资金成本作为基准贴现率，计算各投资方案净现值，比较和选择方案。

2. 各种资金来源的资金成本

1）债务资金成本

债务资金成本的计算结果因利率水平、利率计算方式（固定利率或浮动利率）、计息方式（单利或复利）、还本和付息方式、宽限期和偿还期等的不同而有所不同。由于债务利息计入税前成本费用，可以起到抵税的作用，因此含筹资费用的税后债务资金成本是使下式成立的 i_d。

$$P_0(1 - \rho_d) = \sum_{t=1}^{n} \frac{F_t + I_t(1 - \tau)}{(1 + i_d)^t} \tag{6-3}$$

式中，i_d—— 债务资金成本；

　　　P_0—— 债券发行价格或借款额，即债务当前的市值；

　　　F_t—— 本金偿还额；

　　　I_t—— 债务年利息，债券年利息 ＝ 面值 × 票面利率；

　　　ρ_d—— 债务筹资费率；

　　　n—— 债务期限，通常以年表示；

　　　τ—— 所得税税率。

【例6-1】　某公司发行面值为 500 万元的 10 年期长期债券，票面利率为 12％，每年支付一次利息，发行费用占发行价格的 5％。若公司所得税税率为 25％，试计算该债券的资金成本。

解：根据式（6-3），有

$$500(1-5\%) = \sum_{t=1}^{10} \frac{500 \times 12\% \times (1-25\%)}{(1+i_{\mathrm{d}})^t} + \frac{500}{(1+i_{\mathrm{d}})^{10}}$$

应用 Excel 计算内部收益率的公式,得

$$i_{\mathrm{d}} = 9.81\%$$

在不考虑债务筹资费用的情况下,每期支付利息,最后一期还本的债务资金成本为

$$i_{\mathrm{d}} = (1-\tau) \cdot r_{\mathrm{d}} \tag{6-4}$$

式中,r_{d}—— 债务利率;

　　τ—— 所得税税率。

在考虑筹资费用的情况下,每期支付利息,最后一期还本的债务资金成本可按照下式大致计算:

$$i_{\mathrm{d}} = \frac{(1-\tau) \cdot r_{\mathrm{d}}}{1-\rho_{\mathrm{d}}} \tag{6-5}$$

2)权益资金成本

权益资金成本是对股东而言的最低吸引力收益率(Minimum Attractive Rate of Return,MARR)。由于很难对项目未来的收益和风险做出准确的测定,因此权益资金成本相对于债务资金成本而言,比较难估算。一般估算权益资金成本的方法有内部收益率法和资本资产定价模型法。

(1)内部收益率法。最低吸引力收益率根据权益资金等于项目所能带来的最低要求收益的现值来计算。其计算公式为

$$V_0(1-\rho_{\mathrm{e}}) = \sum_{t=1}^{n} \frac{D_t}{(1+i_{\mathrm{e}})^t} + \frac{V_n}{(1+i_{\mathrm{e}})^n} \tag{6-6}$$

式中,i_{e}—— 权益资金成本,

　　V_0—— 权益资金;

　　V_n—— 第 n 年末项目价值;

　　D_t—— 第 t 年要求股利;

　　ρ_{e}—— 权益资金筹资费用率。

若每年要求股利不变,且项目永续进行,则权益资金成本为

$$i_{\mathrm{e}} = \frac{D}{V_0(1-\rho_{\mathrm{e}})} \tag{6-7}$$

若股利第一年为 D_1,以后股利每年增长 g,则权益资金成本为

$$i_{\mathrm{e}} = \frac{D_1}{V_0(1-\rho_{\mathrm{e}})} + g \tag{6-8}$$

【例 6-2】　某上市公司拟上一项目,准备筹资 1 000 万元,有两种选择:

(1) 增发 1 000 万普通股,发行费率为 5%;

(2) 1 000 万从企业内部筹资,来源于公司未分配利润和盈余公积金。

预计当年股利率为 10%,同时估计未来股利每年递增 4%,计算权益资金成本。

解:(1) 发行普通股成本为

$$i_e = \frac{D_1}{V_0(1-\rho_e)} + g = \frac{1\,000 \times 10\% \times (1+4\%)}{1\,000(1-5\%)} + 4\% = 14.94\%$$

(2) 内部筹资成本为

$$i_e = \frac{D_1}{V_0} + g = \frac{1\,000 \times 10\% \times (1+4\%)}{1\,000} + 4\% = 14.4\%$$

(2) 资本资产定价模型法。在有效的资本市场条件下,可以参照项目所属行业的资本市场的股票平均收益率。所谓资本资产定价模型(Capital Assets Pricing Model,CAPM),就是一种常用的估计权益融资成本的办法,即

$$i_e = r_0 + \beta(r_m - r_0) \tag{6-9}$$

式中,r_0—— 无风险投资收益率;

r_m—— 股票市场的平均收益率;

β—— 该行业股票投资收益率相对于整个市场收益率的偏离系数。

事实上,等式右边第二项可以看作股权投资的风险溢价。

【例 6-3】　社会无风险投资收益为 3%,社会平均收益率为 12%,公司投资风险系数为 1.2,计算权益资金成本。

解:权益资金成本为

$$i_e = 3\% + 1.2 \times (12\% - 3\%) = 13.8\%$$

3. 加权平均资金成本

项目的资金筹措一般采用多种融资方式。从不同来源取得的资金,其成本各不相同。受条件制约,项目不可能只从某种低成本的来源筹集资金,而是各种筹贷方案的有机组合。为了对整个项目的融资方案进行筹资决策,在计算各种融资方式个别资金成本的基础上,还要计算整个融资方案的综合资金成本,以反映建设项目的整个融资方案的融资成本状况。综合资金成本一般是以各种资金占全部资金的比重为权数,对个别资金成本进行加权平均确定的,故而又称为加权平均资金成本(Weighted Average Cost of Capital,WACC)。其计算公式为

$$WACC = \sum_{j=1}^{n} i_{cj} W_j \tag{6-10}$$

式中,$WACC$—— 加权平均资金成本;

i_{cj}—— 第 j 种个别资金成本;

W_j——第 j 种个别资金占全部资金的比重(权数)。

在实际计算加权平均资金成本时,可分为三个步骤进行:第一步,先计算个别资金成本;第二步,计算各资金来源占全部资产的比重;第三步,利用上述公式计算出加权平均资金成本。

> **【例6-4】** 某公司上一新项目,企业拟从内部筹资600万元,成本为14%,另向银行借款筹资400万元,成本为6%。试计算项目筹资的加权平均资金成本。
>
> **解:**加权平均资金成本为
> $$WACC = 14\% \times 0.6 + 6\% \times 0.4 = 10.8\%$$

6.5　盈利能力分析

6.5.1　项目盈利能力分析概述

根据项目财务分析的内容,项目盈利能力分析分为融资前盈利能力分析和融资后盈利能力分析两种。

1. 融资前盈利能力分析

融资前盈利能力分析是在不考虑债务融资条件下,从项目投资总获利能力角度,考察项目方案设计的合理性。融资前盈利能力分析计算的相关指标,应作为初步投资决策与融资方案研究的依据和基础。在项目建议书阶段,可只进行融资前盈利能力分析。

融资前盈利能力分析应以动态盈利能力分析为主、静态盈利能力分析为辅。动态盈利能力分析是以营业收入、建设投资、经营成本和流动资金的估算为基础,考察整个计算期内现金流入和现金流出,编制项目投资现金流量表,计算项目投资财务内部收益率和财务净现值,以及动态投资回收期。静态盈利能力分析是指计算静态投资回收期(P_t)指标,用以反映收回项目投资所需要的时间。根据分析角度的不同,融资前盈利能力分析可选择计算所得税前指标和(或)所得税后指标。所得税前指标是投资盈利能力的完整体现,用以考察由项目方案设计本身所决定的财务盈利能力。它不受融资方案和所得税政策变化的影响,仅仅体现项目方案本身的合理性。其可以作为初步投资决策的主要指标,用于考察项目是否基本可行,并值得去为之融资。这里的"初步"是相对而言的,意指根据该指标投资者可以做出项目实施后能实现投资目标的判断。此后再经过融资方案的比选分析,有了较为满意的融资方案后,投资者才能决定最终出资。所得税前指标还特别适用于建设方案设计中的方案比选。因此,所得税前指标受到项目有关各方(项目发起人、项目业主、项目投资人、银行和政府管理部门)的广泛关注。所得税后分析是所得税前分析的延伸。所得税作为现金流出,可用于判断项目投资对企业价值的贡献,是企业投资决策依据的主要指标。

2. 融资后盈利能力分析

融资后盈利能力分析是指以设定的融资方案为基础,考察项目在具体融资条件下,本金和投资各方的盈利能力。盈利能力分析宜先进行融资前分析,在融资前分析结论满足要求的情况下,初步设定融资方案,再进行融资后分析。融资后分析用于比选融资方案,帮助投资者做出融资决策。融资后盈利能力分析包括动态盈利能力分析和静态盈利能力分析两种。

动态盈利能力分析包括下列两个层次。(1)项目资本金现金流量分析。应在拟定的融资方案下,从项目资本金出资者整体的角度,确定其现金流入和现金流出,编制项目资本金现金流量表,计算项目资本金财务内部收益率指标,考察项目资本金可获得的收益水平。(2)投资各方现金流量分析。应从投资各方实际收入和支出的角度,确定其现金流入和现金流出,分别编制投资各方现金流量表,计算投资各方的财务内部收益率指标,考察投资各方可能获得的收益水平。当投资各方不按股本比例进行分配或有其他不对等的收益时,可选择进行投资各方现金流量分析。

静态盈利能力分析是指不采取折现方式处理数据,依据利润与利润分配表计算项目资本金净利润率(ROE)和总投资收益率(ROI)指标。静态盈利能力分析可根据项目的具体情况选做。

6.5.2　盈利能力分析主要指标

1. 投资收益率

1)概念

投资收益率(R)是衡量技术方案获利水平的评价指标。它是技术方案建成投产达到设计生产能力后一个正常生产年份的年净收益额与技术方案投资的比率。它表明技术方案在正常生产年份中单位投资每年所创造的年净收益额。对于生产期内各年的净收益额变化幅度较大的技术方案,投资收益率可按生产期年平均净收益额与技术方案投资的比率计算,其计算公式为

$$R = \frac{A}{I} \times 100\% \qquad (6-11)$$

式中,R——投资收益率;

　　　A——技术方案年净收益额或年平均净收益额;

　　　I——技术方案投资。

2)判别准则

将计算出的投资收益率(R)与所确定的基准投资收益率(R_c)进行比较,若 $R \geqslant R_c$,则技术方案可以考虑接受;若 $R < R_c$,则技术方案是不可行的。

3)应用式

根据分析的目的不同,投资收益率又具体分为总投资收益率(ROI)和资本金净润率(ROE)。

(1)总投资收益率(ROI)表示总投资的盈利水平,其计算公式为

$$ROI = \frac{EBIT}{TI} \times 100\% \qquad (6-12)$$

式中,EBIT——技术方案正常年份的年息税前利润或运营期内年平均息税前利润;

　　　TI——技术方案总投资(包括建设投资、建设期贷款利息和全部流动资金)。

公式中所需的财务数据,均可从相关的财务报表中获得。若总投资收益率高于同行业

的收益率参考值,则表明用总投资收益率表示的技术方案盈利能力满足要求。

(2) 资本金净利润率(ROE)表示技术方案资本金的盈利水平,其计算公式为

$$ROE = \frac{NP}{EC} \times 100\% \qquad (6-13)$$

式中,NP—— 技术方案正常年份的年净利润或运营期内年平均净利润,净利润 = 利润总
   额 — 所得税;

   EC—— 技术方案资本金。

公式中所需的财务数据,均可从相关的财务报表中获得。若技术方案资本金净利润率
高于同行业的净利润率参考值,则表明用资本金净利润率表示的技术方案盈利能力满足
要求。

【例6-5】 已知某技术方案拟投入资金和利润表见表6-10所列。计算该技术方
案的总投资收益率和资本金净利润率。

表 6-10　某技术方案拟投入资金和利润表　　　　（单位:万元）

序号	项目	年份						
		1	2	3	4	5	6	7～10
1	建设投资							
1.1	自有资金部分	1 200	340					
1.2	贷款本金		2 000					
1.3	贷款利息(年利率为6%,投产后前四年等本偿还,利息照付)		60	123.6	92.7	61.8		
2	流动资金							
2.1	自有资金部分			300				
2.2	贷款			100	400			
2.3	贷款利息(假定年利率为4%)			4	20	20	20	20
3	所得税前利润			－50	550	590	620	650
4	所得税后利润			－50	425	442.5	465	487.5

解:技术方案总投资为

$$TI = 建设投资 + 建设期贷款利息 + 全部流动资金$$

$$= 1\ 200 + 340 + 2\ 000 + 60 - 300 + 100 + 400$$

$$= 4\ 400(万元)$$

年平均息税前利润为

$$EBIT = [(123.6 + 92.7 + 61.8 + 30.9 + 4 + 20 \times 7)$$

$$+ (-50 + 550 + 590 + 620 + 650 \times 4)] \div 8$$

$$= (453 + 4\ 310) \div 8$$

$$= 595.4(万元)$$

根据式(6-13)可计算总投资收益率(ROI)为

$$ROI = \frac{EBIT}{TI} \times 100\% = \frac{595.4}{4\ 400} \times 100\% = 13.53\%$$

技术方案资本金为

$$EC = 1\ 200 + 340 + 300 = 1\ 840(万元)$$

年平均净利润为

$$NP = (-50 + 425 + 442.5 + 465 + 487.5 \times 4) \div 8$$

$$= 3\ 232.5 \div 8$$

$$= 404.06(万元)$$

根据式(6-18)可计算资本金净利润率(ROE)为

$$ROE = \frac{NP}{EC} \times 100\% = \frac{404.06}{1\ 840} \times 100\%$$

总投资收益率(ROI)用来衡量整个技术方案的获利能力。要求技术方案的总投资收益率(ROI)应大于行业的平均投资收益率;总投资收益率越高,从技术方案所获得的收益就越多。资本金净利润率(ROE)用来衡量技术方案资本金的获利能力。资本金净利润率(ROE)越高,资本金所取得的利润就越多,权益投资盈利水平也就越高;反之,则情况相反。对于技术方案而言,若总投资收益率或资本金净利润率高于同期银行利率,适度举债是有利的;反之,过高的负债比率将损害企业和投资者的利益。由此可以看出,总投资收益率或资本金净利润率指标不仅可以用来衡量技术方案的获利能力,还可以作为技术方案筹资决策参考的依据。

4) 优劣

总投资收益率(ROI)指标经济意义明确、直观,计算简便,在一定程度上反映了投资效果的优劣,可适用于各种投资规模。但不足的是,它没有考虑投资收益的时间因素,忽视了资金具有时间价值的重要性;指标的计算主观随意性太强,正常生产年份的选择比较困难,其确定带有一定的不确定性和人为因素。因此,以投资收益率指标作为主要的决策依据不太可靠,其主要用在技术方案制订的早期阶段或研究过程中,且计算期较短、不具备综合分析所需详细资料的技术方案,适用于工艺简单而生产情况变化不大的技术方案的选择和投资经济效果的评价。

2. 投资回收期

1）概念

投资回收期也称为返本期,是反映技术方案投资回收能力的重要指标。投资回收期可分为静态投资回收期和动态投资回收期,通常只进行技术方案的静态投资回收期计算分析。

技术方案的静态投资回收期是在不考虑资金时间价值的条件下,以技术方案的净收益回收其总投资(包括建设投资和流动资金)所需要的时间,一般以年为单位。静态投资回收期宜从技术方案建设开始年算起,若从技术方案投产开始年算起,应予以特别注明。从建设开始年算起,静态投资回收期(P_t)的计算公式为

$$\sum_{t=0}^{P_t} (CI - CO)_t = 0 \tag{6-14}$$

式中,P_t—— 技术方案静态投资回收期;

$\quad CI$—— 技术方案现金流入量;

$\quad CO$—— 技术方案现金流出量;

$\quad (CI - CO)_t$—— 技术方案第 t 年净现金流量。

2）应用式

静态投资回收期可借助技术方案投资现金流量表,其具体计算又分为以下两种情况。

（1）当技术方案实施后各年的净收益(净现金流量)均相同时,静态投资回收期的计算公式为

$$P_t = \frac{I}{A} \tag{6-15}$$

式中,I—— 技术方案总投资;

$\quad A$—— 技术方案每年的净收益,即 $A = (CI - CO)_t$。

【例 6-6】 某技术方案估计总投资 2 800 万元,技术方案实施后各年净收益为 320 万元,计算该技术方案的静态投资回收期。

解:该技术方案的静态投资回收期为

$$P_t = 2\ 800 \div 320 = 8.75(年)$$

在应用式（6-15）时应注意,因为技术方案的年净收益不等于年利润额,所以静态投资回收期不等于投资利润率的倒数。

（2）当技术方案实施后各年的净收益不相同时,静态投资回收期可根据累计净现金流量求得,也就是在技术方案投资现金流量表中累计净现金流量由负值变为零的时点。其计算公式为

$$P_t = T - 1 + \frac{\left| \sum_{t=0}^{T-1} (CI - CO)_t \right|}{(CI - CO)_T} \tag{6-16}$$

式中,T——技术方案各年累计净现金流量首次为正或零的年数;

$\left| \sum_{t=0}^{T-1}(CI-CO)_t \right|$——技术方案第 $(T-1)$ 年累计净现金流量的绝对值;

$(CI-CO)_T$——技术方案第 T 年的净现金流量。

【例6-7】　某技术方案投资现金流量见表6-10所列,计算该技术方案的静态投资回收期。

解:根据式(6-16),可得

$$P_t=(6-1)+\frac{|-200|}{500}=5.4\text{(年)}$$

表 6 - 11　现金流量表　　　　　　(单位:万元)

计算期	0	1	2	3	4	5	6	7	8
1. 现金流入	—	—	—	800	1 200	1 200	1 200	1 200	1 200
2. 现金流出	—	600	900	500	700	700	700	700	700
3. 净现金流量	—	−600	−900	300	500	500	500	500	500
4. 累计净现金流量	—	−600	−1 500	−1 200	−700	−200	300	800	1 300

3)判别准则

将计算出的静态投资回收期 P_t 与所确定的基准投资回收期 P_c 进行比较。若 $P_t<P_c$,则表明技术方案投资能在规定的时间内收回,技术方案可以考虑接受;若 $P_t>P_c$,则技术方案是不可行的。

4)优劣

静态投资回收期指标容易理解,计算也比较简便,在一定程度上显示了资本的周转速度。显然,资本周转速度越快,静态投资回收期越短,风险越小,技术方案抗风险能力越强。因此,在技术方案经济效果评价中一般都要求计算静态投资回收期,以反映技术方案原始投资的补偿速度和技术方案的投资风险。对于那些技术上更新迅速的技术方案,或资金相当短缺的技术方案,或未来的情况很难预测而投资者又特别关心资金补偿的技术方案,采用静态投资回收期评价特别有实用意义。但不足的是,静态投资回收期没有全面地考虑技术方案整个计算期内的现金流量,即只考虑回收之前的效果,不能反映投资回收之后的情况,故无法准确衡量技术方案在整个计算期内的经济效果。所以,静态投资回收期作为技术方案选择和技术方案排队的评价准则是不可靠的,它只能作为辅助评价指标,或与其他评价指标结合应用。

3. 财务净现值

1)概念

财务净现值($FNPV$)是反映技术方案在计算期内盈利能力的动态评价指标。技术方案的财务净现值是指用一个预定的基准收益率(或设定的折现率)i_c,把整个计算期间内各年所发生的净现金流量都折现到技术方案开始实施时的现值之和。财务净现值的计算公式为

$$FNPV=\sum_{t=0}^{n}(CI-CO)_t(1+i_c)^{-t} \tag{6-17}$$

式中，$FNPV$——财务净现值；

  $(CI-CO)_t$——技术方案第 t 年的净现金流量（应注意"＋"和"－"）；

  i_c——基准收益率；

  n——技术方案计算期。

可根据需要选择计算所得税前财务净现值或所得税后财务净现值。

2）判别准则

$FNPV$ 是评价技术方案盈利能力的绝对指标。当 $FNPV>0$ 时，说明该技术方案除了满足基准收益率要求的盈利之外，还能得到超额收益，换句话说，技术方案现金流入的现值和大于现金流出的现值和，该技术方案有收益，故该技术方案财务上可行；当 $FNPV=0$ 时，说明该技术方案基本能满足基准收益率要求的盈利水平，即技术方案现金流入的现值正好抵偿技术方案现金流出的现值，该技术方案财务上还是可行的；当 $FNPV<0$ 时，说明该技术方案不能满足基准收益率要求的盈利水平，即技术方案收益的现值不能抵偿支出的现值，该技术方案财务上是不可行的。

【例 6-8】 某技术方案净现金流量表见表 6-12 所列，设 $i_c=8\%$，试计算财务净现值（$FNPV$）。

表 6-12 净现金流量表   （单位：万元）

年份	1	2	3	4	5	6	7
净现金流量	−4 200	−4 700	2 000	2 500	2 500	2 500	2 500

解：根据式（6-17），可以得到

$$FNPV = -4\,200\times(1+8\%)^{-1} - 4\,700\times(1+8\%)^{-2} + 2\,000\times(1+8\%)^{-3}$$
$$+ 2\,500\times[(1+8\%)^{-4} + (1+8\%)^{-5} + (1+8\%)^{-6} + (1+8\%)^{-7}]$$
$$= -4\,200\times0.925\,9 - 4\,700\times0.857\,3 + 2\,000\times0.793\,8 + 2\,500$$
$$\times(0.735\,0 + 0.680\,6 + 0.630\,2 + 0.583\,5)$$
$$= 242.76（万元）$$

因为 $FNPV=242.76$（万元）>0，所以该技术方案在经济上是可行的。

3）优劣

财务净现值指标的优点：考虑了资金的时间价值，并全面考虑了技术方案在整个计算期内现金流量的时间分布状况；经济意义明确直观，能够直接以货币额表示技术方案的盈利水平；判断直观。不足之处：必须首先确定一个符合经济现实的基准收益率，而基准收益率的确定往往是比较困难的；在互斥方案评价时，必须慎重考虑互斥方案的寿命，如果互斥方案寿命不等，那么必须构造一个相同的分析期限，才能进行各个方案之间的比选；不能真正反映技术方案投资中单位投资的使用效率；不能直接说明在技术方案运营期间各年的经营成果；没有给出该投资过程确切的收益大小，不能反映投资的回收速度。

4. 财务内部收益率

1) 概念

对具有常规现金流量(在计算期内,开始时有支出而后才有收益,且方案的净现金流量序列的符号只改变一次的现金流量)的技术方案,其财务净现值的大小与折现率的高低有直接的关系。若已知某技术方案各年的净现金流量,则该技术方案的财务净现值就完全取决于所选用的折现率,即财务净现值是折现率的函数。财务净现值的计算公式为

$$FNPV(i) = \sum_{t=0}^{n} (CI - CO)_t (1 + i)^{-t} \qquad (6-18)$$

工程经济中常规技术方案的财务净现值函数曲线在其定义域内$(-1 < i < +\infty)$对大多数工程经济实际问题来说是随着折现率的逐渐增大,财务净现值由大变小,由正变负,$FNPV$ 与 i 之间的关系如图 6-3 所示。

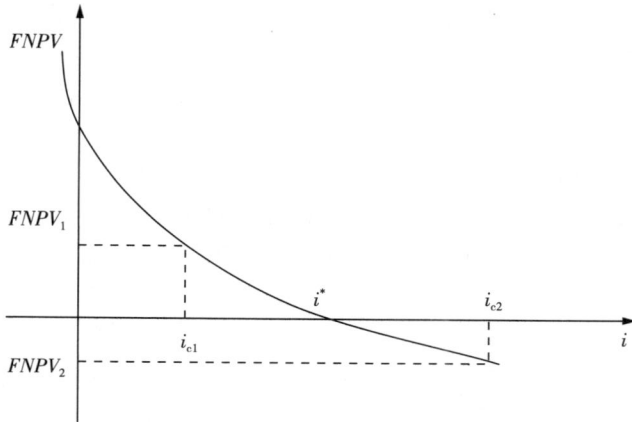

图 6-3 $FNPV$ 与 i 之间的关系

从图 6-3 可以看出,按照 $FNPV$ 的判别准则,只要 $FNPV(i) \geqslant 0$,技术方案就可接受。但由于 $FNPV(i)$ 是 i 的递减函数,因此折现率 i 定得越高,技术方案被接受的可能性越小。若 $FNPV(0) > 0$,则 i 最大可以大到多少,仍使技术方案可以接受呢? 很明显,i 可以大到使 $FNPV(i) = 0$,这时 $FNPV(i)$ 曲线与横轴相交,i 达到了其临界值 i^*,可以说 i^* 是财务净现值评价准则的一个分水岭。i^* 就是财务内部收益率($FIRR$)。

对常规技术方案,$FIRR$ 其实质就是使技术方案在计算期内各年净现金流量的现值累计等于零时的折现率。财务内部收益率的计算公式为

$$FNPV(FIRR) = \sum_{t=0}^{n} (CI - CO)_t (1 + FIRR)^{-t} = 0 \qquad (6-19)$$

式中,$FIRR$——财务内部收益率。

$FIRR$ 是一个未知的折现率。由式(6-19)可知,求方程式中的折现率需解高次方程,不易求解。在实际工作中,一般通过计算机直接计算,手算时可采用试算法确定 $FIRR$。

2) 判别准则

$FIRR$ 计算出来后,与基准收益率 i_c 进行比较。若 $FIRR \geqslant i_c$,则技术方案在经济上是

可以接受的；若 $FIRR < i_c$，则技术方案在经济上应予以拒绝。技术方案投资财务内部收益率、技术方案资本金财务内部收益率和投资各方财务内部收益率可有不同判别基准。

3）优劣

财务内部收益率指标考虑了资金的时间价值和技术方案在整个计算期内的经济状况，不仅能反映投资过程的收益程度，而且财务内部收益率的大小不受外部参数影响，完全取决于技术方案投资过程净现金流量系列的情况。这种技术方案内部决定性使它在应用中具有一个显著的优点，即避免了像财务净现值之类的指标那样须事先确定基准收益率这个难题，而只需要知道基准收益率的大致范围即可。但不足的是财务内部收益率计算比较麻烦；对于具有非常规现金流量的技术方案来讲，其财务内部收益率在某些情况下甚至不存在或存在多个内部收益率。

4）$FIRR$ 与 $FNPV$ 比较

对独立常规技术方案的评价，从图 6-3 中可知，当 $FIRR \geq i_{c1}$ 时，根据 $FIRR$ 的判别准则，技术方案可以接受；而 i_{c1} 对应的 $FNPV_1 > 0$，根据 $FNPV$ 的判别准则，技术方案也可接受。当 $FIRR < i_{c2}$ 时，根据 $FIRR$ 的判别准则，技术方案不可以接受；i_{c2} 对应的 $FNPV_2 < 0$，根据 $FNPV$ 的判别准则，技术方案也不可以接受。由此可见，对独立常规技术方案，应用 $FIRR$ 与应用 $FNPV$ 均可，其结论是一致的。

$FNPV$ 指标计算简便，显示出了技术方案现金流量的时间分配，但得不出投资过程收益程度大小，且受外部参数（i_c）的影响；$FIRR$ 指标较为麻烦，但能反映投资过程的收益程度，而 $FIRR$ 的大小不受外部参数影响，完全取决于投资过程现金流量。

5. 基准收益率

1）概念

基准收益率也称为基准折现率，是企业或行业投资者以动态的观点所确定的、可接受的技术方案最低标准的收益水平。其在本质上体现了投资决策者对技术方案资金时间价值的判断和对技术方案风险程度的估计，是投资资金应当获得的最低盈利率水平，它是评价和判别技术方案在财务上是否可行和技术方案比选的主要依据。因此，基准收益率确定的合理与否，对技术方案经济效果的评价结论有直接的影响，定得过高或过低都会导致投资决策的失误。所以，基准收益率是一个重要的经济参数，而且根据不同角度编制的现金流量表，计算所需的基准收益率应有所不同。

2）确定方式

（1）在政府投资项目以及按政府要求进行财务评价的建设项目中采用的行业财务基准收益率，应根据政府的政策导向进行确定。

（2）在企业各类技术方案的经济效果评价中参考选用的行业财务基准收益率，应在分析一定时期内国家和行业发展战略、发展规划、产业政策、资源供给、市场需求、资金时间价值、技术方案目标等情况的基础上，结合行业特点、行业资本构成情况等因素综合确定。

（3）在中国境外投资的技术方案财务基准收益率的测定，应先考虑项目所在国家的风险因素。

（4）投资者自行确定技术方案的最低可接受财务收益率，除了应考虑上述第（2）条中所涉及的因素外，还应根据资金成本、投资的机会成本、投资风险、通货膨胀等因素综合确定。

① 资金成本是指为取得资金使用权所支付的费用，主要包括筹资费和资金的使用费。

筹资费是指在筹集资金过程中发生的各种费用,如委托金融机构代理发行股票、债券而支付的注册费和代理费,向银行贷款而支付的手续费等。资金的使用费是指因使用资金而向资金提供者支付的报酬。技术方案实施后所获利润额必须能够补偿资金成本,然后才能有利可图,因此基准收益率最低限度不应小于资金成本。

②　投资的机会成本是指投资者将有限的资金用于拟实施技术方案而放弃的其他投资机会所能获得的最大收益。换而言之,由于资金有限,因此当把资金投入拟实施技术方案时,将失去从其他最大的投资机会中获得收益的机会。机会成本的表现形式是多种多样的。我们应当看到,机会成本是在技术方案外部形成的,它不可能反映在该技术方案财务上,必须通过工程经济分析人员的分析比较,才能确定技术方案的机会成本。机会成本虽不是实际支出,但在工程经济分析时,应作为一个因素加以认真考虑。

显然,基准收益率应不低于单位资金成本和单位投资的机会成本,这样才能使资金得到最有效的利用。这一要求可用下式表达:

$$i_c \geqslant i_1 = \max\{单位资金成本,单位投资的机会成本\} \qquad (6-20)$$

如果技术方案完全由企业自有资金投资,那么可参考行业平均收益水平,理解为一种资金的机会成本;如果技术方案投资资金来源于自有资金和贷款,那么最低收益率不应低于行业平均收益水平(或新筹集权益投资的资金成本)与贷款利率的加权平均值。如果有好几种贷款,那么贷款利率应为加权平均贷款利率。

③　投资风险。在整个技术方案计算期内,存在着发生不利于技术方案的环境变化的可能性,这种变化难以预料,即投资者要冒着一定的风险作出决策。为此,投资者自然就要求获得较高的利润,否则他是不愿意去冒风险的。所以在确定基准收益率时,仅考虑资金成本、投资的机会成本是不够的,还应考虑风险因素,通常以一个适当的风险贴补率 i_2 来提高 i_c 值。也就是说,以一个较高的收益水平补偿投资者所承担的风险,风险越大,贴补率越高。为了限制对风险大、盈利低的技术方案进行投资,可以采取提高基准收益率的办法来进行技术方案经济效果评价。

一般说来,从客观上看,资金密集型的技术方案,其风险高于劳动密集型的;资产专用性强的技术方案,其风险高于资产通用性强的;以降低生产成本为目的的技术方案,其风险低于以扩大产量、扩大市场份额为目的的。从主观上看,投资主体资金雄厚的技术方案,其风险低于投资主体资金拮据的。

④　通货膨胀。通货膨胀是指由货币(这里指纸币)的发行量超过商品流通所需要的货币量而引起的货币贬值和物价上涨的现象。在通货膨胀影响下,各种材料、设备、房屋、土地的价格及人工费都会上升。为反映和评价出拟实施技术方案在未来的真实经济效果,在确定基准收益率时,应考虑这种影响,并结合投入产出价格的选用决定对通货膨胀因素的处理。

通货膨胀以通货膨胀率来表示,通货膨胀率主要表现为物价指数的变化,即通货膨胀率约等于物价指数变化率。由于通货膨胀年年存在,因此通货膨胀的影响具有复利性。一般情况下,每年的通货膨胀率是不同的,但为了便于研究,通货膨胀率常取一段时间的平均通货膨胀率,即在所研究的时期内,通货膨胀率可以视为固定的。

综合以上分析,投资者自行确定的基准收益率如下。

若技术方案现金流量是按当年价格预测估算的,则应以年通货膨胀率 i_3 修正 i_c 值,即

$$i_c = (1 + i_1)(1 + i_2)(1 + i_3) - 1 = i_1 + i_2 + i_3 \qquad (6-21)$$

若技术方案的现金流量是按基年不变价格预测估算的,且预测结果已排除通货膨胀因素的影响,则不再重复考虑通货膨胀的影响去修正 i_c 值。即

$$i_c = (1 + i_1)(1 + i_2) - 1 = i_1 + i_2 \qquad (6-22)$$

上述近似处理的条件是 i_1、i_2、i_3 都为小数。

总之,合理确定基准收益率对投资决策极为重要。确定基准收益率的基础是资金成本和投资的机会成本,而投资风险和通货膨胀则是必须考虑的影响因素。

6.6　偿债能力分析

举债经营已经成为现代企业经营的一个显著特点,企业偿债能力的大小已成为判断和评价企业经营活动能力的一个标准。举债是筹措资金的重要途径,不仅企业关心自身偿债能力的大小,而且债权人更为关心企业偿债能力的大小。

债务清偿能力分析,重点是分析判断财务主体——企业的偿债能力。由于金融机构贷款是贷给企业法人的而不是贷给技术方案的,因此金融机构进行信贷决策时,一般会根据企业的整体资产负债结构和偿债能力决定信贷取舍。有时虽然技术方案自身无偿债能力,但是整个企业偿债能力强,金融机构也可能给予贷款;有时虽然技术方案有偿债能力,但企业整体信誉差、负债高、偿债能力弱,金融机构也可能不予贷款。因此,债务清偿能力评价,一定要分析债务资金融资主体的清偿能力,而不是技术方案的清偿能力。对于企业融资方案,应以技术方案所依托的整个企业作为债务清偿能力的分析主体。为了考察企业的整体经济实力,分析融资主体的清偿能力,需要评价整个企业的财务状况和各种借款的综合偿债能力。为了满足债权人的要求,需要编制企业在拟实施技术方案建设期和投产后若干年的财务计划现金流量表、资产负债表、企业借款偿还计划表等报表,分析企业偿债能力。

6.6.1　偿债资金来源

根据国家现行财税制度的规定,偿还贷款的资金来源主要包括可用于归还贷款的利润、固定资产折旧、无形资产及其他资产摊销费和其他还款资金。

1. 用于归还贷款的利润

用于归还贷款的利润,一般应是提取了盈余公积金、公益金后的未分配利润。如果是股份制企业需要向股东支付股利,那么应从未分配利润中扣除分配给投资者的利润,然后用来归还贷款。技术方案投产初期,如果用规定的资金来源归还贷款的缺口较大,那么可暂不提取盈余公积金、公益金,但这段时间不宜过长,否则将影响企业的扩展能力。

2. 固定资产折旧

鉴于技术方案投产初期尚未面临固定资产更新的问题,作为固定资产重置准备金性质的折旧基金,在被提取以后暂时处于闲置状态。因此,为了有效地利用一切可能的资金来源以缩短还贷期限、加强企业的偿债能力,可以使用部分新增折旧基金作为偿还贷款的来源之一。一般地,投产初期可以利用的折旧基金占全部折旧基金的比例较大,随着生产时期的延

长,可利用的折旧基金比例逐渐减小。最终,所有被用于归还贷款的折旧基金,应由未分配利润归还贷款后的余额垫回,以保证折旧基金从总体上不被挪作他用,并在还清贷款后恢复其原有的经济属性。

3. 无形资产及其他资产摊销费

摊销费按现行的财务制度计入企业的总成本费用,但是企业在提取摊销费后,这笔资金没有具体的用途规定,具有"沉淀"性质,因此可以用来归还贷款。

4. 其他还款资金

其他还款资金是指按有关规定可以用减免的营业税金作为偿还贷款的资金来源。进行预测时,如果没有明确的依据,那么可以暂不考虑。

技术方案在建设期借入的全部建设投资贷款本金及其在建设期的借款利息(即资本化利息)构成建设投资贷款总额,在技术方案投产后可由上述资金来源偿还。

按现行的财务制度,生产期内建设投资和沉动资金的贷款利息,均应计入技术方案总成本费用的财务费用中。

6.6.2　还款方式及还款顺序

技术方案贷款的还款方式应根据贷款资金的不同来源所要求的还款条件来确定。

1. 国外(含境外)借款的还款方式

按照国际惯例,债权人一般对贷款本息的偿还期限均有明确的规定,要求借款方在规定的期限内按规定的数量还清全部贷款的本金和利息。因此,需要按协议的要求计算出在规定的期限内每年需要归还的本息总额。

2. 国内借款的还款方式

目前虽然借贷双方在有关的借贷合同中规定了还款期限,但在实际操作过程中,主要还是根据技术方案的还款资金来源情况进行测算。一般情况下,按照先贷先还、后贷后还,利息高的先还、利息低的后还的顺序归还国内借款。

6.6.3　偿债能力分析

偿债能力指标主要有借款偿还期、利息备付率、偿债备付率、资产负债率、流动比率和速动比率等。

1. 借款偿还期

1) 概念

借款偿还期是指根据国家财税规定及技术方案的具体财务条件,以可作为偿还贷款的收益(利润、折旧、摊销费及其他收益)来偿还技术方案投资借款本金和利息所需的时间。它是反映技术方案借款偿债能力的重要指标。借款偿还期的计算公式为

$$I_d = \sum_{t=0}^{p_d} (B + D + R_0 - B_r)_t \qquad (6-23)$$

式中,p_d—— 借款偿还期(从借款开始年计算;当从投产年算起时,应予注明);

I_d—— 投资借款本金和利息(不包括已用自有资金支付的部分)之和;

B—— 第 t 年可用于还款的利润;

D—— 第 t 年可用于还款的折旧和摊销费;

R_0—— 第 t 年可用于还款的其他收益;

B_r—— 第 t 年企业留利。

在实际工作中,借款偿还期可通过借款还本付息计算表推算,以年表示。其具体推算公式为

$$p_d = (借款偿还开始出现盈余年份 - 1) = \frac{盈余当年应偿还款额}{盈余当年可用于还款的余额} \qquad (6-24)$$

2)判别准则

借款偿还期满足贷款机构的要求期限时,即认为技术方案是有借款偿债能力的。借款偿还期指标适用于那些未预先给定借款偿还期限,且按最大偿还能力计算还本付息的技术方案;不适用于那些预先给定借款偿还期的技术方案。对于预先给定借款偿还期的技术方案,应采用利息备付率和偿债备付率指标分析企业的偿债能力。

在实际工作中,由于技术方案经济效果评价中的偿债能力分析注重的是法人的偿债能力,而不是技术方案,因此在《建设项目经济评价方法与参数》(第三版)中将借款偿还期指标取消,只计算利息备付率和偿债备付率。

2. 利息备付率

1)概念

利息备付率(ICR)也称为已获利息倍数,是指在技术方案借款偿还期内各年企业可用于支付利息的息税前利润($EBIT$)与当期应付利息(PI)的比值。利息备付率的计算公式为

$$ICR = \frac{EBIT}{PI} \qquad (6-25)$$

式中,$EBIT$—— 息税前利润,即利润总额与计入总成本费用的利息费用之和;

PI—— 计入总成本费用的应付利息。

2)判别准则

利息备付率应分年计算,它从付息资金来源的充裕性角度反映企业偿付债务利息的能力,表示企业使用息税前利润偿付利息的保证倍率。正常情况下,利息备付率应当大于1,并结合债权人的要求确定;否则,表示企业的付息能力保障程度不足。尤其是当利息备付率小于1时,表示企业没有足够资金支付利息,偿债风险很大。参考国际经验和国内行业的具体情况,根据我国企业历史数据统计分析,一般情况下,利息备付率不宜小于2,而且需要将该利息备付率指标与其他同类企业进行比较,来分析决定本企业的指标水平。

3. 偿债备付率

1)概念

偿债备付率($DSCR$)是指在技术方案借款偿还期内,各年可用于还本付息的资金($EBRTDA - T_{Ar}$)与当期应还本付息金额(PD)的比值。偿债备付率的计算公式为

$$DSCR = \frac{EBRTDA - T_{Ar}}{PD} \qquad (6-26)$$

式中,$EBRTDA$—— 企业息税前利润加折旧和摊销;

T_{Ar}—— 企业所得税;

　　PD——应还本付息的金额,包括当期应还贷款本金额及计入总成本费用的全部利息。

　　如果企业在运行期内有维持运营的投资,那么可用于还本付息的资金应扣除维持运营的投资。

　　2)判别准则

　　偿债备付率应分年计算,它表示企业可用于还本付息的资金偿还借款本息的保证倍率。正常情况下偿债备付率应当大于1,并结合债权人的要求确定。当指标小于1时,表示企业当年资金来源不足以偿付当期债务,需要通过短期借款偿付已到期债务。参考国际经验和国内行业的具体情况,根据我国企业历史数据统计分析,一般情况下,偿债备付率不宜小于1.3。

习　题

1. 简述投资估算阶段的划分及各阶段的精度要求。

2. 投资估算的编制方法有哪些?

3. 什么是既有法人融资? 什么是新设法人融资?

4. 什么是资金成本? 如何计算?

5. 简述对企业盈利能力分析的意义。

6. 公司盈利能力分析主要指标有哪些? 分别怎样评价?

7. 某公司年销售收入为300万元,总资产期末余额为100万元,销售净利率为5%,该公司过去几年的资产规模较稳定。

　　要求:(1)计算该公司总资产净利率;

　　(2)该公司已打算购置一台新设备,它会使资产提高20%,而且预计使销售净利率从5%提高到6%,预计销售情况不变,这项设备对公司的资产报酬率和盈利能力会产生什么影响?

8. 简述偿债资金的来源。

9. 偿债能力指标有哪些? 分别怎样评价?

第7章 投资项目国民经济评价

> **内容提要：**
> 　　本章介绍投资项目的国民经济评价，主要内容包括国民经济评价的意义和步骤，国民经济与财务评价的关系，国民经济评价中费用与效益的内涵及分析指标，影子价格的含义和计算方法，影子汇率和社会折现率的计算等。
>
> **能力要求：**
> 　　(1)能够正确理解影子价格、影子汇率和社会折现率的含义；
> 　　(2)能够正确掌握影子价格和影子汇率的公式，进行计算；
> 　　(3)能够正确运用经济效益费用指标进行投资项目分析。

7.1　国民经济评价概述

　　《建设项目经济评价方法与参数》(第三版)中提出，国民经济评价是在合理配置社会资源的前提下，从国家经济整体利益的角度出发，计算项目对国民经济的贡献，分析项目的经济效率、效果和对社会的影响，评价项目在宏观经济上的合理性。进行国民经济评价时，需要用影子价格、影子工资、影子汇率和社会折现率等经济参数分析、计算建设项目对国民经济整体的贡献，评价项目的经济合理性。

7.1.1　国民经济评价的意义

　　根据我国目前制定的对建设项目进行经济评价的标准，既要进行财务评价，又要进行国民经济评价。按照《建设项目经济评价方法与参数》(第三版)中的规定，建设项目的经济评价，对于财务评价结论和国民经济评价结论都可行的建设项目，可予以通过，反之应予以否定；对于国民经济评价结论不可行的项目，一般应予以否定；对于关系公共利益、国家安全和市场不能有效配置资源的经济和社会发展的项目，如果国民经济评价结论可行，但财务评价结论不可行，应重新考虑方案，必要时可提出经济优惠措施的建议，使项目具有财务生存能力。

　　由此可见，国民经济评价在投资项目经济评价中具有重要意义。它的意义主要表现在以下几个方面。

　　(1)进行国民经济评价可以保证拟建项目符合社会主义目的的需求，拟建项目的产品符合社会的需要。因为国民经济评价是以社会需求作为项目取舍的依据，而不是单纯地看项目是否盈利。

　　(2)进行国民经济分析与评价可以避免拟建项目的重复和盲目建设，并有利于避免投资决策的失误。因为国民经济评价是从国家的角度(宏观角度)出发，而不是从地区或企业的角度(微观角度)出发考察项目的收益和费用，可避免地方保护主义和企业的片面性、局限性。

（3）进行国民经济分析可以全面评价投资项目的综合收益。因为国民经济评价既分析项目的直接经济收益，也分析项目的间接经济收益和辅助经济收益。

（4）进行国民经济评价可以确定项目消耗社会资源的真实价值。有些项目的投入物和产出物的国内市场价格，往往不能反映真实的经济价值，从而会导致项目财务收益的虚假性。国民经济评价则可以通过影子价格对财务价格进行修正，可以真实地反映出项目消耗社会资源的价值量。

7.1.2　国民经济评价的步骤

国民经济评价有两种情况，一种是直接对项目进行国民经济评价；另一种是在项目财务评价基础上进行国民经济评价。

1. 直接对项目进行国民经济评价的步骤

（1）识别和计算项目的直接费用和收益、间接费用和收益；

（2）价格体系调整，以货物的影子价格、影子工资、影子汇率和土地影子费用等计算项目固定资产投资、流动资金、经营费用、销售收入（或收益）；

（3）编制有关报表，计算项目的国民经济评价指标。

2. 在项目财务评价基础上进行国民经济评价的步骤

（1）剔除财务评价中已计算为费用或收益的转移支付；

（2）增加财务评价中未反映的间接费用和间接收益；

（3）价格体系调整，用影子价格、影子工资、影子汇率和土地影子费用等代替财务价格及费用，对销售收入（或收益）、固定资产投资、流动资金、经营成本等进行调整；

（4）编制有关报表，计算项目的国民经济评价指标。

7.1.3　国民经济评价与财务评价的关系

投资项目的财务评价是从企业的角度出发，以企业作为评价范围来考察和研究一个项目建成后，给企业创造出经济效益的大小，并据此决定拟建项目的取舍。由于项目的财务分析评价的范围很窄，因此称其为微观经济评价。项目的国民经济评价是从国家和社会的角度出发，以国家作为评价范围来考察和研究一个项目建成后，给国民经济所做的贡献大小，并据此来决定拟建项目的取舍。在进行经济费用-效益分析时，既可以在财务分析的基础上进行，也可以直接进行。由于经济费用效益分析范围宽，还考虑了项目建成后给其他企业、地区、部门带来的间接效益，因此称其为宏观经济评价。两者的异同点如下。

1. 相同点

（1）评价方法相同。它们都是经济效果评价，都使用基本的经济评价理论，即效益与费用比较的理论方法。

（2）评价的基础工作相同。两种分析都要在完成产品需求预测、工艺技术选择、投资估算、资金筹措方案等可行性研究内容的基础上进行。

（3）评价的计算期相同。

2. 不同点

（1）评价的角度不同。财务评价是从企业的微观个体利益角度来评价，国民经济评价是从国家的宏观整体利益角度来评价，企业微观个体利益应服从国家宏观整体利益。

（2）费用和效益的含义、划分范围不同。财务评价只根据项目直接发生的财务收支，计算项目的费用和效益。国民经济评价从全社会的角度考察项目的费用和效益，这时项目的有些收入和支出，从全社会的角度考虑，不能作为社会费用或收益，如税金、国内借款利息和补贴等不计为项目的费用和效益。财务评价只计算项目直接发生的费用和效益，国民经济评价对项目引起的间接费用和效益（外部效果）也要进行计算和分析。

（3）采用的价格体系不同。财务评价采用市场预测价格，国民经济评价采用影子价格。

（4）使用的参数不同。财务评价使用基准收益率，国民经济评价使用社会折现率。财务基准收益率依分析问题角度的不同而不同，而社会折现率则在全国各行业各地区都是一致的。

（5）评价的内容不同。财务评价主要包括盈利性评价和清偿能力分析，国民经济评价主要包括盈利能力分析。

（6）应用的不确定性分析方法不同。盈亏平衡分析只适用于财务评价，敏感性分析和风险分析可同时用于财务评价和国民经济评价。

7.2　费用-效益分析

7.2.1　方法框架及其适用性

费用-效果分析（COST - Effectiveness Analysis）是一种避开不能或难以货币量化的效益，直接通过费用的比选或用适当的实物效果指标反映项目目标的实现程度，通过效果和费用的比较来比选不同项目方案的方法框架，是一类实物量与货币量相结合的经济分析方法。很多公共项目，如国防、环境、卫生、安全、教育等，其效果主要体现在增强国防实力、提高健康水平、挽救生命、改善环境及提高文化知识水平等方面，可以用费用-效果分析代替费用-效益分析，按资源配置的效率准则，选择最佳的项目方案。这种方法也可以用于营利性项目前期或项目局部的方案比较。

使用费用-效果分析有可能在各种可行的方案中选择资源配置最有效率的方案。但是，由于效果和费用用的是不同的量纲，我们无法通过对方案本身的效果与费用的比较来得出被选出的方案是否值得进行的结论。因此，运用这种方法的前提是要有尽可能多的、能实现项目目标的、在其他方面可行的备选方案，同时，要辅以其他评价准则，以判定项目是否一定要实行。

7.2.2　国民经济费用和效益

基于国民经济评价自身的特点，其"费用"和"效益"具有更深的内涵和更广的外延。在国民经济评价中，费用是指国民经济为项目所付出的代价，表现为导致社会最终产品减少的各类投入；效益是指项目对国民经济所做出的贡献，表现为导致社会最终产品增加的各类产出。

国民经济费用分为直接费用和间接费用，国民经济效益分为直接效益和间接效益。直接费用和直接效益可称为内部效果，间接费用和间接效益可称为外部效果。

1. 直接费用和直接效益——内部效果

直接费用是由项目使用投入物形成，并在项目范围内计算的费用。其一般表现：其他部门为本项目提供投入物,需要扩大生产规模所耗费的资源费用;减少对其他项目或者最终消费投入物的供应而放弃的效益;增加进口或者减少出口从而耗用或者减少的外汇等。

直接效益是项目产出物直接生成,并在项目范围内计算的经济效益。其一般表现:增加项目产出物或者服务的数量,以满足国内需求的效益;替代效益较低的相同或类似企业的产出物或者服务,使被替代企业减产(停产),从而减少国家有用资源耗费或者损失的效益;增加出口或者减少进口,从而增加或者减少的外汇等。

2. 间接费用和间接效益——外部效果

外部效果是指项目对国民经济做出的贡献与国民经济为项目付出的代价中,在直接费用和直接效益中未得到反映的那部分费用(间接费用)和效益(间接效益)。外部效果应包括以下几个方面:

(1)产业关联效果。例如,建设一个水电站,一般除发电、防洪灌溉和供水等直接效果外,还必然带来养殖业等间接效益,但农牧业也会因土地淹没而遭受一定的损失(间接费用)。

(2)环境和生态效果。例如,发电厂排放的烟尘可使附近田园的作物产量减少,质量下降;化工厂排放的污水可使附近江河的鱼类资源减少。

(3)技术扩散效果。例如,建设技术先进的项目会培养大量的技术人员和管理人员,他们除了为本项目服务外,因人员流动也会有利于整个社会经济的发展。

外部效果是国民经济评价分析的重点。对显著的外部效果能定量的要进行定量分析,计入项目的费用和效益;不能或难以定量的,应进行定性描述。为了减少计量上的困难,首先应力求明确项目范围的"边界"。一般情况下,可扩大项目的范围,把一些相互关联的项目合在一起作为"联合体"进行评价。另外,采用影子价格计算费用和效益,在很大程度上可以使项目的外部效果在项目内部得到体现。因此,通过扩大计算范围和调整价格,就能将很多"外部效果"内部化。为防止外部效果计算扩大化,一般只应计算一次相关效果。

7.2.3　转移支付

对于涉及资源使用权的转移,但没有涉及社会最终产品增减的项目,在国民经济评价中,不计入费用和效益,如国家对项目的补贴、项目向国家交纳的税金、国内借贷利息等。因为这些是作为政府调节分配和供求关系的手段,或作为借用资本的代价在项目组织与政府、借贷机构之间的转移支付,并不发生实际资源的增加和耗费。项目组织与政府、借贷机构之间的这种并不伴随资源增减的纯粹货币性转移称为项目的转移支付。项目的转移支付有以下几种形式。

(1)税金是财务上的"转移性"支出。它是企业的支出,计入财务分析的费用。但从国家角度来看,因为税金并没有增加国民收入,也没有减少国民收入,只是资源的分配使用权从企业转移到政府手中,所以在国民经济评价中,税金既不是效益,也不形成费用。

(2)补贴是国家为了鼓励使用某些资源或扶植某项建设投资给予的价格补贴。它使项目的财力支出减少,使企业获得了一定的财务效益,使资源的使用权从国家转移到企业。但因为它没有增加或减少国民收入,整个社会资源也没有耗费,所以补贴不计入国民经济评价的费用和效益。

(3)国内贷款利息是货币支配权由企业转移给银行的一种转移性支出。因为它没有增加或减少国民收入,所以国内贷款利息不计入国民经济分析的费用和效益。但是,由于国外贷款利息由国内向国外支付,造成国内资源的实际减少,因此国外贷款利息应列为项目国民经济分析的费用。

7.2.4 费用和效益的计算

1. 费用和效益的计算原则

应在利益相关者基础上,研究在特定的社会经济背景条件下相关利益主体获得的收益及付出的代价,计算项目相关的费用和效益。费用和效益的计算应该遵循以下原则。

(1)支付意愿原则。项目产出物的正面效果的计算遵循支付意愿原则。支付意愿原则可以用于分析社会成员为项目产出的效益愿意支付的价值。

(2)接受补偿意愿原则。项目产出物的负面效果的计算遵循接受补偿意愿原则。接受补偿意愿原则可以用于分析社会成员接受这种不利影响所得到补偿的价值。

(3)机会成本原则。项目投入的经济费用的计算应遵循机会成本原则。机会成本原则可以用于分析项目所占用的所有资源的机会成本。机会成本应按资源的其他最有效利用所产生的效益进行计算。

(4)实际价值计算原则。项目经济费用效益分析应对所有费用和效益采用反映真实价值的实际价格进行计算,不考虑通货膨胀的影响,但应考虑相对价格变动。

2. 经济费用和效益分析所采用的计算价格

经济费用和效益分析中投入物或产出物使用的计算价格称为影子价格。影子价格应是能够真实反映项目投入物和产出物真实经济价值的计算价格。

影子价格的测算在建设项目的经济费用和效益分析中占有重要地位。考虑到我国仍然是发展中国家,整个经济体系还没有完成工业化过程,国际市场和国内市场的完全融合仍然需要一定时间等具体情况,因此将投入物和产出物区分为外贸货物和非外贸货物,并采用不同的思路确定其影子价格(见本书 7.3 节)。

7.2.5 经济费用和效益分析指标

国民经济评价以国民经济盈利能力为主,其评价指标主要包括经济净现值、经济净现值率、经济内部收益率和经济效益费用比。

1. 经济净现值

经济净现值($ENPV$)是指项目按照社会折现率将计算期内各年的经济效益流量折现到建设期初的现值之和。它反映项目对国民经济净贡献的绝对指标,其经济含义是在整个寿命周期内项目的投资对国民经济的净贡献值。经济净现值的计算公式为

$$ENPV = \sum_{t=0}^{n} (ECI - ECO)_t (1 + i_s)^{-t} \qquad (7-1)$$

式中,ECI—— 经济效益流量;

ECO—— 经济费用流量;

$(ECI - ECO)_t$—— 第 t 年的经济净效益流量;

i_s—— 社会折现率;

n—— 项目计算期。

在经济费用效益分析中,若经济净现值等于或者大于零,表明项目可以达到符合社会折现率的效率水平,则认为该项目从经济资源配置的角度可以被接受。

2. 经济净现值率

经济净现值率($ENPVR$)是指项目单位投资为国民经济所做的净贡献。它是一个相对指标,是经济净现值与投资现值的比值。它考察项目投资的利用效率,是经济净现值的辅助评价指标。经济净现值率的计算公式为

$$ENPVR = \frac{ENPV}{K_p} \qquad (7-2)$$

式中,K_p—— 投资现值。

应用 $ENPVR$ 评价方案时,应使 $ENPVR$ 大于或等于零,方案才能被接受。在评价时,投资现值与经济净现值的计算期、折现率应保持一致。

3. 经济内部收益率

经济内部收益率($EIRR$)是指项目在计算期内经济净效益流量的现值累计等于零时的折现率。它是项目对国民经济净贡献的相对指标。经济内部收益率的计算公式为

$$ENPV = \sum_{t=0}^{n} (ECI - ECO)_t (1 + EIRR)^{-t} = 0 \qquad (7-3)$$

若经济内部收益率大于或等于社会折现率,表明项目资源配置的经济效率达到了可以被接受的水平,则认为项目是可以被接受的。

4. 经济效益费用比

经济效益费用比(R_{BC})是指项目在计算期内效益流量的现值总额与费用流量的现值总额的比值。它是国民经济评价的辅助评价指标。经济效益费用比的计算公式为

$$R_{BC} = \frac{\sum_{t=0}^{n} ECI_t (1 + i_s)^{-t}}{\sum_{t=0}^{n} ECO_t (1 + i_s)^{-t}} \qquad (7-4)$$

式中,ECI_t—— 第 t 期的经济效益;

　　ECO_t—— 第 t 期的经济费用。

若经济效益费用比大于1,表明项目资源配置的经济效率达到了可以被接受的水平,则方案可行;否则,方案不可行。

在完成经济费用效益分析之后,应进一步分析、对比经济费用效益与财务现金流量之间的差异,根据需要对财务分析与经济费用效益分析结论之间的差异进行分析,找出受益或受损群体,分析项目对不同利益相关者在经济上的影响程度,并提出改进资源配置效率及财务生存能力的政策建议。

7.2.6　国民经济评价报表

国民经济评价报表包括基本报表和辅助报表。基本报表有两种:一种是国内投资国民经济效益费用流量表(见表7-1);另一种是项目投资国民经济效益费用流量表(见表7-2)。辅助报表主要有三种:第一种是国民经济评价投资调整表(见表7-3);第二种是国民经济评

价销售收入调整表(见表7-4);第三种是国民经济评价经营费用调整表(见表7-5)。

表7-1　国内投资国民经济效益费用流量表　　　　　　　(单位:万元)

序号	项目	计算期					
		1	2	3	4	……	n
1	效益流量						
1.1	项目直接效益						
1.2	回收固定资产余值						
1.3	回收流动资金						
1.4	项目间接效益						
2	费用流量						
2.1	国内建设投资						
2.2	国内流动资金						
2.3	经营费用						
2.4	流到国外资金						
2.4.1	国外借款利息偿还						
2.4.2	国外借款利息支付						
2.4.3	其他						
2.5	项目间接费用						
3	国内投资净效益流量(1-2)						

注:该表以国内投资作为计算基础,将国外借款本金和利息的偿还作为费用流出计算国民经济评价指标,以及外资项目经济评价和方案比较取舍的依据。

表7-2　项目投资国民经济效益费用流量表　　　　　　　(单位:万元)

序号	项目	计算期					
		1	2	3	4	……	n
1	效益流量						
1.1	项目直接效益						
1.2	回收固定资产余值						
1.3	回收流动资金						
1.4	项目间接效益						
2	费用流量						
2.1	建设投资						
2.2	流动资金						
2.3	经营费用						
2.4	项目间接费用						
3	净效益流量(1-2)						

计算指标:经济内部收益率(%),经济净现值 $ENPV$。

注:该表以全部投资作为计算基础,计算项目经济内部收益率、项目经济净现值等指标,考察项目全部投资对国民经济的净贡献,并据此判断项目是否可行。

表 7 - 3　国民经济评价投资调整表

（人民币单位:万元,外币单位:万美元）

序号	项目	财务分析				国民经济评价				经济费用效益分析
		外币	折合人民币	人民币	合计	外币	折合人民币	人民币	合计	国民经济评价比财务评价增减
1	建设投资									
1.1	建筑工程费									
1.2	设备和工器具购置费									
1.2.1	进口设备									
1.2.2	国产设备									
1.3	安装工程费									
1.3.1	进口材料及费用									
1.3.2	国产部分材料及费用									
1.4	工程建设其他费用									
	其中:1)土地费用									
	2)专利及专有技术费									
1.5	基本预备费									
1.6	涨价预备费									
1.7	建设期利息									
2	流动资金									
	项目投入总资金合计(1+2)									

注:(1)固定资产投资方向调节税现已免征,故表中没有该项目。

(2)若投资费用是通过直接估算得到的,本表应略去财务分析的相关科目。

(3)该表是在财务评价的基础上,采用影子价格、影子汇率等参数对项目投入总资金进行调整,以确定国民经济评价中的投资额。一般先列出财务评价中各项投资金额,再列出国民经济评价中调整以后的投资金额,最后分析两者的增减情况。

表 7 - 4　国民经济评价销售收入调整表　　　　（单位:万元）

序号	产品名称	年销售量				财务评价				国民经济评价			
		计算单位	内销	外销	合计	内销		外销		内销		外销	
						单价	销售收入	单价	销售收入	单价	销售收入	单价	销售收入

注:(1)若销售收入是通过直接估算得到的,本表应略去财务分析的相关栏目。

(2)该表是在财务评价的基础上,采用影子价格、影子汇率等参数对销售收入进行调整,以确定国民经济评价下的项目销售收入。

表 7-5　国民经济评价经营费用调整表　　　　　（单位:万元）

序号	项目	单位	年耗量	财务评价(年费用)				国民经济平均价(年费用)			
				单价/元	达产70%	达产90%	达产100%	单价/元	达产70%	达产90%	达产100%
1	外购原材料	t									
1.1	A	t									
1.2	B	t									
1.3	C	t									
1.4	D	t									
1.5	E	t									
1.6	F	t									
	小计										
2	外购燃料与动力										
2.1	水	t									
2.2	电	kW·h									
2.3	煤	t									
	小计										
3	工资及福利										
4	修理费										
5	财务费用										
6	其他费用										
	其中:土地使用税										
	合计										

注:(1)经营费用应按负荷不同分年调整估算。

(2)若经营费用是通过直接估算得到的,本表应略去财务分析的相关科目。

(3)该表是在财务评价的基础上,采用影子价格、影子汇率等参数对项目经营费用进行调整,以确定国民经济评价下的项目经营费用。

7.3　评价参数

7.3.1　影子价格

影子价格是 20 世纪 30 年代末 40 年代初由荷兰数量经济学及计量经济学创始人之一、诺贝尔经济学奖获得者简·丁伯根和苏联数学家及经济学家、诺贝尔经济学奖获得者列奥尼德·康特罗维奇分别提出的。在财务分析中,采用市场价格体系计算项目的费用和效益,价格反映的是产品的市场价值。在国民经济评价中,应该采用影子价格体系计算项目的效益与费用,以便反映资源的经济价值。在市场经济未达到完全竞争状态下,产品(或服务)的市场价格往往不能客观地反映产品与资源的社会成本、供求关系和资源利用情况,使得产品的市场价格与产品的真实价值发生较大幅度的偏离。因此,为了正确计算项目对国民经济所做的净贡献,应使用影子价格,使社会资源能够合理配置和有效利用。

1. 影子价格的含义

影子价格是指在完善的市场经济条件下,某种资源处于最佳分配状态时的边际产出价值。也可以说,影子价格是社会经济处于某种最优状态下,能够反映社会劳动消耗、资源稀缺程度和对最终产品需求情况的价格。影子价格是人为确定的、比交换价格更合理的价格。其合理性体现在以下几个方面:影子价格能更好地反映产品的价值;影子价格能反映市场供求状况;影子价格能反映资源稀缺程度。从价格产出的效果来看,"合理"的标志是使资源配置向优化的方向发展。

影子价格不是市场上形成的交换价格,而是一种更能反映资源真实经济价值、促进资源合理利用、为实现一定的经济发展目标而人为确定的效率价格。影子价格反映社会经济处于某种最优状态下时的资源稀缺程度和对最终产品的需求情况。

2. 影子价格的计算方法

影子价格的计算方法有许多,本章主要介绍以下 5 种。

1)线性对偶解法

苏联教学家及经济学家、诺贝尔经济学奖获得者列奥尼德·康特罗维奇和美国经济学家、诺贝尔经济学奖获得者加林·库普曼斯先后用线性规划方法证明:影子价格是资源配置的线性对偶规划的最优解。

影子价格的线性对偶解法在理论上比较严密,但实际应用却十分困难。因为它涉及上千种资源、上万种产品及更大数量组的消耗系数。这无论是从技术水平还是从计划水平来看,目前都很难办到。因此,这一方法只有理论上的意义,很难在经济分析中特别是项目评价中实际应用。

2)市场均衡价格法

理论上可以证明,在完善的市场条件下,货物的影子价格等于其市场均衡价格。虽然实际上完善的市场条件不存在,但一般认为,只要排除少数国家的垄断、控制和保护政策等限制,国际市场价格可以较好地反映货物的真实价值。特别是对外贸货物来说,若能正确确定外汇的国民经济价值,国际市场价格确实代表了国民经济系统向外输出单位货物所能获取的报酬及向内输入单位货物所需支付的价值。因此,市场经济不发达国家进行项目国民经济评价时,项目投入物及产出物中外贸货物的影子价格可以以国际市场价格为基础进行调整确定。

3)机会成本分析法

在国民经济评价中,项目占用某种资源的机会成本是指用于项目的这种资源若用于其他最好的替代机会所能获得的效益。当项目占用了一定量的某种资源时,国民经济被迫放弃把该部分资源用于其他最好的替代用途的机会,从而被迫放弃了可由此替代用途产生的效益。这个被迫放弃的效益就是国民经济为该项目占用这部分资源而付出的代价。因此,机会成本代表了项目占用资源的影子费用(影子价格×占用量),反映了资源影子价格的大小。

机会成本分析法常用于确定土地的影子费用和劳动力的影子价格(影子工资),而机会成本分析法的思想则几乎体现在所有影子价格和影子费用的确定中。

4)成本分解法

成本分解法是确定非外贸货物影子价格的一种重要方法。成本分解法对货物使用成本分解法求取非外贸货物的影子价格时,原则上应对边际成本进行分解。但在实践中,往往因数据来源的困难而用平均成本进行分解计算。对于必须用新增投资来增加所需投入物供应的,应按其全部成本(包括可变成本和固定成本)进行分解;对于能够发挥原有企业生产能力来满足供应的,应按其可变成本进行分解。

5)消费者支付意愿法

这里所谓的消费者是广义的,包括最终消费品的购买者及中间货物和资本货物的购买者(包括所评价项目自身)。消费者支付意愿法与机会成本分析法都属于局部均衡分析法。消费者支付意愿法主要用于确定非外贸货物的影子价格、影子效益或费用。实际上,该方法也适用于其他货物的影子价格确定。

在项目产出物有效增加了国内市场供应量的情况下,若其供应量不足以大到引起国内市场价格(完全由供求决定的价格)的下降,则消费者支付意愿的度量尺度就是市场价格本身,产出物的影子价格可取市场价格;若其供应量引起了国内市场价格的下降,则消费者支付意愿等于消费者实际支付加增加的消费者剩余,即产出物的影子效益等于消费者支付意愿。在项目产出物替代国内原生产企业的部分或全部生产的情况下,影子效益为原生产企业减产或停产向社会所释放资源的价值,其等于这部分资源的消费支付意愿(若产品质量有所提高,还应计入追加效益)。

同理,在项目投入物来自挤占对该投入物原用户供应量的情况下,其影子费用等于原用户因此而减少的效益的价值,即等于原用户对这部分投入物的支付意愿;在项目投入物来自国内生产量增加的情况下,其影子费用就是增加生产所消耗资源的价值,即等于对这些资源的消费者支付意愿。推而广之,项目出口产品的出口价格反映了国外消费者对项目产品的支付意愿,项目进口投入物的进口价格反映了国内消费者对进口投入物的支付意愿。

3. 影子价格的确定

价格是国民经济评价的关键参数,价格是否真实,直接影响到费用和效益的计算是否正确,从而影响国民经济评价的结论。为了正确估算项目对整个国民经济的真实净贡献,在进行国民经济评价时,对于在项目费用和效益中占比较大的或者国内价格明显不合理的投入物和产出物,就以影子价格代替财务评价中所用的财务价格进行费用和效益的计算。

通常情况下,将项目消耗的社会资源投入物(成本)和增加的社会资源产出物(效益)划分为三类:特殊投入物、外贸商品和非外贸商品(见图 7-1)。

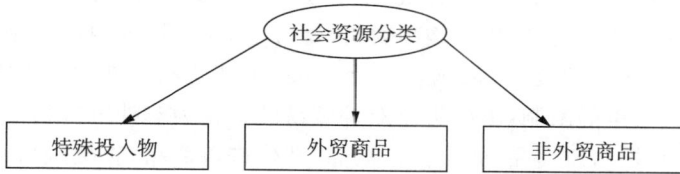

图 7-1　社会资源分类

1)特殊投入物影子价格的确定

(1)劳动力的影子工资。劳动力的影子工资是指建设项目使用劳动力,国家和社会为此付出的代价。影子工资由劳动力的机会成本和劳动力就业或转移引起的社会资源消耗两部分组成。劳动力的机会成本是建设项目占用的劳动力由于在本项目使用而不能再用于其他地方或享受闲暇而被迫放弃的价值;社会资源消耗是指劳动力转移或就业增加的社会资源消耗,如交通运输费、搬迁费、城市管理费等,这些资源消耗并没有提高职工生活水平。影子工资可通过财务工资乘以影子工资系数求得。影子工资的计算公式为

$$影子工资 = 财务工资 × 影子工资换算系数 \qquad (7-5)$$

在计算劳动力的影子工资时,采用技术与非技术劳动力的分类方式分别测算其劳动力影子工资。影子工资换算系数取值见表 7-6 所列。

表 7-6　影子工资换算系数取值

分类	影子工资换算系数
技术劳动力	1
非技术劳动力	0.25~0.28

(2)土地的影子价格。土地的影子价格亦称为土地的经济成本。土地是一种重要的经济资源,项目占用的土地无论是否需要实际支付财务成本,均应根据土地用途的机会成本分析法或消费者支付意愿法计算其影子价格。

① 对于生产性用地(如农、林、牧、渔及其他生产性用地)应按照这些生产用地未来可以提供的产出物的效益及因改变土地用途而发生的新增社会资源消耗进行计算。其计算公式为

$$土地的影子价格 = 土地机会成本 + 新增社会资源消耗费用$$

② 对于非生产性用地(如住宅、休闲用地等)应按照支付意愿法,根据市场交易价格测算其影子价格。

(3)资金的影子价格。资金的影子价格是指资金的机会成本,即因某项目的投资而放弃的其他投资机会中可能得到的最大投资效果。

2)外贸商品影子价格的计算

一种货物的投入或产出,若主要影响国家的进出口水平,则该货物为外贸货物;若主要

影响国内的供求关系,则该货物为非外贸货物。区分外贸货物和非外贸货物应遵循的原则:直接进出口的货物为外贸货物;国内生产的货物,原来确有出口机会,若因拟建项目的使用,减少了出口,则该货物为外贸货物;若拟建项目的产出或投入物,引起了进出口货物的增加或减少,则该货物为外贸货物;国内运输项目、大部分电力项目、国内电信项目等基础设施所提供的产品或服务为非外贸货物;因国内运费过高,不能进行对外贸易的货物为非外贸货物;受国内国际贸易政策的限制,不能进行对外贸易的货物为非外贸货物。

外贸货物分为直接出口商品、间接出口商品、替代进口商品、直接进口商品、间接进口商品、减少出口商品。

(1)直接出口(外销)商品影子价格(SP_1)的计算公式为

$$SP_1 = FOB \times SER - (T_1 + T_{t1}) \tag{7-6}$$

式中,FOB—— 出口商品离岸价格;

SER—— 影子汇率;

T_1—— 国内的运输费用;

T_{t1}—— 国内的贸易费用。

(2)间接出口商品影子价格(SP_2)的计算公式为

$$SP_2 = FOB \times SER - (T_2 + T_{t2}) - (T_3 + T_{t3}) - (T_4 + T_{t4}) \tag{7-7}$$

式中,T_2—— 原供应厂到口岸的运输费用;

T_{t2}—— 原供应厂到口岸的贸易费用;

T_3—— 原供应厂到用户的运输费用;

T_{t3}—— 原供应厂到用户的贸易费用;

T_4—— 项目到用户的运输费用;

T_{t4}—— 项目到用户的贸易费用。

当原供应厂和用户难以确定时,可按直接出口考虑。

(3)替代进口商品影子价格(SP_3)的计算公式为

$$SP_3 = CIF \times SER + (T_5 + T_{t5}) - (T_4 + T_{t4}) \tag{7-8}$$

式中,CIF—— 进口商品到岸价格;

T_5—— 口岸到用户的运输费用;

T_{t5}—— 口岸到用户的贸易费用。

当用户难以确定时,可按到岸价格考虑。

(4)直接进口商品影子价格(SP_4)的计算公式为

$$SP_4 = CIF \times SER + (T_1 + T_{t1}) \tag{7-9}$$

(5)间接进口商品影子价格(SP_5)的计算公式为

$$SP_5 = CIF \times SER + (T_5 + T_{t5}) - (T_3 + T_{t3}) + (T_6 + T_{t6}) \tag{7-10}$$

式中,T_6—— 原供应厂到项目的运输费用;

T_{t6}—— 原供应厂到项目的贸易费用。

3)非外贸货物影子价格的计算

非外贸货物是指生产或使用不影响国家进出口的货物。非外贸货物影子价格的计算有两种方法,比较简单的方法是采用换算系数计算,比较精确的方法是采用价格分解法进行计算。

(1)换算系数法计算非外贸货物影子价格的公式为

$$影子价格＝国内现行价格×经济换算系数 \qquad (7-11)$$

(2)价格分解法计算非外贸货物影子价格的步骤:将生产或使用这类商品的主要投入物中的外贸货物的价格逐项按影子价格调整,少量不能调整的非外贸货物的投入物仍按实际价格计算,然后加权汇总即可得出非外贸货物影子价格。

7.3.2　影子汇率

影子汇率是指单位外汇的经济价值。在项目国民经济评价中,使用影子汇率是为了正确计算外汇的真实经济价值。影子汇率在国民经济分析中应用的是区别于官方汇率的外汇率。官方汇率是本国政府规定的单位外币的国内价格,影子汇率则是外币与本国货币的真实比价。影子汇率取值的高低,直接影响项目(或方案)比选中的进出口抉择,影响对产品进口替代型项目的产品出口型项目的决策。

在国民经济评价中,影子汇率通过影子汇率换算系数计算。影子汇率换算系数是影子汇率与国家外汇牌价的比值。工程项目投入物和产出物涉及进出口的,应采用影子汇率换算系数计算影子汇率。目前,我国的影子汇率换算系数为1.08。

$$影子汇率＝国家外汇牌价×影子汇率换算系数 \qquad (7-12)$$

【例 7-1】　若国家外汇牌价中人民币对美元的比值为 810/100,试求人民币对美元的影子汇率。

解:人民币对美元的影子汇率为

$$影子汇率＝影子汇率换算系数×810/100＝1.08×810/100＝8.748$$

7.3.3　社会折现率

社会折现率是指代表社会资金被占用应获得的最低收益率。社会折现率是用以衡量资金时间价值的重要参数,并用作不同年份价值换算的折现率。社会折现率的确定体现国家的政策、目标和宏观调控意图,并且既要符合基本理论,又要符合我国的实际情况,应该考虑我国近期的投资收益水平、社会资金机会成本、国际金融市场上的长期贷款利率及国内外的资金供求状况等因素。

对于永久性工程或者受益期超长的项目(如水利工程等大型基础设施)和具有长远环境保护效益的建设项目,社会折现率可适当降低,但不应低于6%。

社会折现率可用于间接调控投资规模。社会折现率的取值高低直接影响项目经济合理性判断的结果。社会折现率取值提高,会使一些本来可以通过的投资项目因达不到判别标准而被舍弃,从而使获得通过的项目总数减少,使投资总规模下降,间接地起到调控国家投资规模的作用。因此,社会折现率可以作为国家建设投资总规模的间接调控参数。需要缩小投资规模时,就提高社会折现率;需要扩大投资规模时,就降低社会折现率。

社会折现率的取值高低会影响项目的选优和方案的比选。社会折现率高,不利于初始投资大而后期费用节省或收益增大的方案或项目,因为后期的效益折算为现值时的折减率较高;而社会折现率低时,情况正好相反。

习　题

1. 影子价格与财务价格的性质有什么不同? 各在什么情况下使用?

2. 在国民经济评价的费用和效益中,哪些项目属于转移支付? 如何认识转移支付?

3. 什么是社会折现率? 它对国家资源的合理分配和利用会产生什么影响?

4. 某产品 P 为非外贸货物。现因市场需求,需新增投资,扩大生产量。货物 P 的单位产品财务成本见表 7-7 所列。已知生产每吨 P 货物的固定资产投资为 1 225 元,占用流动资金为 180 元,项目计算期为 20 年,假定社会折现率为 12%。试用成本分解法分析货物 P 的影子价格(影子价格按货物的全部成本分解定价,采用平均成本进行分解)。

表 7-7　货物 P 的单位产品财务成本(按生产费用要素)

项目	单位	耗用量	财务成本/元
1. 外购原材料、燃料和动力			439.34
原料		1.25 m³	344.50
电力		400 kW·h	34.84
铁路货运			60
2. 工资及福利费			60
3. 折旧费			58.2
4. 修理费			25
5. 利息支出			7.26
6. 其他费用			26

注:(1)原料为外贸货物,直接进口,到岸价为 50 美元/m³,影子汇率为 6.758 5 元/美元,项目位于港口附近,即运输费用可忽略,贸易费用率为 6%。

(2)货物 P 的生产地,平均电力影子价格为 0.30 元/kW·h。

(3)铁路货运影子价格换算系数为 2.60。

(4)固定资产投资发生在第一、第二年,各年投资比为 1:1。其中,建筑费用占比为 20%,影子价格换算系数为 1.1,其余部分影子价格换算系数为 1.0。

第8章　工程项目可行性研究

> **内容提要：**
>
> 　　本章介绍工程项目的可行性研究，主要内容包括基本建设的程序，可行性研究的概述，可行性研究报告的基本内容等。
>
> **能力要求：**
>
> 　　(1)能够了解基本建设的程序；
>
> 　　(2)能够了解不同深度的可行性研究；
>
> 　　(3)能够了解可行性研究报告包括的主要内容。

8.1　概　　述

8.1.1　基本建设的程序

　　基本建设的程序是指建设项目从策划、选择、评估、决策、设计、施工到竣工、验收、交付使用的整个建设过程中，各项工作必须遵循的先后次序。

　　基本建设的程序如图8-1所示。

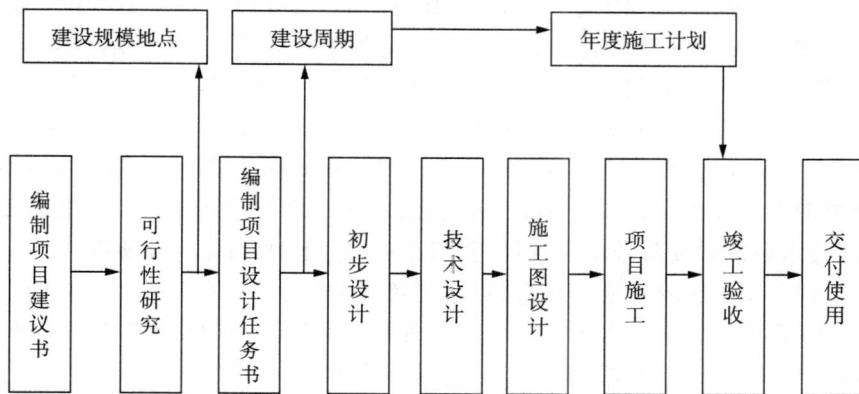

图8-1　基本建设的程序

　　1. 编制项目建议书

　　项目建议书是对拟建项目的一个总体轮廓设想，着重从客观上对项目立项的必要性做出分析衡量，并初步分析项目建设的可能性，向业主推荐项目。

　　2. 可行性研究

　　可行性研究是一项十分重要的工作。加强可行性研究是提高项目决策水平的关键，通过对拟建项目进行技术、经济的评价论证，为项目决策提供依据。

3. 编制项目设计任务书

项目设计任务书是建筑工程项目确定建设方案的决策性文件,是进一步编制设计文件,确定项目实施的投资目标、进度目标、质量目标的主要依据。项目设计任务书一般包括建设目的和依据、建设规模及生产方式、资源利用、环境保护、建设地区与土地占用等方面内容。

4. 编制设计文件

对于一个建设项目,设计文件是在已批准的项目任务书和确定项目地址的基础上编制的。对于一般建设项目实施两阶段设计,即初步设计和施工图设计;对于重要项目实施三阶段设计,即在初步设计后增加技术设计阶段。

5. 项目施工

在施工准备工作达到开工要求后,经审批即可组织全面施工。

6. 竣工验收交付使用

所有建设项目按设计完成施工后,通过竣工验收和试运行即可交付使用。

8.1.2 可行性研究的概述

可行性研究(Feasibility Study)是在项目建设前,运用多种学科(包括工程技术科学、社会学、经济学及系统工程学等)知识,对拟建项目的必要性、可能性及经济、社会有利性进行全面、系统、综合的分析和论证,以便进行正确决策的研究活动。它是一种综合的经济分析技术。可行性研究的任务是以市场为前提,以技术为手段,以经济效果为最终目标,对拟建的投资项目在投资前期全面、系统地论证该项目的必要性、可能性、有效性和合理性,对项目做出可行或不可行的评价。

可行性研究工作最早是从 20 世纪 30 年代美国开发田纳西河流域时开始试行。第二次世界大战结束后,随着科学技术的发展和经济建设的需要,可行性研究在大型工程项目中得到了广泛应用,并成为投资项目决策前的一个重要的工作阶段。1978 年,联合国工业发展组织(以下简称 UNIDO)为了推动和帮助发展中国家的经济发展,编写出版了《工业可行性研究编制手册》一书,系统地说明了工业可行性研究的内容与方法。

我国从 1979 年开始,在研究了西方国家运用可行性研究的经验后,经过反复酝酿,逐步将可行性研究纳入建设程序。1981 年,国务院在《技术引进和设备进口工作暂行条例》中明确规定,所有技术引进和设备进口项目,都要编制项目建议书和可行性研究报告。1982 年,当时的中华人民共和国国家计划委员会(以下简称"国家计委")在《关于编制建设前期工作计划的通知》中,进一步扩大了需要进行可行性研究工作的建设项目的范围。1983 年,国家计委制定和颁布了《关于建设项目进行可行性研究的试行管理办法》。1991 年又对此做了修订,该办法对我国基本建设项目可行性研究的编制程序、内容、审批等进行了规定。2004年,国务院发布的《国务院关于投资体制改革的决定》中提出,彻底改革不分投资主体、不分资金来源、不分项目性质,一律按投资规模大小分别由各级政府及有关部门审批的办法;对于企业不使用政府投资建设的项目,一律不再实行审批制,区别不同情况实行核准制和备案制。

可行性研究不仅可以为投资者的科学决策提供依据,同时还可以为银行贷款、合作者签约、工程设计等提供依据和基础资料。它是决策科学的必要步骤和手段。

在项目建设和运营的整个周期中,建设前期阶段是决定投资项目经济效果的关键阶段,是投资者研究和控制的重点。若到了建设实施阶段甚至运营阶段才发现工程费用过高、市场对项目产品需求不足、原材料不能保证等问题,则会给投资者造成巨大损失。因此,无论是发达国家还是发展中国家,都把可行性研究作为投资项目建设的重要环节。为了消除盲目性、减少投资风险,以便在竞争中获取最大利润,投资者宁愿在投资前花费一定的代价,也要进行投资项目的可行性研究,以提高投资获利的可靠程度。

UNIDO 出版的《工业可行性研究编制手册》将可行性研究工作分为 3 个阶段,即机会研究阶段、初步可行性研究阶段和详细可行性研究阶段。

1. 机会研究阶段

机会研究阶段主要是为项目投资者寻求具有良好发展前景、对经济发展有较大贡献且具有较大成功可能性的投资、发展机会,并形成项目设想。可以说,机会研究阶段是项目生成的摇篮。机会研究的一般方法是从经济、技术、社会及自然情况等在大的方面发生的变化中发掘潜在的发展机会,通过创造性的思维提出项目设想。对于工业建设项目来说,机会研究阶段主要通过以下几个方面来寻找投资机会:

(1)在加工或制造方面有潜力的自然资源新发现;

(2)作为工业原材料的农产品生产格局的状况与趋向;

(3)因人口或购买力增长而具有需求增长潜力的产品及类似新产品的情况;

(4)有应用前景的新技术发展情况;

(5)现有经济系统潜在的不平衡,如原材料工业与加工制造业的不平衡;

(6)现有各工业行业前向或后向扩展与完善的可能性;

(7)现有工业生产能力扩大的可能性、多种经营的可能性和生产技术改造的可能性;

(8)进口情况以及替代进口的可能性;

(9)投资环境,包括宏观经济政策、产业政策等;

(10)生产要素的成本和可得性;

(11)出口的可能性等。

总而言之,机会研究阶段围绕着是否具有良好发展前景的潜在需求开展研究,是大范围的、粗略的,要求时间短、花钱少。

机会研究阶段的主要任务是提供可能进行建设的投资项目。若证明项目投资的设想是可行的,则进行更深入的调查研究。

2. 初步可行性研究阶段

初步可行性研究阶段又称为预可行性研究。

机会研究阶段所提出的项目设想是否可行需要对项目设想做进一步的分析和细化,需要从产品的市场需求、经济、政策、法律、资源、能源、交通运输、技术、工艺及设备等方面对项目的可行性进行系统的分析。然而,一个完善的可行性研究工作是十分巨大的,需消耗大量的人力、物力、财力,且时间较长。因此,在投入必要的资金、人力及时间进行详细可行性研究之前先进行初步可行性研究。初步可行性研究阶段主要对项目在市场、技术、环境、选点、资金等方面的可行性进行初步分析。

1)初步可行性研究阶段的主要任务

(1)分析机会研究阶段的结论,并在详尽资料的基础上做出投资决定;

(2)根据项目设想产生的依据,确定是否进行下一步的详细可行性研究;

(3)确定哪些关键性问题需要进行辅助性专题研究,如市场需求预测、实验室试验、实验工厂试验等；

（4）判断项目设想是否有生命力，能否获得较大的利润。

2）初步可行性研究阶段主要解决的问题

（1）产品市场需求量的估计，预测产品进入市场的竞争能力；

（2）机器设备、建筑材料和生产所需原材料、燃料、动力的供应情况及其价格变动的趋势；

（3）工艺技术在实验室试验或实验工厂试验情况的分析；

（4）厂址方案的选择，估算并比较交通运输费用和重大工厂设施的费用；

（5）合理经济规模的研究，估算几种不同生产规模的建厂方案的投资支出、生产成本、产品售价和可获得的利润，从而选择合理的经济规模；

（6）生产设备的选型，着重研究决定项目生产能力的主要设备和一些投资费用较大的生产设备。

在提出初步可行性研究报告时，还要提出项目总投资。初步可行性研究阶段是机会研究阶段与详细可行性研究阶段之间的一个中间阶段。它与机会研究阶段的区别主要在于所获资料的详细程度不同。如果项目机会研究阶段有足够的资料，那么可以越过初步可行性研究阶段，直接进行详细可行性研究。如果项目机会研究阶段的有关资料不足，获利情况不明显，那么要通过初步可行性研究来判断项目是否值得投资建设。

3. 详细可行性研究阶段

详细可行性研究阶段又称为最终可行性研究阶段。通过初步可行性研究阶段的项目一般都不会再被淘汰，但具体实施方案和计划还需要通过详细可行性研究来确定。项目采用哪种方案来实现及实现后的实际效果主要取决于详细可行性研究阶段的结果。详细可行性研究阶段的主要任务是对项目的产品纲要、技术工艺及设备、厂址与厂区规划、投资需求、资金融通、建设计划及项目的经济效果等多方面进行全面、深入、系统的分析和论证，通过多方案比较，选择最佳方案。虽然详细可行性研究阶段的研究范围没有超出初步可行性研究的范围，但研究深度却远高于初步可行性研究的深度。

可行性研究各个阶段的研究深度不同，所花费的时间和费用也不同。一般来说，机会研究阶段需用 1 个月左右的时间，研究费用占项目总投资的 0.2%～1%；初步可行性研究阶段需要1～3个月的时间，研究费用占 0.25%～1.25%；详细可行性研究阶段需要 3～6 个月或更长的时间，研究费用占大项目总投资的 0.8%～1%，占小项目总投资的 1%～3%。

在实际工作中，可行性研究的 3 个阶段未必十分清晰。有些小型的简单项目，常把机会研究阶段与初步可行性研究阶段合二为一。在我国，许多项目的前两个阶段与详细可行性研究阶段常常也是交织在一起进行的。

8.2　可行性研究报告的基本内容

一般建设项目的可行性研究的内容应包括以下 19 个方面的内容。

8.2.1　项目兴建理由与目标

项目兴建理由与目标的研究，是根据已经确定的初步可行性研究报告（或项目建书），从总体上进一步论证项目提出的依据、背景、理由和预期目标,即进行项目建设必要性分析。与此同时,分析论证项目建设和生产运营必备的基本条件及其获得这些基本条件的可能性,即进行项目建设可能性分析。对于确实必要又有可能建设的项目,继续进行可行性研究,开展技术、工程、经济、环境等方案的论证、比选和优化工作。

(1)项目兴建理由。所有的拟建项目都有其特定的背景、依据和原因,一般来说有以下理由:新建或扩大企业生产能力,提供产品或服务,满足社会需求,获取经济利益的需要;进行基础设施建设;改善交通运输条件,促进地区经济和社会发展的需要;合理开发利用资源,增加社会财富,实施可持续发展的需要;发展文化、教育、卫生等公益事业,满足人民不断增长的物质文化生活的需要;增强国防和社会安全能力的需要。

可行性研究阶段应对拟建项目的建设依据和主要理由进行分析论证。这种分析,一般应从项目本身和国民经济两个层次进行。

① 项目本身层次分析。项目业主或投资人兴建项目的理由,或是为了谋求一种更长远的发展,或是为了在向社会提供产品、服务的同时获取合法利润或投资回报,或是为了促进国家、地区经济和社会发展。项目本身层次分析,应侧重项目产品和投资效益角度论证兴建理由是否充分合理。

② 国民经济层次分析。有些项目兴建的理由从项目本身层次看是合理的、可行的,但从国民经济全局看就不一定合理、可行。因此,对那些受宏观经济条件制约较大的项目,应进行国民经济层次分析。例如,分析拟建项目是否符合合理配置和有效利用资源的要求;是否符合区域规划、行业发展规划、城市规划、水利流域开发规划、交通路网规划的要求;是否符合国家技术政策的要求;是否符合保护环境、可持续发展的要求;等等。

通过上述两个层次的分析,判别项目建设的理由是否充分、合理,以确定项目建设的必要性。

(2)项目预期目标。根据项目兴建的理由,对初步可行性研究报告提出的拟建项目的轮廓和预期达到的目标进行总体分析论证。分析论证的主要内容:项目建设内容和建设规模;技术装备水平;产品性能和档次;成本、收益等经济目标;项目建成后在国内外同行中比较所处的位置或在经济和社会发展中的作用;等等。

(3)项目建设基本条件。对于确实需要建设且目标合理的拟建项目,应分析论证其是否具备建设的条件。一般应分析市场条件、资源条件、技术条件、资金条件、环境条件、社会条件、施工条件、法律条件及外部协作配套条件等对拟建项目支持和满足的程度,充分考察项目建设和运营的可能性。

8.2.2　市场预测

市场预测是对项目的产品和所需的主要投入品的市场容量、价格、竞争力及市场风险进行分析预测。市场预测的结果为项目建设规模与产品方案提供依据。

市场预测主要围绕与项目产品相关的市场条件展开,其主要内容如下。

(1)市场现状调查。市场现状调查是进行市场预测的基础。市场现状调查主要是调查拟建项目同类产品的市场容量、价格及市场竞争力现状。

(2)产品供需预测。产品供需预测是利用市场调查所获得的信息资料,从项目产品未来市场供应和需求的数量、品种、质量、服务等因素进行定性与定量分析。

(3)价格预测。价格预测是测算项目投产后的销售收入、生产成本和经济效益的基础，也是考察项目产品竞争力的重要方面。预测价格时，应对影响价格形成与导致价格变化的各种因素进行分析，初步设定项目产品的销售价格和投入品的采购价格。

(4)竞争力分析。竞争力分析是研究拟建项目在国内外市场竞争中获胜的可能性和获胜能力。进行竞争力分析，既要研究项目自身竞争力，也要研究竞争对手的竞争力，还要将两者进行对比，从而优化项目的技术经济方案，扬长避短，发挥竞争优势。

(5)市场风险分析。在可行性研究中，市场风险分析是在产品供需、价格变动趋势和竞争能力等常规分析达到一定深度的情况下，对未来国内外市场某些重大不确定因素发生的可能性及其可能对项目造成的损失程度进行分析。市场风险分析可以定性描述，估计风险程度；也可以定量计算风险发生的概率，分析对项目的影响程度。定量分析更具有说服力。

(6)市场调查与预测方法。在进行市场调查与预测时，应根据项目产品的特点及项目不同决策阶段对市场预测的不同深度要求选用相应的市场调查与预测方法。

8.2.3　资源条件评价

矿产资源、水利水能资源和森林资源等是资源开发项目的物质基础，直接关系到项目开发方案和建设规模的确定。资源开发项目包括金属矿、煤矿、石油天然气矿、建材矿、水利水电和森林采伐等项目。在可行性研究阶段，应对资源开发利用的可能性、合理性和资源的可靠性进行研究和评价，为确定项目开发方案和建设规模提供依据，确保人类社会的可持续发展。

8.2.4　建设规模与产品方案

建设规模与产品方案研究是在市场预测和资源评价的基础上，论证比选拟建项目的建设规模与产品方案(包括主要产品和辅助产品及其组合)，并作为确定项目技术方案、设备方案、工程方案、原材料与燃料供应方案及投资估算的依据。

8.2.5　场址选择

可行性研究阶段的场址选择，是在初步可行性研究(或项目建议书)规划选址已确定的建设地区和地点范围内，进行具体坐落位量选择。场址选择习惯上称为工程选址。

8.2.6　技术方案、设备方案和工程方案

项目的建设规模与产品方案确定后，应进行技术方案、设备方案和工程方案的具体研究论证工作。技术、设备与工程方案构成项目的主体，体现项目的技术和工艺水平，也是决定项目是否经济合理的重要基础。

(1)技术方案选择。技术方案选择的基本要求包括先进性、适用性、可靠性、安全性和经济合理性。技术方案选择的内容包括生产方法选择和工艺流程方案选择。

(2)主要设备方案选择。主要设备方案应与选定的建设规模、产品方案和技术方案相适应，满足项目投产后生产或使用的要求。主要设备之间、主要设备与辅助设备之间的能力相互配套。设备质量可靠、性能成熟，能够保证生产和产品质量稳定。在保证设备性能的前提

下力求经济合理。拟选的设备应符合政府部门或专门机构发布的技术标准要求。

要根据建设规模、产品方案和技术方案,研究提出所需主要设备的规格、型号和数量。通过对国内外相关制造企业的调查和初步询价,研究提出项目所需主要设备的来源与投资方案。拟引进国外设备的项目,应提出设备供应方式,如合作设计合作制造、合作设计国内制造及引进单机或成套引进等。选用超大、超重、超高设备,应提出相应的运输和安装的技术措施方案。

（3）工程方案选择。确定项目的工程内容、建筑面积和建筑结构时,应满足生产和使用功能的要求。分期建设的项目应留有适当的发展余地,适应已选定的场址(线路走向)。建筑物、构筑物的基础、结构和所采用的建筑材料,应符合政府部门或专门机构发布的技术标准规范要求,确保工程质量。工程方案在满足使用功能、确保质量的前提下,力求降低造价,节约建设资金。

一般工业项目的厂房、工业窑炉、生产装置等建筑物、构筑物的工程方案,主要研究建筑特征(面积、层数、高度、跨度),建筑物、构筑物的结构型式,以及特殊建筑要求(防火、防爆、防腐蚀、隔音、隔热等)、基础工程方案、抗震设防等。

矿产开采项目的工程方案主要研究开拓方式。根据矿体分布、形态、产状、埋藏深度、地质构造等条件,结合矿产品位置、可采资源量,可以确定井下开采或露天开采的工程方案。这类项目的工程方案将直接转化为生产方案。铁路项目工程方案,主要包括线路、路基、轨道、桥涵、隧道、站场以及通信信号等方案。

水利水电项目工程方案主要包括防洪、治涝、灌溉、供水、发电等工程方案。水利水电枢纽和水库工程主要研究坝址、坝型、坝体建筑结构、坝基处理及各种建筑物、构筑物的工程方案。同时,还应研究提出库区移民安置的工程方案。

（4）节能措施。在研究技术方案、设备方案和工程方案时,对于能源消耗量大的项目,应提出节约能源措施,并对能耗指标进行分析。

（5）节水措施。在研究技术方案、设备方案的出节水措施时,应对水耗指标进行分析。

8.2.7　原材料与燃料供应方案

在研究确定项目建设规模、产品方案、技术方案和设备方案的同时,还应对项目所需的原材料、燃料进行统计,以确保项目建成后能正常生产运营,并为计算生产运营成本提供依据。

8.2.8　总图运输与公用辅助设施工程

总图运输与公用辅助设施工程是在已选定的场址范围内,研究生产系统辅助设施工程及运输设施的平面和竖向布置及工程方案。

8.2.9　环境影响评价

建设项目一般会引起项目所在地自然环境、社会环境和生态环境的变化,并对环境状况、环境质量产生不同程度的影响。环境影响评价是在研究确定场址方案和技术方案中,调查研究环境条件,识别和分析拟建项目影响环境的因素,研究提出治理和保护环境的措施,比选和优化环境保护方案。

8.2.10 劳动安全卫生与消防

拟建项目劳动安全卫生与消防的研究是在已确定的技术方案和工程方案的基础上,分析论证在建设和生产过程中存在的对劳动者和财产可能产生的不安全因素(如工伤、职业病、火灾隐患等),并提出相应的防范措施。

(1)劳动安全卫生研究。劳动安全卫生研究主要通过对危害因素及危害程度的分析,提出预防及安全措施方案。其主要内容包括以下几个方面。

① 危害因素和危害程度分析。主要分析在生产或者作业过程中可能对劳动者身体健康和生产安全造成危害的物品、部位、场所,以及危害范围和程度。主要包括如下内容:分析生产和使用带有危害性的原料、材料和产品,包括易燃、易爆、有毒气体类,易燃液体类,易燃固体类,氧化剂和过氧化物类,毒害品类,辐射物质类及工业粉尘类等;分析有毒有害物品的物理化学性质,引起火灾、爆炸危险的条件,对人体健康的危害程度及造成职业病的可能性;分析高空、高温、高压作业,井下作业,辐射、振动、噪声等危险性作业场所,可能造成的对人身的危害。

② 安全措施方案。在可行性研究阶段,应针对不同危害和危险性因素的场所、范围以及危害程度,研究并提出相应的安全措施方案。安全措施方案的主要内容:在选择工艺技术方案时,应尽可能选用安全生产和无危害的生产工艺和设备;对危险部位和危险作业,应提出安全防护措施方案;对危险场所,应按劳动安全规范提出合理的生产工艺方案和设置安全间距;对煤炭、冶金等矿井开采项目,应提出防止瓦斯爆炸、矿井涌水、塌方、冒顶等技术和安全措施方案;对易生职业病的场所,应提出防护和卫生保健措施方案。

(2)消防设施研究。消防设施研究主要是分析项目在生产运营过程中存在的火灾隐患和重点消防部位,根据消防安全规范确定消防等级,并结合当地公安消防设施状况,提出消防监控报警系统和消防设施配置方案。其主要内容包括以下几个方面。

① 火灾危险性分析。分析生产过程中使用的原材料、中间产品、成品的火灾危险性,如储存物品的火灾危险性,生产过程中易燃、易爆产生的部位及火灾危险性,运输过程中的火灾危险性等。

② 调查项目场址周围消防设施情况。调查项目场址周边公安消防机构的规模、装备,调查项目场址所在地公安消防队与场址的距离等,确定项目对公安消防机构的依托程度。

③ 消防措施和设施。根据项目在生产运营过程中存在火灾隐患的部位、火灾危险类别以及可能波及的范围,确定应采用的消防等级,并结合项目场址周围消防设施情况,提出消防监控报警系统和消防设施配置方案。

8.2.11 组织机构与人力资源配置

合理和科学地确定项目组织机构与人力资源配置是保证项目建设、生产运营顺利进行和提高劳动效率的重要条件。在可行性研究阶段,应对项目的组织机构设置、人力资源配置、员工培训等内容进行研究,比选和优化方案。

(1)组织机构设置及其适应性分析。根据拟建项目的特点和生产运营的需要,应研究提出组织机构的设置方案,并对其适应性进行分析。项目建设规模和生产运营方式不同,机构设置的模式和运转方式也不相同。根据拟建项目出资者的特点,研究确定相适应的组织机构模式;根据拟建项目的规模大小,研究确定项目的管理层次;根据建设和生产运营特点和需要,设置相应的管理职能部门。

技术改造项目,应分析企业现有组织机构、管理层次、人员构成情况,结合改造项目的需要,制订组织机构设置方案。

经过比选提出推荐方案,并进行适应性分析,主要分析项目法人的组建方案是否符合《中华人民共和国公司法》和国家相关规定的要求;项目执行机构是否具备指挥能力、管理能力和组织协调能力;组织机构的层次和运作方式是否能够满足建设和生产运营管理的要求;项目法人代表及主要经营管理人员的素质能否适应项目建设和生产;运营管理的要求能否承担项目筹资建设、生产运营、偿还债务等责任。

(2)人力资源配置。在组织机构设置方案确定后,应研究确定各类人员包括生产人员及其他人员的数量和配置方案,满足项目建设和生产运营的需要,为提高劳动生产率创造条件。人力资源配置研究的内容包括以下几个方面。

① 人力资源配置的依据。人力资源配置的主要依据:国家相关劳动法律、法规及规章;项目建设规模;生产运营复杂程度与自动化水平;人员素质与劳动生产率要求;组织机构设置与生产管理制度;国内外同类项目的情况。

② 人力资源配置的内容。人力资源配置三要是指研究确定合理的工作制度,根据行业类型和生产过程的特点,提出工作时间、工作制度和工作班次方案。其主要内容:研究员工配置数量,根据精简、高效的原则和劳动定额,提出配备各职能部门、各工作岗位所需人员数量;技术改造项目,应根据改造后技术水平和自动化水平提高的情况,优化人员配置,所需人员首先由企业内部调剂解决;研究提出员工选聘方案,特别是高层管理人员和技术人员的来源和选聘方案;研究测算职工工资和福利费用:研究测算劳动生产率;研究确定各类人员应具备的劳动技能和文化素质。

③ 人力资源配置的方法。不同行业、不同岗位,人力资源配置的方法不同。具体来说,主要有如下几种方法:第一种,按劳动效率计算定员,即根据生产任务和生产人员的劳动效率计算生产定员人数;第二种,按设备计算定员,即根据机器设备的数量、工人操作设备定额和生产班次计算生产定员人数;第三种,按劳动定额计算定员,即根据工作量或生产任务量,按劳动定额计算生产定员人数;第四种,按岗位计算定员,即根据设备操作岗位和每个岗位所需的工人数计算生产定员人数;第五种,按比例计算定员,即按服务人员占职工总数或占生产人员数的比例计算所需服务人员人数;第六种,按组织机构职责范围、业务分工计算管理人员的人数。

(3)员工培训。可行性研究阶段应提出员工培训计划,包括培训岗位、人数、培训内容、目标、方法、地点和培训费用等。另外,为保证项目建成后顺利投入生产运营,应重点培训生产线关键岗位的操作运行人员和管理人员。

对培训人员的培训时间应与项目的建设进度相衔接,如应在设备安装调试前完成设备操作人员的培训工作,以便各种人员参加设备安装、调试过程,熟悉设备性能,掌握处理事故的技能等,保证项目的顺利投产。

8.2.12　项目实施进度

项目工程建设方案确定后,应研究提出项目的建设工期和实施进度安排,科学组织建设过程中各阶段的工作,按工程进度安排建设资金,保证项目按期建成投产,发挥投资效益。

(1)建设工期。建设工期一般是指从拟建项目永久性工程开工之日,到项目全部建成投产或交付使用所需要的时间。建设工期主要包括土建施工、设备采购与安装、生产准备、设备调试、联合试运行、交付使用等阶段。

项目建设工期可以参考相关部门或专门机构制定的建设项目工期定额和单位工程工期定额(如一般土建工程工期定额、设备安装工期定额、隧道开凿工程工期定额等),结合项目建设内容、工程量大小、建设难易程度及施工条件等具体情况综合研究确定。

(2)实施进度安排。项目建设工期确定后,应根据工程实施各阶段工作量和所需时间,对时序做出大体安排,并使各阶段工作相互衔接,然后编制项目实施进度表(横道图)。

大型建设项目,应根据项目总工期要求,制订主体工程和主要辅助工程的建设起止时间及时序表。

8.2.13　投资估算

投资估算是在对项目的建设规模、技术方案、设备方案、工程方案及项目实施进度等进行研究并基本确定的基础上,估算项目投入总资金(包括建设投资和流动资金),并测算建设期内分年资金需要量。投资估算作为制订融资方案、进行经济评价及编制初步设计概算的依据。

8.2.14　融资方案

融资方案是在投资估算的基础上,研究拟建项目的资金渠道、融资形式、融资结构、融资成本、融资风险,比选推荐项目的融资方案,并以此研究资金筹措方案和财务评价。

8.2.15　财务评价

财务评价是在国家现行财税制度和市场价格体系下,分析预测项目的财务费用和效益。计算财务评价指标,考察拟建项目的盈利能力、偿债能力,据此判断项目的财务可行性。

8.2.16　国民经济评价

国民经济评价是按合理配置资源的原则,采用影子价格等国民经济评价参数,从国民经济的角度考察投资项目所耗费的社会资源和对社会的贡献,评价投资项目的经济合理性。

8.2.17　社会评价

社会评价是分析拟建项目对当地社会的影响和当地社会条件对项目的适应性和可接受程度,评价项目的社会可行性。

8.2.18　风险分析

风险分析是在市场预测、技术方案、工程方案、投资方案和社会评价论证中已进行的初步风险分析的基础上,进一步综合分析拟建项目在建设和运营中潜在的风险因素,揭示风险来源,判别风险程度,提出规避风险对策,降低风险损失。

8.2.19　研究结论与建议

研究结论与建议是在前述各项研究论证的基础上,归纳总结,择优提出推荐方案,并对推荐方案进行总体论证。在肯定拟推荐方案优点的同时,还应指出可能存在的问题和可能遇到的主要风险,并做出项目和方案是否可行的明确结论,为决策者提供清晰的建议。其主要内容包括以下几个方面。

(1)推荐方案总体描述。推荐方案总体描述包括推荐方案的主要内容和论证结果。推荐方案总体描述的具体内容有市场预测,资源条件评价,建设规模与产品方案,场址选择方案,技术设备工程方案,原材料、燃料供应方案,环境影响评价,项目投入总资金及资金筹措,经济效益和社会效益,方案实施的基本条件,主要风险分析结论。

(2)对推荐方案不同意见和存在问题进行阐述。要对推荐方案论证过程中出现的不同意见进行充分、实事求是的反映,阐述推荐方案存在的、有待解决的问题。

(3)主要比选方案描述。在可行性研究过程中,应对未被推荐的一些重大比选方案进行描述,阐述方案的主要内容,优、缺点和未被推荐的原因,以便决策者从多方面进行思考并做出决策。

(4)结论与建议。通过对推荐方案的详细分析论证,明确提出项目和方案是否可行的结论意见,并对下一步工作提出建议。建议主要包括两方面的内容:一方面,对项目下一步工作的重要意见和建议,如在技术谈判、初步设计、建设实施中需要引起重视的问题和工作安排的意见、建议;另一方面,项目实施中需要协调解决的问题和相应的意见、建议。

8.3　投资项目后评价

作为固定资产投资前期工作的重要组成部分,投资项目的可行性研究和项目评价正在我国全面推行并起到一定的作用。但是,可行性研究和项目评价是在项目建设前期进行的,其判断、预测是否正确,项目的实际效果究竟如何都需要在项目竣工投产后根据实际数据资料进行的再评价来检验,这种评价就是项目后评价。

8.3.1　投资项目后评价的概述

1. 投资项目后评价的概念与作用

投资项目后评价是投资者委托咨询组织或专家,对建设项目从项目研究决策、到项目建成投产,并生产经营一定时期后进行的全方位、全过程的总体评价。其将项目投资决策前分析、预测、估算的指标与项目投产后实际达到的水平进行比较分析,真实、全面地总结评价项目前评价工作的质量,鉴定项目评价决策和项目投产后经济效益发挥的准确程度,并从中吸取经验教训,为正在投产营运的项目和以后建设同类项目,如何提高经济性、合理性,取得良好的经济效益,提出可行的措施与建议。

投资项目后评价的具体作用如下:

(1)有利于总结项目管理的经验教训,提高项目管理水平;

(2)有利于决策的科学化与民主化水平;

(3)通过项目后评价,可以总结经验教训,妥善处理遗留问题,有利于提高勘察设计与施

工的技术水平,有利于促进建设实施阶段合理化,效果最佳化;

(4)有利于提高引进技术和装备的成功率;

(5)有利于提高企业投产运营的管理水平;

(6)有利于提高资金利用水平;

(7)有利于适应市场经济的需要。

2. 投资项目后评价的种类

一般而言,从项目开工之后,即项目投资开始发生以后,由监督部门所进行的各种评价都属于投资项目后评价的范畴。由于这种评价可以延伸至项目的寿命期末,因此根据评价时点,投资项目后评价可细分为跟踪评价、完成评价、影响评价。

(1)跟踪评价也称为中间评价或实施过程评价。其是指在项目开工以后到项目竣工以前任何一个时点所进行的评价。其主要目的是检查评价项目实施状况(包括进度、质量、费用等)。

(2)完成评价又称为总结评价或终期评价。其是项目投资结束,各项工程建设竣工,项目的生产效果已初步显现时进行的一次较为全面的评价。完成评价是对项目建设全过程的总结和对项目效益实现程度的评判,其内容主要包括项目选定的准确性及其经验、教训的分析。

(3)影响评价又称为事后评价。其是项目效益得到充分正常发挥后直到项目报废为止的整个运营阶段中任何一个时点,对项目所产生影响进行的评价。其侧重于对项目长期目标的评价,衡量项目的实际投资效益,评价项目的发展趋势和对社会、经济及环境的影响。

8.3.2 投资项目后评价的内容

1. 投资项目目标评价评定

投资项目立项时所预定的目标的实现程度,是投资项目后评价的主要任务之一。投资项目后评价要对照原定目标所需完成的主要指标,根据项目实际完成情况,评定项目目标的实现程度。如果项目的预定目标未全面实现,需分析未能实现的原因,并提出补救措施。目标评价的任务之一就是对项目原定目标的正确性、合理性及实践性进行分析评价。有些项目原定的目标不明确,或不符合实际情况,项目实施过程中可能会发生重大变化,如政策性变化或市场变化等,投资项目后评价要给予重新分析和评价。

2. 投资项目实施过程评价

投资项目的建设实施阶段是指投资项目按照投资决策和设计文件的要求,以及国家年度投资计划的安排,从建设准备工作开始,进行大量财力、物力投入,形成工程实体,直至全部验收、交付投产为止的过程。投资项目实施过程评价应对立项评估或可行性研究时所预计的情况与实际执行情况进行比较和分析,找出偏差程度,分析原因。

项目实施过程评价一般要分析以下几个方面的内容:投资项目的立项、准备和评估;投资项目的内容和建设规模;投资项目进度和实施情况;投资项目投资控制情况;投资项目质量和安全情况;配套设施和服务条件;收益范围与收益者的反映;投资项目的管理和机制;财务执行情况;等等。

3. 投资项目效益评价

投资项目效益评价是对投资项目实际取得的效益进行财务评价和国民经济评价,其评价的主要指标应与投资项目前评价的一致,如内部收益率、净现值及贷款偿还期等反映项目盈利能力和清偿能力的指标。但投资项目后评价采用的数据是实际发生的,而投资项目前评价则采用的是预测的。

4. 投资项目影响后评价

(1)经济影响评价:主要分析投资项目对所在地区、所属行业及国家所产生的经济方面的影响,包括分配、就业、国内资源成本(或换汇成本)、技术进步等。

(2)环境影响评价:根据项目所在地(或国)对环境保护的要求,评价项目实施后对大气、水、土地、生态等方面的影响,包括项目的污染控制、地区环境质量、自然资源利用和保护、区域生态平衡和环境管理等方面。

(3)社会影响评价:分析投资项目对社会发展目标的影响和贡献,重点评价投资项目对所在地区和社会的影响,评价内容一般包括贫困、平等、参与、妇女和持续性等。

5. 投资项目持续性评价

投资项目持续性是指在投资项目的建设资金投入完成之后,投资项目的既定目标是否能继续,投资项目是否可以持续地发展下去,投资项目业主是否愿意并可能依靠自己的力量继续去实现既定目标,投资项目是否具有可持续性,即能否在未来以同样的方式建设同类项目。投资项目可持续性评价就是从政府、管理、组织和地方参与,财务因素,技术因素,社会文化因素,环境和生态因素及其他外部因素等方面来分析投资项目的可持续性。

8.3.3　投资项目后评价的主要方法

1. 统计预测法

投资项目后评价包括对投资项目已经发生事实的总结和对投资项目未来发展的预测。投资项目后评价时点前的统计数据是评价对比的基础,投资项目后评价时点的数据是评价对比的对象,项目投资后评价时点后的数据是预测分析的依据。

(1)统计调查。根据研究的目的和要求,采用科学的调查方法,有策划、有组织地收集被研究对象的原始资料的工作过程。统计调查的常用方法有直接观察法、报告法、采访法和被调查者自填法等。

(2)统计资料整理。根据研究的任务,对统计调查所获得的大量原始资料进行加工汇总,使其系统化、条理化、科学化,以得出反映事物总体综合特征的工作过程。

(3)统计分析。根据研究的目的和要求,采用各种分析方法,对研究的对象进行解剖、对比、分析和综合研究,以揭示事物内在联系和发展变化的规律性。统计分析的方法有分组法、综合指标法、动态数列法、指数法、抽样和回归分析法、投入产出法等。

(4)预测。预测是对尚未发生或目前还不明确的事物进行预先的估计和推测,是在现时对事物将要发生的结果进行探索和研究。项目后评价中的预测主要有两种用途,一是对无项目条件下可能产生的效果进行假定的估测,以便进行有无对比;二是对今后效益的预测。

2. 对比法

(1)前后对比法。前后对比法是指将项目实施前与项目实施后的情况加以对比,以确定项目效益的一种方法。在投资项目后评价中,它是一种纵向的对比,即将项目前期的可行性研究和项目评估的预测结论与项目的实际运行结果相比较,以发现差异、分析原因。这种对比用于揭示计划、决策和实施的质量,是项目过程评价应遵循的原则。

（2）有无对比法。有无对比法是指将项目实际发生的情况与若无项目可能发生的情况进行对比，以度量项目的真实效益、影响和作用。这种对比是一种横向对比，主要用于项目的效益评价和影响评价。有无对比的目的是要分清项目作用的影响和项目以外作用的影响。

3. 因素分析法

项目投资效果的各种指标，往往都是由多种因素决定的。只有把综合性指标分解成原始因素，才能确定指标完成好坏的具体原因和症结所在。这种把综合指标分解成各个因素的方法称为因素分析法。运用因素分析法，首先要确定分析指标的因素组成，其次是确定各个因素与指标的关系，最后是确定各个因素对指标影响的份额。

4. 定量分析与定性分析相结合

定量分析是通过一系列的定量计算方法和指标对所考察的对象进行的分析评价；定性分析是指对无法定量的考察对象用定性描述的方法进行的分析评价。在投资项目后评价中，应尽可能用定量数据来说明问题，采用定量的分析方法，以便进行前后对比或有无对比。但对于无法取得定量数据的评价对象或对项目的总体评价，则应结合使用定性分析。

习　题

1. 建设工程基本建设程序主要包括哪些阶段？
2. 什么是可行性研究？可行性研究的作用是什么？
3. 可行性研究工作的阶段划分及各阶段之间的关系如何？
4. 可行性研究报告的主要内容是什么？
5. 投资项目后评价的含义是什么？它有哪些作用？
6. 投资项目后评价的方法有哪些？
7. 根据评价时点的不同，投资项目后评价分为几类？各类投资项目后评价分别包括哪些方面的内容？

第 9 章　价值工程

> **内容提要：**
>
> 　　价值工程是以项目功能分析为核心的评价方法，能够起到合理配置资源的目的。本章介绍价值工程的基本原理与应用，主要内容包括价值工程的基本原理，价值工程对象选择的方法，功能评价方法，方案的创新与评价等。
>
> **能力要求：**
>
> 　　(1)能够掌握价值工程的基本概念；
>
> 　　(2)能够掌握价值工程对象选择的原则和方法；
>
> 　　(3)能够重点掌握功能分析的思路与方法；
>
> 　　(4)能够了解方案创新与评价的基本方法。

9.1　概　述

评价工程产品实施效果需要综合考虑产品实施的效果与达到这一效果所付出的成本，寻求产品实施效果与付出成本之间的相对平衡。价值工程(Value Engineering，VE)是综合考虑产品效果与成本因素进行工程经济评价的一个有效方法。

价值工程也称为价值分析(Value Analysis，VA)，起源于 20 世纪 40 年代，通用电气公司的设计工程师劳伦斯·戴罗斯·麦尔斯是价值工程的创始人。劳伦斯·戴罗斯·麦尔斯当时主持通用电气公司采购部门的工作，公司汽车装配厂急需一种耐火材料——石棉板，而这种材料属于军工生产用材料，价格高且奇缺。面对石棉板价高且难求的状况，劳伦斯·戴罗斯·麦尔斯想：只要保证材料功能一样，能否用一种价格较低的材料代替石棉板？石棉板在生产中的功能是什么？通过调查，劳伦斯·戴罗斯·麦尔斯发现：原来汽车装配中的涂料容易漏洒在地板上，根据美国消防法规定，该类企业作业时地板上必须铺上一层石棉板，以防火灾。劳伦斯·戴罗斯·麦尔斯弄清石棉板的功能后，找到了一种价格便宜且能满足防火功能的防火纸来代替石棉板。

劳伦斯·戴罗斯·麦尔斯从研究代用材料开始，逐渐摸索出一套特殊的工作方法，把技术设计和经济分析结合起来考虑问题，用技术与经济价值统一对比的标准衡量问题，又进一步把这种分析思想和方法推广到研究产品开发、设计、制造及经营管理等方面，逐渐总结出一套比较系统和科学的方法。1947 年，劳伦斯·戴罗斯·麦尔斯以《价值分析程序》为题发表了研究成果，这也标志着价值工程正式产生。

价值工程首先在美国得到广泛重视和推广。1955 年，价值工程传入日本，他们把价值工程与全面质量管理结合起来，形成了具有日本特色的管理方法，并取得了成功。我国运用价值工程是从 20 世纪 70 年代末开始的；20 世纪 80 年代，国家经济委员会将价值工程作为 18 种现代化管理方法之一，广泛应用于产品设计和产品开发，以及工程建设中。

9.1.1 价值工程的概念

价值工程是指以谋求最低的产品全寿命周期成本,可靠地实现使用者所需的必要功能,对产品的功能成本进行有组织的、系统分析的一种技术方法。价值工程中"工程"是指为实现提高价值的目标所进行的一系列分析研究的活动。

1. 价值

价值工程中所述的"价值"是一个相对概念,是指作为某种产品(或作业)所具有的功能与获得该功能的全部费用的比值。它不是对象的使用价值,也不是对象的交换价值,而是对象的比较价值。它是衡量一个研究对象经济效益高低的尺度,俗称"性价比",可以用数学公式表示为

$$V = F/C \qquad\qquad (9-1)$$

式中,V——产品(或劳务等)的价值;

F——研究对象的功能,广义是指产品或作业的功用和用途;

C——获得相应功能的全寿命周期成本,即产品从设计制造到交付使用,再到报废的全过程的生产费用和使用费用之和。

2. 功能

功能是分析对象能够满足某种需求的一种属性,即某种功用、效用、作用,是产品最本质的东西。例如,手表的功能是显示时间,电视机的功能是显示图像和声音,住宅的功能是提供居住空间等。

对于用户而言,所需求和购买的不应该是作为物品存在的产品本身,而是需求和购买这个产品所具有的功能。对于企业而言,所生产的产品必须具有满足用户需求的特定功能。由此可以认为,企业实际生产的是某种功能,只不过它是以一定的物理形态为载体表现出来而已。产品的功能是企业与用户联系的纽带,故价值工程着眼于产品功能的分析。

3. 成本

成本是指实现分析对象功能所需要的费用,是在满足功能要求条件下的制造生产技术和维持使用技术(这里的技术是指广义的技术,包括工具、材料和技能等)的耗费支出。价值工程中的成本包括以下 3 个方面的内容。

1)功能现实成本

功能现实成本是指目前实现功能的实际成本。在计算功能现实成本时,需要将产品或零部件的现实成本转换成功能的现实成本。当产品的一项功能与一个零部件之间是"一对一"的关系,即一项功能通过一个零部件得以实现,并且该零件只有一项这样的功能,则功能成本就等于零部件成本;当一个零部件具有多项功能或者与多项功能有关时,可将零部件的成本分摊到相应的各个功能上;当一项功能是由多个零部件提供的,其功能成本应是各相关零部件分摊到本功能上的成本之和。

2)功能目标成本

功能目标成本是指可靠地实现用户要求功能的最低成本。通常,根据国内外先进水平或市场竞争的价格确定实现用户功能需求的产品最低成本(企业预期的成本或理想成本

等),再根据各功能的重要程度(重要性系数)将产品的成本分摊到各功能,最终得到功能目标成本。

3)全寿命周期成本

全寿命周期成本(C)是指分析对象从研究开发、设计制造、销售使用直到报废所发生的各项费用之和。全寿命周期成本主要由生产成本及维护成本组成。生产成本(C_1)是指用户购买产品的费用,包括产品的研发、设计、试制、生产、销售等费用;使用及维护成本(C_2)是指用户使用产品过程中支付的各种费用,包括使用过程中的能耗、维修费用、人工费用、管理费用等。因此可以得出全寿命周期成本的计算公式为

$$C = C_1 + C_2 \tag{9-2}$$

价值工程中所指的成本,通常是指产品全寿命周期成本。从社会角度来看,产品全寿命周期成本最小的产品方案是最经济方案。对于消费者而言,要使其所购商品的价值最大化,就是在实现同等功能的前提下,商品全寿命周期成本最低。这些品质较高的产品,尽管售价可能会高些,但在使用过程中,其维护修理次数及成本可能会较低,从而使得产品的全寿命周期成本较小。所以,尽管消费者原则上都趋向于选择价格低廉的产品,但由于信息不对称的作用,对于复杂的产品,消费者往往宁愿付出更高的购价,选择购买知名品牌或企业的产品,以使得产品的全寿命周期成本最低。对于目标是长远发展的企业来说,应该注重产品的全寿命周期成本。企业现代生产经营理念之一的"顾客价值最大化"与价值工程思想殊途同归,说到底都是"价廉物美"。

9.1.2　提高产品价值的途径

由于价值工程是以提高产品价值为目的,因此应当研究产品功能与成本的最佳匹配。从式(9-1)中我们可以看出,价值工程中的价值是一种比较价值或比较相对价值的概念,对象的效用或功能越大,成本越低,价值就越大。提高价值有以下 5 种途径。

1. 双向型 $V\uparrow\uparrow = \dfrac{F\uparrow}{C\downarrow}$

在提高产品功能的同时又降低产品成本,这是大幅度提高价值最为理想的途径。这种情况的出现往往借助于技术的突破改善。例如,新技术的不断发展不仅降低了家用电器的生产和使用成本,同时也极大地提高了产品的使用功能。

2. 改进型 $V\uparrow = \dfrac{F\uparrow}{C\rightarrow}$

在产品成本不变的条件下,着重于通过改进设计来提高产品的功能,从而达到提高产品价值的目的。例如,人防工程若仅考虑战时的隐蔽功能,平时闲置不用,则需要投入大量的人力、物力予以维护。若在设计时,考虑战时能发挥隐蔽功能,平时可以考虑商业用途,则能够提高人防工程的功能。

3. 节约型 $V\uparrow = \dfrac{F\rightarrow}{C\downarrow}$

在保持产品功能不变的前提下,着重于通过降低成本来达到提高价值的目的。例如,新型节能照明设备在满足同样照明需求的前提下,能够有效降低使用期间能源消耗量,节约资源消耗,达到提高使用价值的目的。

4. 投资型 $V\uparrow = \dfrac{F\uparrow\uparrow}{C\uparrow}$

在适度增大产品成本的同时,产品功能也有较大的提高幅度,即功能的提高幅度超过了成本的提高幅度,从而使价值提高了。例如,输电设备技改项目,通过适度增加投入更新升级部分的设备,可以大幅度提高输电设备的使用效果,既能满足不断增长的需要,又可加快投资回收,从而实现价值的提高。

5. 牺牲型 $V\uparrow = \dfrac{F\downarrow}{C\downarrow\downarrow}$

产品功能略有下降,产品成本大幅度下降,即功能的下降幅度小于成本下降的幅度,这样也可以达到提升产品价值的目的。例如,经济适用房相对于普通商品房在房屋居住舒适性方面可能会小幅降低,但大幅度地节约了建设成本,从而达到为更多的人提供保障性住房的目的。

总之,在产品形成的各个阶段都可以应用价值工程提升产品价值,但在不同的阶段应用价值工程效果却是大不相同的。价值工程更侧重在产品的研制与设计阶段,工程项目更侧重在规划与设计阶段,因为这两个阶段是提高技术方案经济效果的关键环节。

9.1.3 价值工程的特点

(1)价值工程的目标是以最低的全寿命周期成本 C 使产品(或作业)具备它应具备的功能。在一定范围内,C_1 与 C_2 存在此消彼长的关系。随着功能水平提高,生产成本 C_1 增加,使用及维护成本 C_2 降低;反之,功能水平降低,其生产成本 C_1 降低,但是使用及维护成本 C_2 增加。因此,全寿命周期成本 C 呈马鞍形变化(见图 9-1)。在 B 点,产品的生产成本 C_1 和使用及维护成本 C_2 两条曲线叠加所对应的寿命成本为最小值 $C_{\min}$,这体现了较理想的功能 F_0 与成本关系。

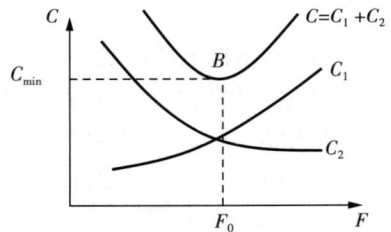

图 9-1 产品成本与功能关系图

从图 9-1 中可以看出,全寿命周期成本的高低不仅关系到生产企业的利益,同时与满足用户的要求乃至建设资源节约型社会密切相关。因此,价值工程的活动应贯穿于生产和使用的全过程,兼顾生产者和用户的利益,以获得最佳的社会综合效益。

(2)价值工程以产品(或作业)的功能分析为核心。具体地说,价值工程分析首先需要明确的问题是分析对象是干什么用的;然后,分析功能的基础上,考虑如何通过合理的途径提高产品的价值,实现产品功能与成本之间的合理匹配。

(3)价值工程将产品价值、功能和成本作为一个整体考虑。价值工程并不是单纯追求低成本水平,也不是片面追求高功能、多功能水平,而是力求正确处理好功能与成本的对立统一关系,在确保功能的基础上综合考虑生产成本和使用成本,兼顾生产者和用户的利益,研究产品功能和成本的最佳配置,追求生产出总体价值最高的产品。

(4)价值工程是以集体的智慧开展的有计划、有组织的管理活动。价值工程研究的问题涉及产品的全寿命周期,研究过程复杂。因此,在开展价值工程活动时,必须组织科研、设计、生产、管理、采购、供销、财务,甚至用户等各方面有经验的人员参加,以适当的组织形式组成一个智力结构合理的集体,共同研究,发挥集体智慧、经验和积极性,排除片面性和盲目性,博采众长,有计划、有领导、有组织地开展活动,以达到提升产品价值的目的。

(5)价值工程强调不断改革和创新。价值工程强调不断改革和创新,开拓新构思和新途径,获得新方案,创造新功能载体,从而引领生活方式,节约原材料,提高产品的技术性能与经济效益。

9.1.4　价值工程的工作程序

价值工程也像其他技术一样有自己独特的一套工作程序,整个过程可沿着"提出问题→分析问题→解决问题"这一思路开展。价值工程的工作程序见表 9 - 1 所列。

表 9 - 1　价值工程的工作程序

工作阶段	价值工程的实施步骤		价值工程的问题
	基本步骤	详细步骤	
准备阶段	确定对象	1. 价值工程对象选择	研究对象是什么?
		2. 信息资料收集	
分析阶段	功能分析	3. 功能定义	它的功能是什么?
		4. 功能整理	
	功能评价	5. 功能成本分析	它成本是多少?
		6. 功能评价	它的价值是多少?
		7. 确定改进范围	
创新阶段	制订方案	8. 方案创新与评价	有无其他方法实现同样功能?
		9. 概略评价	新方案的成本是多少?
		10. 调整完善	
		11. 详细评价	
		12. 提出方案	新方案能满足功能的要求吗?
实施阶段	方案实施与成果评价	13. 方案审批	实现预定目标了吗?
		14. 方案实施与检查	
		15. 成果评价	

由于价值工程的应用范围广泛,其活动形式也不尽相同,因此在实际应用中,可参照表9-1的工作程序,根据分析对象的具体情况,应用价值工程的基本原理选择适宜的措施和方法。但是,价值工程工作程序的价值工程对象选择、功能成本分析、方案创新与评价是必不可少的。

9.2　价值工程对象选择

对于一个产品(或作业)而言,影响价值工程评价结果的因素很多,价值工程分析应抓住主要影响因素进行细致分析,价值工程对象选择的过程实质上就是缩小研究范围、明确研究目标的过程。

9.2.1 价值工程对象选择的原则

价值工程对象的选择一般应遵循以下原则：

从设计方面来看，应对产品结构、性能和技术指标差，体积和重量大的产品进行价值工程的活动；

从生产方面来看，应对量大面广、工序烦琐、工艺复杂、原材料和能源消耗高、质量难于保证的产品进行价值工程活动；

从销售方面来看，应对用户意见较多、退货索赔多和竞争力差的产品进行价值工程活动；

从成本方面来看，应对成本高或成本比重大的产品进行价值工程活动。

9.2.2 价值工程对象选择的方法

价值工程对象选择的方法有很多种，如经验分析法、ABC 分析法、百分比分析法、强制确定法等，这里仅介绍常用的几种方法。

1. 经验分析法

经验分析法是一种定性分析方法，又称为因素分析法。这种方法依据分析人员的经验选择出关键因素，并把这些关键因素作为研究对象。它的优点是简便易行，考虑问题综合全面；缺点是缺乏定量的数据，准确性较差，对象选择的正确与否主要取决于参加者的水平与态度。

对于建设工程选择的原则：从设计方面看，选择结构复杂、性能差或技术指标低的产品或零部件；从生产方面看，选择产量大、工艺复杂、原材料消耗大且价格高并有可能替换的或废品率高的产品或零部件；从经营和管理方面看，选择用户意见多的、销路不畅的、系统配套差的、利润率低的、成本比重大的、市场竞争激烈的、社会需求量大的、发展前景好的或新开发的产品或零部件。

2. ABC 分析法

ABC 分析法又称为成本比重法。它起源于意大利经济学家维尔弗雷多·帕累托的一个重要发现。维尔弗雷多·帕累托在分析研究本国财富分配状况时从大量的统计资料中发现，占人口比例小的少数人拥有绝大部分社会财富，而占有少量社会财富的则是大多数人。后来在生产实践中，人们发现经济管理活动尤其是材料成本分析中也存在这种不均分布的规律，从而逐步把维尔弗雷多·帕累托的 ABC 分析法的原理和方法应用于选择价值工程活动的对象。

将每一种零部件占产品成本的多少从高到低排列出来，分成 A、B、C 三类，找出少数零部件占多数成本的零部件项目作为价值工程的重点分析对象。

A 类，数量比率为 10% 左右，成本费用占总成本的 70% 左右。A 类一般作为价值工程的研究对象。

B 类，数量比率为 20% 左右，成本费用占总成本的 20% 左右。如果人力、财力、物力允许，那么也可以作为价值工程的研究对象。

C 类，数量比率为 70% 左右，成本费用占总成本的 10% 左右。C 类一般不宜作为价值工程的研究对象。

ABC 分析法一般包括以下两个主要步骤。

第一步,收集相关资料,绘制 ABC 分析表:将全部产品或一种产品的零部件按其成本由大到小依次排序;按排序的累计件数计算占总产品或零部件总数的百分比;按 ABC 分析法将产品或零部件分为 A、B、C 三类,首选 A 类作为价值工程研究对象。

第二步,绘制 ABC 分析曲线图(见图 9-2)。

3. 百分比分析法

百分比分析法是通过分析产品的两个或两个以上的技术经济指标所占有的百分比,并通过考察每个产品指标百分比的综合比率来选择对象的方法。技术经济指标可以采用产值、成本、利润、销售量等。例如,某项目共有 A、B、C、D 四种产品,其成本和利润的百分比表见表 9-2 所列,通过综合比率(利润百分比与成本百分比的比值)排序可以看出,B 产品的综合比率最低,因此应选择 B 产品作为重点分析对象。

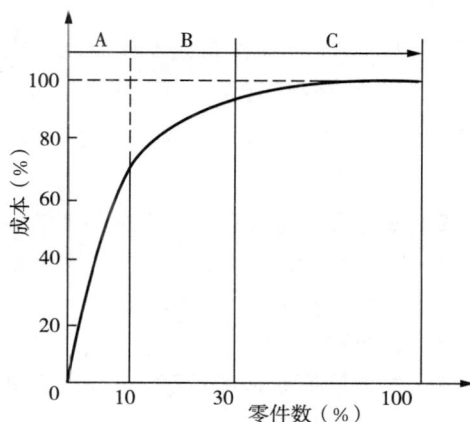

图 9-2　ABC 分析曲线图

表 9-2　成本和利润的百分比表

产品名称	A	B	C	D	合计
成本/万元	500	300	200	100	1 100
占比/%	45.1	27.2	18.1	9.1	100
利润/万元	115	50	60	25	250
占比/%	46	20	24	10	100
综合比率/%	23	16.7	30	25	

4. 强制确定法

ABC 分析法没有将费用与功能联系起来共同考虑,容易忽视功能重要但成本不高的对象。强制确定法简称 FD 法(Forced Decision Method)。强制确定法的基本思想是产品的每一个零部件成本应该与该零部件功能的重要性相称。

强制确定法兼顾功能与成本,其具体做法:先求出分析对象的成本系数、功能系数,得出价值系数,再研究分析对象的功能与花费的成本是否相符,不相符、价值低的被选为价值工程的研究对象。

运用强制确定法时,价值系数 V_i 的计算结果有以下三种情况。

第一种,$V_i > 1$。这说明该零件功能比较重要,但分配的成本较少,应具体分析:可能功能与成本分配已较理想,或者有不必要的功能,或者应该提高成本。

第二种,$V_i < 1$。这说明该零件分配的成本很多,而功能要求不高,应该作为价值工程的

研究对象,功能不足则应提高功能,成本过高应着重从各方面降低成本,使成本与功能比例趋于合理。

第三种,$V_i=1$。这说明该零件功能与成本匹配,应不作为价值工程的研究对象。

应注意一个情况,即 $V_i=0$。这时要进一步分析,若是不必要的功能,则该零件不作为价值工程的研究对象;若是不重要的必要功能,要根据实际情况处理。

【例 9 - 1】　某工程有 4 个分项工程,甲工程的功能系数为 0.28,成本系数为 0.20;乙工程的功能系数为 0.36,成本系数为 0.36;丙工程的功能系数为 0.21,成本系数为 0.22;丁工程的功能系数为 0.15,成本系数为 0.22。采用强制确定法,试选择价值工程研究对象的分项工程。

解:根据价值系数的计算公式,计算甲、乙、丙、丁分项工程的价值系数并填入表 9 - 3 中。

表 9 - 3　强制确定法分析表

分项工程	甲	乙	丙	丁
功能系数	0.28	0.36	0.21	0.15
成本系数	0.20	0.36	0.22	0.22
价值系数	1.40	1.00	0.95	0.68

根据价值系数计算结果可知,乙分项工程的价值系数等于 1,不作为研究对象;丙、丁分项工程价值系数小于 1,应作为研究对象;甲分项工程的价值系数大于 1,应具体分析,可能功能与成本分配已较理想,或者有不必要的功能,或者应该提高成本,所以应作为研究对象。

上述的方法在实际工作中可以综合应用,一般可先根据经验分析法进行初步的选定,再根据定量方法进行确定。

9.3　功能分析

价值工程的核心是功能分析,价值工程成果大小也主要取决于功能分析。功能分析包括功能分类、功能定义、功能整理和功能评价 4 部分内容。

9.3.1　功能分类

根据产品(或作业)具备的功能的不同特性,可以将功能分为以下几类。

1. 按功能的重要程度可分为基本功能和辅助功能

基本功能就是要达到这种产品的使用目的所必不可少的功能,是产品的主要功能。产品如果不具备基本功能,那么就失去了存在的价值。辅助功能是为了更有效地实现基本功能而添加的功能,是次要功能。例如,手表的基本功能是计时,辅助功能是作为配饰使用,而防水、防磁、防震则是为了更准确地显示时间而附加的辅助功能。

2. 按用户的功能需求可分为必要功能和不必要功能

必要功能是指用户需求的功能及与实现用户需求功能有关的功能。使用功能、美学功能、基本功能、辅助功能等均可能成为必要功能。不必要功能是指不符合用户要求的功能。不必要功能包括三类：一是多余功能，二是重复功能，三是过剩功能。不必要功能很可能产生不必要的费用，这不仅增加了用户的经济负担，而且还浪费资源。例如，一般对于老年人而言，智能手机通话功能可认为是必要功能，而很多游戏功能可认为是不必要功能。

3. 按功能的性质可分为使用功能和美学功能

使用功能是从功能的内涵上反映功能的使用属性，美学功能是从产品外观上反映功能的艺术属性。无论是使用功能还是美学功能，都是通过基本功能和辅助功能来实现的。产品的使用功能和美学功能要根据产品的特点而有所侧重。有的产品其使用功能突出，如地下电缆、地下管道等；有的产品其美学功能突出，如墙纸、壁画等。当然，很多产品两种功能兼而有之，如建筑物、桥梁等。

4. 按功能的量化标准可分为过剩功能和不足功能

过剩功能是指某些功能虽属必要，但满足需要有余，在数量上超过了用户需求或标准功能水平。不足功能是相对于过剩功能而言的，其表现为产品功能水平低于标准功能水平，不能完全满足用户需求。不足功能和过剩功能是价值工程的主要研究对象。

5. 按功能整理的逻辑关系可分为并列功能和上下位功能

并列功能是指产品功能之间属于并列关系，如住宅必须同时具有提供维护空间、采光、通风、抗震等功能，这些功能在逻辑关系上是并列关系。上下位功能是指产品功能在逻辑关系上具有主从关系，即目的与手段的关系。上位功能是目的性功能，下位功能是实现上位功能的手段性功能。例如，住宅的最基本功能是居住，是上位功能；提供维护空间、采光、通风、抗震等功能是实现居住目的所必需的手段性功能，是下位功能。

9.3.2　功能定义

功能定义就是根据收集到的信息资料，透过对象产品或构配件的物理特征，找出其效用的本质东西，并逐项加以区分和规定，以简洁的语言把功能的本质、内容及其水平准确地描述出来。通常用一个动词和一个名词加以描述，如提高运行能力、提供居住空间、传递荷载等。

1. 功能定义的目的

功能定义具有如下目的：

(1)明确对象产品和组成产品各构配件的功能，借以弄清产品的特性；

(2)便于进行功能评价，通过评价弄清哪些是价值低的功能和有问题的功能，实现价值工程的目的；

(3)便于构思方案，对功能下定义的过程实际上也是为对象产品改进设计的构思过程，为价值工程的方案创造工作阶段做准备。

2. 实现功能所需要的制约条件

(1)功能承担对象是什么？

(2)实现功能的目的是什么？

(3)功能何时能实现？

（4）功能在何处能实现？

（5）实现功能的方式有哪些？

（6）功能实现的程度如何？

9.3.3　功能整理

产品的各功能之间都是相互配合、相互联系的,都在为实现产品的整体功能而发挥各自的作用。功能整理是在功能定义的基础上,用系统的观点将已经定义了的功能加以系统化,按一定的逻辑关系,把产品各构成要素的功能连接起来,构成一个功能系统图。

功能整理的目的是建立功能体系,确定真正需要的功能并发现不必要的功能,可以检查功能定义的正确性,明确改进对象的等级和功能设置,同时可以检查原设计的正确性。对于一个产品,特别是复杂产品功能之间的内在关系错综复杂,如果不从功能系统的角度进行研究分析,那么就很难看清各个功能之间的逻辑关系及其重要程度。

功能整理的方法一般采用兰德公司的查尔斯•拜泽威（Charles Bytheway）提出的功能分析系统技术,其主要步骤如下：

（1）明确产品的基本功能和辅助功能；

（2）明确产品功能之间的关系（上下位关系和并列关系）；

（3）对功能定义做必要的修改和补充；

（4）绘制功能系统图（见图 9-3）。

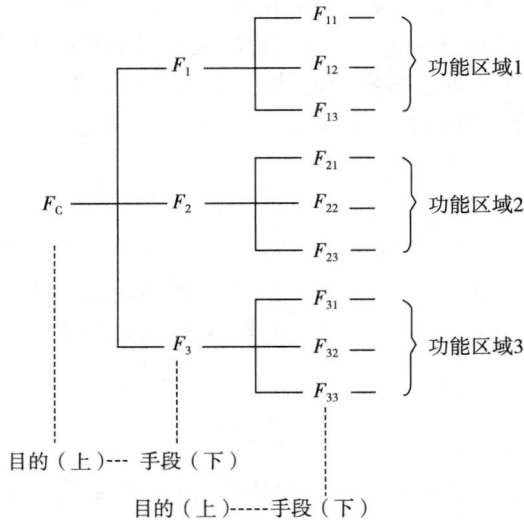

图 9-3　功能系统图

在功能系统图中,各功能从左向右排列形成功能等级层次。图 9-3 中,F_C 是对象的一级功能,处于并列关系的 F_1、F_2、F_3 是对象的二级功能,处于并列关系 F_{11}、F_{12}、F_{13},F_{21}、F_{22}、F_{23},F_{31}、F_{32}、F_{33} 是对象的三级功能；F_C 功能是 F_1、F_2、F_3 功能的目的,F_1、F_2、F_3 功能是实现 F_C 功能的手段；F_1 功能是 F_{11}、F_{12}、F_{13} 功能的目的,F_{11}、F_{12}、F_{13} 功能是实现 F_C 功能的手段。

以房屋屋顶为例,在功能定义的基础上,通过功能分类和功能整理,得到如图 9-4 所示的功能系统图。

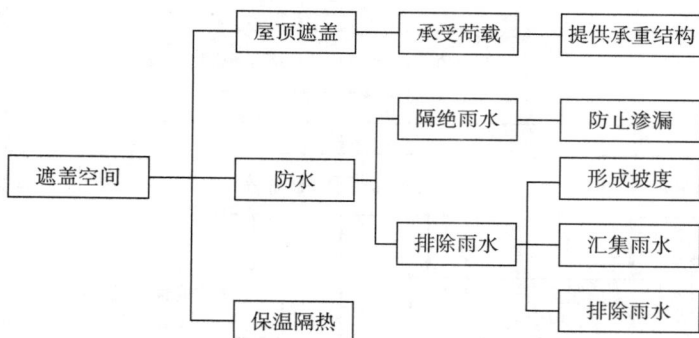

图 9 - 4　屋顶功能系统图

9.3.4　功能评价

功能评价就是在功能定义和功能整理完成后,对已明确的具体功能和功能领域进行数量化,定量地评价功能价值,从而选出价值低、改善期望值大的功能作为价值工程的重点改进对象的活动。功能评价是功能分析的关键。

依据价值工程的基本关系式 $V = F/C$,要定量地评价功能价值,必须先将功能和成本数量化。成本可以用货币单位直接进行定量度量,但功能却不同。一方面,大多数功能不易用数量准确计量;另一方面,有些功能虽然可以直接计量,但一个产品各项功能的计量单位也会不尽相同,需找出一个共同的标准才能进行比较和评价。因此,功能评价的关键是将功能数量化,即对功能价值进行测定与比较。功能价值 V 的计算方法可分为功能成本法与功能指数法两大类。

1. 功能评价的主要步骤

(1)确定功能的现状成本 C 或成本系数 CI;

(2)确定功能评价值 FC 或功能重要性系数 FI;

(3)确定功能价值 V 或功能价值系数 VI;

(4)计算改善期望值,即成本降低幅度 $\Delta C = C - FC$;

(5)根据对象价值的高低及成本降低幅度的大小,确定改进的重点或优先次序。

功能评价过程示意如图 9 - 5 所示。

2. 功能评价方法

1)功能成本法(绝对值法)

功能成本法的思路是认为任何功能的获得或实现都要付出一定的费用,因此可以把所有功能都转化为成本,即通过一定的测算方法,测定实现应用功能必须消耗的最低成本,同时计算为实现应有功能所耗费的现实成本,经过分析对比,求得对象的价值系数和成本降低期望值,确定价值工程的改进对象。功能减本法计算价值系数的公式为

$$V_i = \frac{FC_i}{C_i} \tag{9-3}$$

式中,V_i——第 i 个评价对象的价值系数;

FC_i——第 i 个评价对象实现功能的最低成本,也称为目标成本或功能评价值;

C_i——第 i 个评价对象的现实成本。

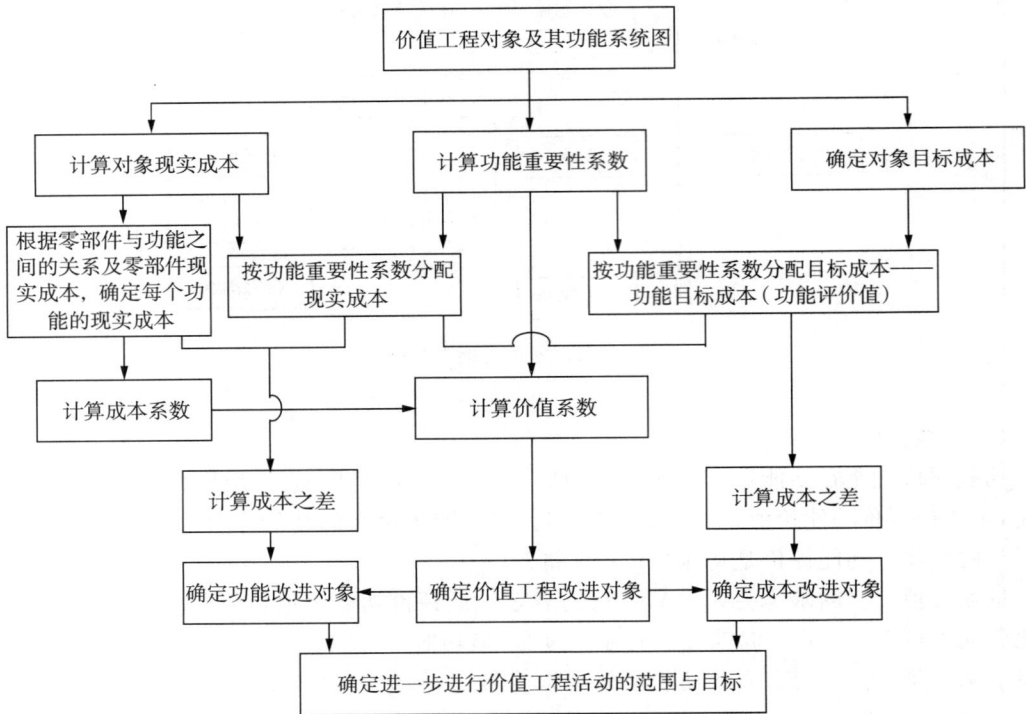

图 9-5 功能评价过程示意

根据上述计算公式,功能的价值系数或指数可能出现的结果如下。

(1)$V=1$,表示功能与成本达到了合理匹配,一般无须改进。

(2)$V<1$,此时成本对于所实现的功能来说偏高。一种可能是存在着过剩功能;另一种可能是功能虽无过剩,但实现功能的条件或方法不佳,致使实现功能的成本过高,这种情形一般应列为改进范围。

(3)$V>1$,说明该功能比较重要,但分配的成本较少。这种情况应具体分析,若是成本偏低而使功能不足,则应作为改进对象;若确属以较低成本实现了必要功能,则一般不列为价值工程的改进范围。

应用式(9-3)进行功能评价需要确定现实成本 C_i 与目标成本(功能评价值)FC_i。现实成本 C_i 的确定可根据收集到的产品各评价子对象的成本数据确定。目标成本(功能评价值)FC_i 的确定可根据经验估计、理论价值成本核算或类似产品市场调研综合确定。

例如,某项目施工方案 A 的生产成本为 500 万元;在相同条件下,其他项目生产成本为 450 万元。这可以表示为施工方案 A 功能的评价值为 450 万元,施工方案 A 功能的实际投入为 500 万元,施工方案 A 功能的价值为 $450/500=0.9$。若施工方案 B 花费 450 万元能完成该项目施工,则施工方案 B 功能的评价值为 450 万元,施工方案 B 功能的实际投入为 450 万元,施工方案 B 功能的价值为 $450/450=1$。

从上述分析可以看出,项目最恰当的价值应该为 1,因为满足用户需要的功能最理想、最值得的投入与实际投入一致。但在一般情况下价值往往小于 1,因为技术不断进步,"低成本"战略将日趋被重视,竞争也将更激烈。随之,同一产品的功能评价值也将降低。

【例 9-2】　某工程有 5 项分项工程,各分项工程的目标成本和现实成本见表 9-4 所列。根据表中数据采用功能成本法进行功能评价并确定价值工程改进对象。

表 9-4　功能成本法功能评价分析表

分项工程	现状成本/万元	目标成本/万元	价值系数	成本降低幅度/万元	改进次序
(1)	(2)	(3)	(4)=(3)/(2)	(5)=(2)-(3)	(6)
F_1	35	32	0.914	3	(2)
F_2	45	45	1.000	0	—
F_3	50	45	0.900	5	1
F_4	55	52	0.945	3	4
F_5	60	55	0.917	5	(3)
合计	245	229	—	16	—

2)功能指数法(相对值法)

功能指数法是通过对功能相对重要程度的评分确定其功能重要性系数,然后根据功能重要性系数 FI 和成本系数 CI 计算功能价值系数 VI,从而进一步确定评价对象目标成本的方法。功能指数法计算价值系数的公式为

$$VI_i = \frac{FI_i}{CI_i} \tag{9-4}$$

式中,VI_i——第 i 个评价对象的价值系数;

　　　FI_i——第 i 个评价对象的功能重要性系数;

　　　CI_i——第 i 个评价对象的成本系数。

(1)确定功能重要性系数。应用式(9-4)进行功能评价需要确定功能重要性系数 FI_i 与对象成本系数 CI_i。功能重要性系数 FI_i 可采用人工打分法确定,如百分比法、"0-1"评分法、"0-4"评分法、环比评分法等;对象成本系数 CI_i 可根据产品部件现状成本占总成本的比重确定。

①"0-1"评分法。由每一个参评人员对各功能按其重要性一对一地比较,重要的得 1 分,不重要的得 0 分(见表 9-5)。逐次比较后,求出各功能重要性的得分。为避免出现功能系数为 0 的情况,可对功能得分进行修正,再按下式求出该参评人员评定的各功能的功能重要性系数。然后,计算所有参评人员评定的功能评价系数的算术平均值或加权平均值,并将其作为各功能最终的功能重要性系数。

$$功能重要性系数 = \frac{某功能的重要性得分}{所有功能的重要性总分}$$

表 9-5　"0-1"评分法

功能	A	B	C	D	E	F	功能得分	修正得分	功能重要性系数
A	×	1	1	0	1	1	4	5	0.238
B	0	×	0	0	1	1	2	3	0.143

（续表）

功能	A	B	C	D	E	F	功能得分	修正得分	功能重要性系数
C	0	1	×	0	1	1	3	4	0.190
D	1	1	1	×	1	1	5	6	0.286
E	0	0	0	0	×	0	0	1	0.048
F	0	0	0	0	1	×	1	2	0.095
合　计							15	21	1

②"0—4"评分法。"0—4"评分法与"0—1"评分法相似,但其评分标准不同。"0—4"评分法的评分规则如下:两两比较,非常重要的功能得 4 分,另一个相比很不重要的功能得 0 分;两两比较,比较重要的功能得 3 分,另一个相比不太重要的功能得 1 分;两两比较,两个功能同等重要各得 2 分;自身对比,不得分。

【例 9-3】 各种功能的重要性关系如下:F_1 相对于 F_2 较重要;F_3 相对于 F_4 很重要;F_3 相对于 F_1 较重要;F_1 相对于 F_4 较重要;F_1 相对于 F_5 较重要;F_2 和 F_5 同样重要;F_4 和 F_5 同样重要。用"0—4"评分法计算各功能的权重,并填在表 9-6 中。

表 9-6　各功能权重

功能	F_1	F_2	F_3	F_4	F_5	得分	功能重要性系数
F_1	×	3	1	3	3	10	0.25
F_2	1	×	0	2	2	5	0.125
F_3	3	4	×	4	4	15	0.375
F_4	1	2	0	×	2	5	0.125
F_5	1	2	0	2	×	5	0.125
$\sum$			—			40	1.000

(2)确定成本系数。成本系数按功能实际成本进行计算。功能实际成本与传统的成本核算不同之处在于:功能实际成本是以功能对象为单位,而传统成本的核算是以产品和部件为单位。进行功能分析时,需要以产品或部件的实际成本为基础,对其进行分解或汇总从而得到某一功能的功能实际成本。确定了功能实际成本,就可以及时计算各功能的成本系数。

$$成本系数=\frac{某功能的实际成本}{产品成本(或所有功能实际成本之和)}$$

(3)确定价值系数。各功能的价值系数按下式计算

$$价值系数=\frac{功能系数}{成本系数}$$

若某功能的价值系数等于 1 或比较接近于 1,表明该功能与实现功能的现实成本之间匹配或比较匹配,则该功能不作为进一步价值分析的对象和范围;若某功能的价值系数偏离 1 较大,表明该功能与实现功能的现实成本之间不匹配,则该功能作为进一步价值分析的对象。

(4)对象目标成本的确定。对象目标成本的确定分为新产品设计和老产品改进设计两种情况。对于新产品设计,可依据事先确定的总体目标成本,按功能重要性系数分配各功能对象的目标成本。对于老产品改进设计,将已有的总体现状成本按功能重要性系数进行再分配,其可能有以下三种情况:若新分配成本等于现状成本,则现状成本即为目标成本;若新分配成本小于现状成本,则新分配成本为目标成本;若新分配成本大于现状成本,则要具体分析。

若因现状成本过低而不能保证必要的功能,则应以新分配成本为目标成本;若功能重要性系数定得过高而产生了多余的功能,则应先调整重要性系数,然后再次分配成本;若不是上述情况,则以现状成本为目标成本。

(5)确定价值工程改进对象。对价值系数偏离 1 较大的功能(或零部件),进一步确定价值分析的改进对象,包括确定对功能的改进对象和成本的改进对象。

① 计算成本差。成本差包括各功能按功能评价系数分配的实际成本与功能的实际成本(ΔC_1)和按功能系数分配的目标成本与按功能评价系数分配的实际成本(ΔC_2)。

② 确定功能的改进对象。对于 $\Delta C_1 < 0$ 的功能,若其功能评价系数较低(一般 ΔC_2 绝对值也较小),即对于用户来说,该功能重要性比重较低;若实际成本的比重较高,则可能存在功能过剩,甚至是多余功能,此时应作为功能改进的对象。对于 $\Delta C_1 > 0$ 的功能,若其功能评价系数较高(一般 ΔC_2 绝对值也较大),即对于用户来说,该功能重要性比重较高,而实际成本的比重却较低,则可能是评价对象的该功能不足,没有达到用户的功能需要,要适当提高其功能水平。

③ 确定成本的改进对象。在 $\Delta C_1 < 0$ 的功能中,ΔC_2 绝对值较大的为成本改进对象。这类功能通常是功能系数较高的功能,功能上可能并不存在功能过剩(视具体情况分析),但实现功能的手段不佳,以至实现功能的现实成本高于目标成本(功能评价值),可通过材料代换、方案替代等方法实现成本的降低。在 $\Delta C_1 > 0$ 的功能中,ΔC_2 绝对值较小,表明其成本分配是低的,但因为功能评价系数较低,所以没有必要去提高其成本,只要检查其功能是否能得到保证即可。实际上,在保证功能的条件下,成本仍然有可能降低。

(6)确定价值工程改进目标。价值工程改进目标,即通过价值工程活动实现功能改进与成本改进的目标,可以统一用成本改进期望值来确定。各功能的成本改进期望值(ΔC)按功能评价系数分配的目标成本与功能实际成本的差值计算,或按($\Delta C_1 + \Delta C_2$)计算。

【例 9-4】　某施工单位承接了某项工程的施工任务,该工程由 A、B、C、D 4 项工作组成,施工场地狭小。为了进行成本控制,项目经理部对各项工作进行了分析,其结果见表9-7中前 3 列,根据表中数据采用功能指数法进行功能评价并确定价值工程改进对象。

表 9-7　功能指数法功能评价分析表

工作	功能评分	预算成本/万元	功能评价值 FI_i	成本系数 CI_i	价值系数 VI_i	目标成本	改善期望值	改进次序
(1)	(2)	(3)	(4)=(2)/100	(5)=(3)/3600	(6)=(4)/(5)	(7)=3600×(4)	(8)=(3)-(7)	(9)
A	15	650	0.15	0.18	0.83	540	80	1
B	35	1 200	0.35	0.33	1.06	1 260	−60	2
C	30	1 030	0.30	0.29	1.03	1 080	−50	3
D	20	720	0.20	0.20	1.00	720	0	—
合计	100	3 600	1.00	1.00	—	3 600	—	—

【例 9-5】　某产品包括 A、B、C、D、E、F 6 个功能,产品实际成本为 500 元,目标成本为 450 元,请对其进行功能评价。

第一步:组织各方面专家 5 人组成价值工程小组,用"0-4"评分法对各功能重要程度评分,评分结果见表 9-8 所列;计算平均功能评价系数,并作为最终的每一个功能的评价系数。

第二步:计算成本系数(见表 9-9)。

第三步:计算价值系数(见表 9-9)。

C 和 E 功能的价值系数接近于 1,说明功能比重与成本比重基本相当,可以认为功能本身及目前的实际成本合理,无须改进;A、B、D、F 4 个功能的价值系数偏离 1 较大,则把这 4 个功能列为价值工程进一步分析的对象。

表 9-8　功能评价系数计算表

功能	专家					平均功能评价系数
	甲	乙	丙	丁	戊	
A	0.233	0.217	0.233	0.250	0.250	0.237
B	0.150	0.150	0.167	0.133	0.150	0.150
C	0.183	0.200	0.183	0.183	0.183	0.187
D	0.267	0.267	0.283	0.283	0.300	0.280
E	0.067	0.050	0.050	0.050	0.033	0.050
F	0.100	0.117	0.083	0.100	0.083	0.097

表 9-9　价值系数计算表

功能	功能系数	实际成本	成本系数	价值系数
A	0.237	180	0.360	0.658
B	0.150	121	0.242	0.620
C	0.187	88	0.176	1.063
D	0.280	71	0.142	1.972
E	0.050	22	0.044	1.136
F	0.097	18	0.036	2.694
合计	1	500	1	

第四步:确定价值工程改进对象。

根据价值分析确定了 A、B、D、F 为进一步分析的对象,根据市场资料统计确定新的目标成本为 450 元。分别计算 ΔC_1、ΔC_2 和 ΔC。分析确定功能改进对象、成本改进对象和成本改进期望值。计算结果见表 9-10 所列。

表 9-10　功能评价分析计算表

功能	功能评价系数	实际成本	成本系数	价值系数	按功能评价系数分配实际成本	按功能评价系数分配实际成本	ΔC_1	ΔC_2	成本改进期望值 ΔC
(1)	(2)	(3)	(4)=(3)/500	(5)=(2)/(4)	(6)=(2)×500	(7)=(2)×450	(8)=(6)-(3)	(9)=(7)-(6)	(10)=(7)-(3)
A	0.237	180	0.360	0.658	118.50	106.65	-61.5	-11.85	-73.35
B	0.150	121	0.242	0.620	75.00	67.5	-46.00	-7.50	-53.50
C	0.187	88	0.176	1.063	93.50	84.15	5.50	-9.35	-3.85
D	0.280	71	0.142	1.972	140.00	126	69.00	-14.00	55
E	0.050	22	0.044	1.136	25.00	22.5	3.00	-2.50	0.50
F	0.097	18	0.036	2.694	48.50	43.65	30.50	-4.85	25.65

从表 9-10 中可以看出,A 功能可以作为成本改进的主要对象,可以通过新的方案(如材料代换、新的工艺原理等)实现成本的降低;B 功能则可能存在功能过剩的问题,可作为功能改进的对象;D 功能可能存在功能上的不足,可以通过新的方案,实现功能的增加,从而满足用户的需求;F 功能的功能比重较小,可以在保证现有成本水平的基础上,检验其功能是否满足用户的需求。

9.4　方案创新与评价

9.4.1　方案创新

方案创新就是从改善对象的价值出发,针对应改进的具体目标,依据已建立的功能系统图和功能目标成本,通过创造性的思维活动,提出实现功能的各种改进方案。方案创新的方法很多,下面简要介绍几种常用的方法。

1. 头脑风暴法

头脑风暴法,简称 BS 法(Brain Storming),是一种专家会议法,是用来产生有助于查明和概念化问题的思想、目标和策略的方法。它是 1948 年由创造性思维专家奥斯本提出的一种加强创造性思维的手段。它可以用来产生大量关于解决问题的潜在解决办法的建议。它通过召集一定数量的专家(通常为 5~10 人)一起开会研究,共同对某一问题做出集体判断。头脑风暴法有四条基本规则:不批评别人的意见、鼓励自由奔放的思考、提出的方案越多越好、希望结合别人意见提出设想。

2. 哥顿法

哥顿法是美国人哥顿在 1964 年提出的方法。这种方法的指导思想是把要研究的问题适当抽象,以利于开阔思路。会议主持者并不把要解决的问题全部摊开,只把问题抽象地介绍给大家,要求大家提出各种设想。例如,要研究一种新型割稻机,则只提出如何把东西割断和分开,大家围绕这一问题提方案。会议主持者要善于引导,步步深入,等到适当时机,再把问题讲明,与会者具体思考,舍弃不可行方案,对可行方案做进一步研究。

3. 德尔菲法

德尔菲法(Delphi Technique)不采用开会的形式,而是由组织者采用函询调查的形式,向与预测问题有关领域的专家分别提出问题,使专家在彼此不见面的情况下发表意见、交流信息,而后将他们的答复意见加以整理、综合,最终形成统一的集体结论,并作为新的代替方案。

9.4.2　方案评价

方案评价是指对新构思的方案进行技术、经济和社会 3 个方面的评价,包括概略评价和详细评价。

概略评价是对新构思方案进行初步研究,其目的是从众多的方案中进行粗略的筛选,以减少详细评价的改进量。概略评价具有预测的性质,属于探索性评价。此时,还没有开展大量的试验研究工作,还没有准确的实践方面的数据,主要是参考有关资料,汇总设计、生产及销售部门的意见来全盘考虑方案中的各种问题。要用较短的时间,对众多的方案进行初步选择,方法要求简单、明确、易行。

详细评价是在概略评价所得的比较抽象的方案中,评选出准备实施的最佳方案。其评价结论是方案审批的依据。首先围绕功能进行技术评价,内容是方案能否实现所需功能及实现程度;其次,围绕经济效果进行经济评价,内容是以成本为代表的经济可行性;再次,围绕社会效果进行社会评价,内容是方案对社会的利弊;最后进行综合评价,选出最佳方案。

习　题

1. 什么是价值工程? 提高产品价值的可能途径有哪些?

2. 价值工程的特点是什么?

3. 价值工程的工作程序包括哪些?

4. 价值工程对象是怎么选择的?

5. 功能整理的主要步骤是什么? 怎样绘制功能系统图? 将你熟悉的某种生活日用品及其组成部分进行功能分析,并绘出功能系统图。

6. 功能评价的主要步骤是什么?

7. 某建筑产品包括 13 种构配件,其成本数据见表 9 - 11 所列,试用 ABC 分析法选择价值工程研究对象,并绘制 ABC 分析图。

表 9 - 11　成本数据

构配件名称	a	b	c	d	e	f	g	h	i	j	k	l	m
件数	1	1	2	2	10	1	1	1	1	1	1	2	1
单件成本/元	342	261	206	161	180	73	67	33	32	19	11	10	8

8. 运用价值工程优化设计方案所得结果:方案甲价值系数为 1.28,单方造价为 1 560 元;方案乙价值系数为 1.20,单方造价为 1 400 元;方案丙价值系数为 1.05,单方造价为 1 750 元;方案丁价值系数为 1.18,单方造价 1 680 元,试确定最佳方案。

9. 某施工单位承接了某项工程的施工任务,该工程由 A、B、C、D 4 项工作组成,为了进行成本控制,项目经理部利用价值工程对各项工作进行了分析,其结果见表 9 - 12 所列。试问施工单位在 A、B、C、D 4 项工作应首选哪些工作作为降低成本的对象?

表 9 - 12　工作分析结果

工作	功能得分	预算成本/万元
A	15	650
B	35	1 200
C	30	1 050
D	20	750

10. 某产品 4 个功能领域的重要程度系数及现状成本见表 9 - 13 所列,若总目标成本为 900 元,现要对其进行功能评价,并按成本降低幅度大小选择改善对象,试完成表 9 - 13。

表 9 - 13　功能评价分析计算表

功能	现状成本/元	重要程度系数	成本系数	目标成本/元	价值系数	成本降低幅度/元	改善先后顺序
F_1	572	0.47					
F_2	288	0.32					

（续表）

功能	现状成本/元	重要程度系数	成本系数	目标成本/元	价值系数	成本降低幅度/元	改善先后顺序
F_3	144	0.16					
F_4	125	0.05					

11. 某房地产公司对公寓项目的开发征集到若干设计方案，经筛选后对其中较为出色的 4 个方案做进一步的技术经济评价。有关专家决定从 5 个方面（分别以 $F_1 \sim F_5$ 表示）对不同方案的功能进行评价，并采用"0—4"评分法对各功能的重要性达成以下共识：F_2 和 F_3 同等重要，F_4 和 F_5 同样重要；F_1 相对于 F_4 很重要，F_1 相对于 F_2 较重要。此后，各专家对该 4 个方案的功能满足程度分别打分，其结果见表 9-14 所列。根据造价工程师估算，A、B、C、D 4 个方案的单方造价分别为 1 420 元/m²、1 230 元/m²、1 150 元/m²、1 360 元/m²。

表 9-14　功能满足程度得分

功能	方案功能得分			
	A	B	C	D
F_1	9	10	9	8
F_2	10	10	8	9
F_3	9	9	10	9
F_4	8	8	8	7
F_5	9	7	9	6

问：(1)计算各功能权重。

(2)用价值系数法选择最佳设计方案。

第 10 章　设备的经济分析

> **内容提要:**
> 　　本章介绍设备经济分析的基本理论和方法,主要内容包括设备的磨损和补偿形式,3 种寿命的概念和计算方法,设备更新和租赁的经济分析方法等。
>
> **能力要求:**
> 　　(1)能够正确理解设备磨损、设备寿命、设备更新、设备改造、设备租赁的含义;
> 　　(2)能够正确运用设备更新、设备改造、设备租赁经济分析方法进行方案比选;
> 　　(3)能够正确掌握设备经济寿命和设备折旧的计算方法。

10.1　设备的磨损与补偿

　　设备是现代企业生产的重要物质和技术基础,是扩大再生产的重要生产资料。各种机器设备的质量和技术水平是衡量一个国家工业化水平的重要标志,是判断一个企业技术能力、开发能力和创新能力的重要标准,也是影响企业和国民经济各项经济技术指标的重要因素。因此,做好设备更新分析工作有利于设备的管理和效益的提高。

　　设备是生产和生活中所使用的各种器具的总称,如办公用的计算机、复印机,生产用的汽车、车床、容器等都是设备。在资产管理中,设备属于固定资产。设备的投资大、使用时间长。因为设备属于固定资产,所以设备在使用中按照固定资产进行管理。设备的价值逐渐转移到新产品中,然后通过销售产品收回其投资。设备这种逐渐转移的价值就是折旧,而折旧又是由设备的磨损引起的。

　　企业购置设备之后,从投入使用到最后报废,通常要经历一段较长的时间,在这段时间里,设备会逐渐磨损。当设备因物理损坏或陈旧落后不能继续使用或不宜继续使用时,就需要进行更新。随着技术进步的速度加快,设备更新的速度也相应加快。作为企业,为了促进技术发展和提高经济效益,需要对设备整个运行期间的技术经济状况进行分析和研究,以做出正确的决策。

10.1.1　设备的磨损

　　在使用或闲置过程中,因物理作用(如冲击力、摩擦力、扳动、扭转、弯曲等)、化学作用(如锈蚀、老化等)、技术进步的影响等,设备遭受的损耗称为设备的磨损。设备的磨损有有形磨损和无形磨损两种形式。有形磨损又包括第 I 种有形磨损和第 II 种有形磨损;无形磨损也包括第 I 种无形磨损和第 II 种无形磨损。设备磨损分类图如图 10-1 所示。

　　1. 有形磨损

　　设备的有形磨损(Material Abrasion of Equipment)也称为物质磨损,是指设备在使用或闲置过程中,实体所遭受的损坏(破损或锈蚀)。

　　引起设备有形磨损的主要原因是在生产中对设备的使用。这种由使用而产生的有形磨损称为第Ⅰ种有形磨损。它是指设备在使用过程中,各种外力作用使零部件产生实体磨损,导致零部件尺寸形状和精度的改变,直至损坏。第Ⅰ种有形磨损可以使设备精度降低、劳动生产率下降。当这种磨损达到一定程度时,整个机器的功能就会下降,还可能使设备发生故障,从而导致设备使用费用剧增,甚至导致设备难以继续正常工作,丧失使用价值。加强维护保养和提高工人的操作技能,可以降低这种磨损。

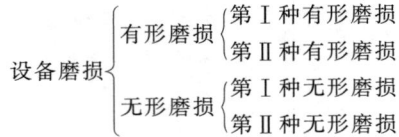

$$设备磨损\begin{cases}有形磨损\begin{cases}第Ⅰ种有形磨损\\第Ⅱ种有形磨损\end{cases}\\无形磨损\begin{cases}第Ⅰ种无形磨损\\第Ⅱ种无形磨损\end{cases}\end{cases}$$

图 10-1　设备磨损分类图

造成有形磨损的另一个原因是自然力的作用,由此而产生的磨损称为第Ⅱ种有形磨损。第Ⅱ种有形磨损是指设备在闲置过程中,因自然力的作用而生锈、腐蚀、老化,丧失了工作精度和使用价值。第Ⅱ种有形磨损与生产中的使用无关,甚至在一定程度上还同使用程度成反比,因此设备闲置或封存不动同样也会产生这种磨损。设备闲置时间越长,第Ⅱ种有形磨损量就会越大。加强维护保养和管理,可以减少第Ⅱ种有形磨损。

按照磨损的程度,有形磨损可以分为可消除磨损和不可消除磨损。可消除磨损是指设备通过修理或大修理修复磨损,使设备可继续使用;不可消除磨损是指磨损设备无法修复到可继续使用的状态。

设备的有形磨损是有一定规律的。一般情况下,设备在初期阶段磨损量增加较快,当磨损量达到一定程度时,磨损缓慢增加,在这一阶段是设备的正常使用阶段。当设备使用到一定时间,磨损的"量变"积聚到一定程度就会发生"质变",这时磨损量迅速增加,最后致使设备零件实体全部损坏直至报废。设备有形磨损的规律如图 10-2 所示。

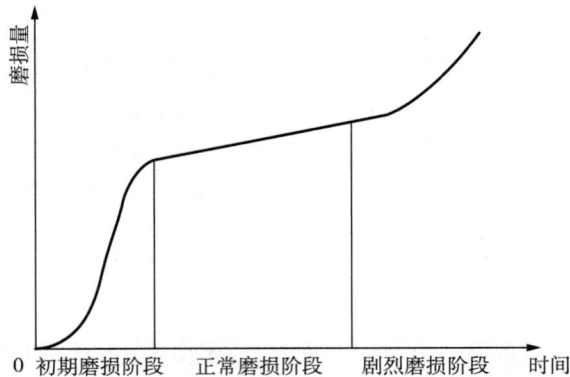

图 10-2　设备有形磨损的规律

在图 10-2 中,设备的有形磨损从时间上分为 3 个阶段,即初期磨损阶段、正常磨损阶段和剧烈磨损阶段。在设备的初期磨损阶段,因工人操作不熟练,设备表面的粗糙不平部分在相对运动中被迅速磨去,磨损很快,但这段时间较短。在设备的正常磨损阶段,工人操作逐渐熟练,零件的磨损趋于缓慢,磨损量基本上随时间而均匀增加。这段时间较长,是磨损的"量变"过程。在设备的剧烈磨损阶段,零件的磨损超过一定限度,正常的磨损关系被破坏,工作情况恶化而磨损加快,设备精度、性能和生产效率迅速下降。此时如果不停止使用设备并进行修理,设备将会损坏或者报废。这段时间较短,是磨损的"质变"过程。

如何度量设备的有形磨损呢? 我们可以用技术经济指标来度量。假设整机的平均磨损程度为 α_p,且 α_p 是在综合单个零件磨损程度的基础上确定的,即

$$\alpha_p = \frac{\sum_{i=1}^{n} \alpha_i k_i}{\sum_{i=1}^{n} k_i} \qquad (10-1)$$

式中,α_p—— 设备的有形磨损量;

α_i—— 零件 i 的实体磨损量;

n—— 设备零件总数;

k_i—— 零件 i 的价值。

设备的有形磨损也可以用下式表示:

$$\alpha_p = R/K_1 \qquad (10-2)$$

式中,R—— 修复全部磨损零件所用的修理费用:

K_1—— 在确定磨损时该种设备的再生产价值。

2. 无形磨损

设备的无形磨损(Immaterial Abrasion of Equipment)也称为精神磨损,是指因技术进步而引起的设备相对贬值。由此可见,无形磨损不是由生产过程中的使用或自然力作用造成的,所以它不表现为设备实体的变化,而表现为设备原始价值的贬值。

设备的无形磨损按照其成因也可以分为两种:第Ⅰ种无形磨损和第Ⅱ种无形磨损。

设备的第Ⅰ种无形磨损是指科学技术的进步、设备制造工艺的不断改进、成本的不断降低、劳动生产率的不断提高,使相同结构设备再生产价值降低了,因而机器设备的市场价格也降低,这样就使得原有设备的价值相应贬值了。这种无形磨损的后果只是现有设备的原始价值部分贬值,设备本身的技术特性和功能(使用价值)并没有变化,故不会影响现有设备的使用。

设备的第Ⅱ种无形磨损是指受科学技术的发展,社会上不断出现结构更加先进、技术更加完善、经济更加合理的设备,从而使原有设备显得陈旧落后。第Ⅱ种无形磨损的后果不仅使原有设备价值降低,而且会使原有设备局部或全部丧失其使用价值。这是因为,虽然原有设备的使用期还未达到其物理寿命,还能够正常工作,但是技术上更加先进的新设备的发明和应用,使原有设备的生产效率大大低于社会平均生产效率,如果继续使用,那么就会使产品成本大大高于社会平均成本。在这种情况下,因为使用新设备比使用旧设备在经济上更合算,所以原有设备应该被淘汰。

设备的第Ⅱ种无形磨损的程度与技术进步的具体形式有关。例如,若技术进步表现为不断出现性能更好、效率更高的新设备,但加工方法没有原则性的变化,则原有设备使用价值降低。若这种技术进步的速度很快,则继续使用旧设备就可能不经济了。若技术进步表现为加工材料的变化(如采用新材料),则加工旧材料的设备就应该被淘汰。若技术进步表现为加工工艺的变化,即采用新工艺,则采用旧工艺的加工设备就应该被淘汰。若技术进步

表现为产品更新换代，则不能适应于新产品加工的设备就应该被淘汰。

设备的无形磨损也可以度量。其度量公式为

$$\alpha_1 = \frac{K_0 - K_1}{K_0} = 1 - \frac{K_1}{K_0} \tag{10-3}$$

式中，α_1——设备的无形磨损程度；

　　K_0——设备的原始价值；

　　K_1——等效设备的再生价值。

在计算设备的无形磨损程度时，K_1必须反映两个方面的技术进步：一是相同设备再生产价值的降低；二是具有较好功能和较高效率的新设备的出现对现有设备的影响。

3. 综合磨损

一般情况下，设备在使用过程中发生的磨损实际上是由有形磨损和无形磨损同时作用而产生的，此时的磨损称为综合磨损（Composite Abrasion of Equipment）。虽然两种磨损的共同点是两者都会引起设备原始价值的贬值，但不同的是有形磨损比较严重的设备，在修复补偿之前往往不能正常运转，而遭受无形磨损的设备，若其有形磨损程度比较小，则无论其无形磨损的程度如何，均不会影响正常使用。设备遭受无形磨损，经济性能必定发生变化，因此需要经过经济分析来决定是否继续使用。

设备综合磨损的度量可以按照如下的方法进行：假设设备遭受有形磨损后的尚余部分或剩余残值部分（用百分比表示）为 $1-\alpha_p$，设备遭受无形磨损后尚余部分或剩余残值部分（用百分比表示）为 $1-\alpha_1$，设备遭受综合磨损后尚余部分或剩余残值部分（用百分比表示）为 $(1-\alpha_p)(1-\alpha_1)$。若 α 为设备的综合磨损程度，则设备的综合磨损程度公式为

$$\alpha = 1 - (1-\alpha_p)(1-\alpha_1) \tag{10-4}$$

若设备在任一时期遭受综合磨损后的净值为 K，即 $K = (1-\alpha)K_0$。将式（10-4）综合磨损代入，得

$$K = (1-\alpha)K_0 = [1 - 1 + (1-\alpha_p)(1-\alpha_1)]K_0$$

$$= \left(1 - \frac{R}{K_1}\right)\left(1 - \frac{K_0 - K_1}{K_0}\right)K_0 = K_1 - R \tag{10-5}$$

从上式可以看出，设备遭受综合磨损后的净值等于等效设备的再生价值减去修理费用。

10.1.2　设备的补偿

为维持设备正常工作所需要的特性和功能，必须对已遭磨损的设备进行及时合理的补偿，补偿的方式有修理、更换、现代化改装。已遭磨损的设备的补偿方式随不同的磨损情况而有所不同。若设备磨损主要由有形磨损所致，则应根据有形磨损情况决定补偿方式。若磨损较轻，则可通过修理进行补偿；若磨损较重，修复时需花费较多的费用，这时选择更新还是修理，则应对其进行经济分析比较，以确定恰当的补偿方式；若磨损太严重，根本无法修复，或虽修复，但其精度已达不到要求，则应该以更新作为补偿手段。若设备磨损主要由无形磨损所致，则应采用局部更新（设备现代化改装）或全部（整台设备）更新。若设备仅是绝对价值磨损，则不必进行补偿，可以继续使用。设备磨损形式与补偿方式的关系如图10-3所示。

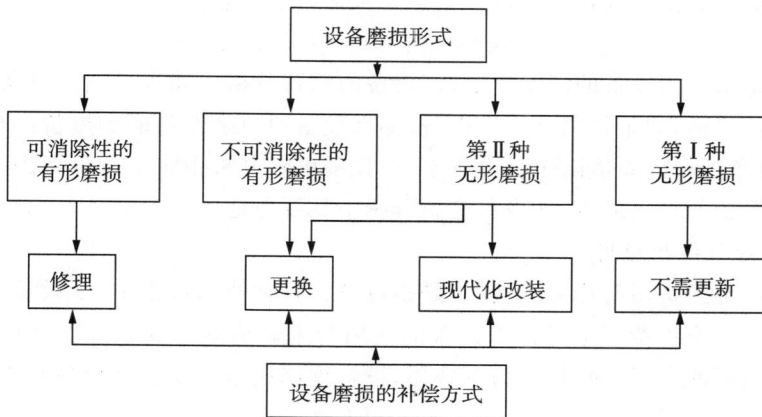

图 10-3　设备磨损形式与补偿方式的关系

1. 设备修理

设备修理(Equipment Repair)是指修复由正常的或不正常的原因造成的设备损坏和精度劣化的过程。通过修理,更换已经磨损、老化和腐蚀的零部件,其能使设备性能得到恢复。按照修理的程度和工作量的大小,修理分为大修、中修和小修。大修、中修和小修修理的内容不同,间隔时间也不同,所花费的资金及资金来源也不同。中修和小修所需要的资金一般直接计入生产成本,而大修费用则由大修费用专项资金开支。

设备大修是通过调整、修复或更换磨损的零部件,恢复设备的精度、生产效率,恢复零部件及整机的全部或接近全部的功能,以达到出厂的标准精度。设备中修、小修是通过调整、修复和更换易损件,以达到工艺要求。

2. 设备更新

设备更新(Equipment Renewal)是指以结构更先进、技术更完善、效率更高、性能更好、消耗更低、外观更新颖的设备代替落后、陈旧,遭受第Ⅱ种无形磨损,且在经济上不宜继续使用的设备。这是实现企业技术进步、提高经济效益的主要途径。也可以采用结构相同的新设备去代替遭受严重有形磨损而不能继续使用的设备的方式进行设备更新。但是,当今科学技术发展迅速,过多采用后一种设备更新途径会导致企业技术停滞。

3. 设备现代化改装

设备现代化改装(Equipment Modern Remake)就是应用现代化的技术成就和先进的经验,根据生产的具体需要,改变旧设备的结构或增加新装置、新部件等,以改善旧设备的技术性能与使用指标,使其局部或全部达到所需要的新设备的水平。

设备现代化改装的主要目的有提高机械化、自动化水平;扩大设备的工艺范围;改善设备的技术性能;提高设备的精度;增加设备的寿命;改善劳动条件和安全作业等。

10.1.3　设备的经济参数

设备的费用主要包括原始的购买费用和设备使用过程中的运行与维护费用。由于设备的使用期一般较长,设备使用期内的运行与维护费用通常会大于设备的原始购买费用,因此在设备选型与更新的经济性分析与决策中,应综合考虑设备的经济参数,并以设备使用周期内费用最低为决策原则。设备的经济参数主要包括以下几点。

1. 设备原值

设备原值是指购买设备的原始价值，即设备的购置价格。如果是国内设备，那么设备原值是设备的出厂价格；如果是国外进口设备，那么设备原值是设备的到岸价。从经济分析的角度来看，旧设备的设备原值属于沉没成本，在设备更新分析中将不予以考虑。新设备的设备原值属于新设备的投入成本，在设备更新分析中需要考虑。

2. 设备运行与维护费用

设备运行与维护费用简称运维费用，是指设备在日常使用过程中，由设备磨损而产生的费用。设备运行与维护费用也可称为设备的使用与维修成本。其中，设备使用成本主要包括设备使用所消耗的燃料、油料、动力等费用，设备维修成本主要包括设备日常修理费、设备大修理费、设备保养费等。

3. 设备残值

设备残值是指设备在当前时间点上的价值，也可称为设备余值。设备残值可以体现为账面价值（会计账面价值）和市场残值（市场售卖/购置价格）两种形式。在设备更新分析中，需要考虑的是市场残值。会计账面价值与市场售卖价格的差值同样属于沉没成本，在设备更新分析中不予以考虑。

4. 设备折旧

设备折旧是对资产磨损的价值补偿，是将设备原值扣除设备残值后的部分分摊到规定折旧期限内的每一年。企业可以逐年计提设备折旧，作为总成本费用的一部分在所得税前列支。对于所得税后的设备更新分析，需要考虑设备折旧的影响。

5. 所得税

所得税是针对企业扣除总成本费用后的净收入征收的税金。当设备折旧后的资产余值与市场售卖价格存在差异时，这部分差异需要征收所得税。作为一种现金流出，所得税必然会影响设备更新分析的结果。因此，设备更新的经济性分析应该是税后经济分析，需考虑所得税的影响。

10.2　设备寿命

由于设备磨损的存在，设备的使用价值和经济价值都将逐渐减少，最终消失，因此设备具有一定的寿命。正确确定设备的寿命，对于提高企业经济效益很有帮助。

10.2.1　设备寿命的类型

设备的寿命有自然寿命、技术寿命和经济寿命3种。

1. 自然寿命

自然寿命（Natural Life Span）也称为物质寿命，是指设备从开始使用，到逐渐产生有形磨损，再到设备老化、损坏，最后到报废所延续的全部时间。它是由有形磨损决定的一种寿命。正确使用、做好维护保养、计划检修等可以延长设备的自然寿命，但不能从根本上避免有形磨损。任何一台设备磨损到一定的程度，必须进行修理或更新。

2. 技术寿命

技术寿命(Technical Life Span)也称为设备的技术老化周期,是指从设备开始使用到因技术落后而被淘汰所经历的全部时间。它是由无形磨损决定的,一般比自然寿命短。技术寿命的长短主要决定于技术进步的发展速度,而与有形磨损无关。科学技术进步越快,技术寿命越短。当更先进的设备出现时,现有设备在物质寿命尚未结束前就可能被淘汰。通过现代化改装,可以延长设备的技术寿命。

3. 经济寿命

当设备处于自然寿命的后期时,由于设备老化、磨损严重,要花费大量的维修费用才能保证设备正常使用,因此从经济上考虑,要对使用费用加以限制,从而终止自然寿命,这就产生了经济寿命的概念。所谓经济寿命(Economical Life Span),是指从设备开始使用到其年平均使用成本最低年份的延续时间长短。它是由设备维持费用的提高和使用价值的降低所决定的,是设备的有形磨损和无形磨损共同作用的结果。正确使用设备、做好维护保养、局部进行现代化改装,都可以延长设备的经济寿命。

一般情况下,设备的技术寿命短于经济寿命,而经济寿命又短于自然寿命。经济寿命是设备经济分析中最重要的概念,设备更新的依据往往就是经济寿命。

10.2.2　设备经济寿命的确定

根据经济寿命的概念,经济寿命可以用图 10-4 来表示。在图 10-4 中,随着设备使用时间的增长,设备逐渐老化,年维持费用(Annual Maintenance Cost)逐渐增加,设备的残值越来越少,相应设备的年折旧费(Annual Depreciation)逐渐减少。设备的年维持费用与年折旧费之和就是设备的年平均费用(Annual Average Cost),即设备的年平均费用＝设备的年折旧费＋设备的年维修费用。

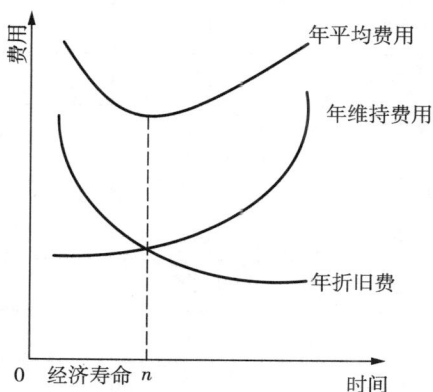

图 10-4　设备的经济寿命

从图 10-4 可以看出,在 n 年上的年平均费用最小(图中 n 点),这 n 年就是设备的经济寿命。

设备的年平均费用由资金恢复费用和年度使用费组成,年度使用费又由年运行费用和维修费用组成。设备的年维持费用包括年运行费用和修理费用两部分。运行费用主要是指设备在使用过程中耗费的水、电、油、燃料等费用。修理费用是指设备在使用过程中对磨损零部件的修复、更换的费用,包括购买零部件的费用和操作人工费用。

设备的年平均费用可以表示为

$$C=\frac{P-F}{N}+O+M \tag{10-6}$$

式中,C——设备的年平均费用;

P——设备原值;

F——设备残值;

O——设备的年运行费用;

M——设备的年维修费用;

N——设备的自然寿命。

当设备的 P 和 N 为一定时,资金恢复费用曲线基本上也为一定。年平均费用曲线主要取决于年度使用费的变化,设备经济寿命的长短主要取决于年度费用的变化。假设一部机器的原始费用为 400 元,不论其何时退出使用,都不计残值,不计算利息,有关的数据列于表 10-1 所列。从表中可以看出,资金恢复费用与使用年限成反比,计算平均年度使用费可以使其高值和低值适当均匀化。尽管年度费用逐渐下降,但是若年度使用费没有上升的趋势,则不能找到年度费用最小的年度。显然,如果要更新机器,那么应在出现较高年度使用费的前一年。

表 10-1 某机器年平均费用表

年末 (1)	年度使用费 (2)	使用费之和 (3)=$\sum$(2)	年平均使用费 (4)=(3)÷(1)	年末退出使用的 资金恢复费用 (5)=400÷(1)	在该时间内的 年平均费用 (6)=(4)+(5)
1	100	100	100	400	500
2	100	200	100	200	300
3	300	500	167	133	300
4	100	600	150	100	250
5	100	700	140	80	220
6	100	800	133	67	200
7	100	900	129	57	186
8	300	1 200	150	50	200
9	100	1 300	144	44	188
10	100	1 400	140	40	180

【例 10-1】 有一台新机器,原始费用为 800 元,不论使用多久,其残值都是零,而其使用费第一年为 200 元,以后每年增加 100 元,暂不计利息,求该机器的经济寿命及最小年平均费用。有关的数据列在表 10-2 中。

年末(1)	年度使用费(2)	使用费之和(3)=∑(2)	年平均使用费(4)=(3)÷(1)	年末退出使用的资金恢复费用(5)=800÷(1)	该时间内的年平均费用(6)=(4)+(5)
1	200	200	200	800	1 000
2	300	500	250	400	650
3	400	900	300	267	567
4	500	1 400	350	200	550
5	600	2 000	400	160	560
6	700	2 700	450	133	583

表 10-2　新机器使用费用表　　（单位：元）

解：因为使用费逐年上升，所以在设备的使用年限中可以找到一个年平均费用最小的年份，即从表 10-2 中可以找到为第 4 年。

若用 Q 代表设备的使用费，用 q 代表使用费的每年增加额，利息不计，则有

$$C = \frac{P}{N} + Q + [q + 2q + \cdots + (N-1)q]/N$$

$$= \frac{P}{N} + Q + [N(N-1)q]/2N$$

$$= \frac{P}{N} + Q + (N-1)q/2$$

若要使 C 最小，则求上式对 N 的导数，并使其等于零，可得

$$\frac{dC}{dN} = -\frac{p}{n^2} + \frac{q}{2} = 0$$

推导出

$$n = \sqrt{\frac{2p}{q}}$$

由表 10-2 可知，$P = 800$，$q = 100$，代入上式，可求得机器的经济寿命为

$$n = \sqrt{\frac{2 \times 800}{100}} = 4(年)$$

最小年平均费用为

$$C = \frac{800}{4} + 200 + 3 \times \frac{100}{2} = 550(元)$$

此结果与表 10-2 所示的结果一样。

经济寿命的求解分为不考虑时间因素和考虑时间因素两种情况。如果不考虑时间因

素,残值 F 为零,使用费每年增加一个固定额,经济寿命可用式 $\sqrt{\dfrac{2p}{q}}$ 计算;假如年度使用费是逐年变化的,年末的估计残值也是变化的,其年度费用不能用公式来表示,这种设备的经济寿命可通过列表计算求得。

【例 10-2】 某施工企业挖掘机的年使用费和年末的估计残值见表 10-3 所列。原始费用为 60 000 元,求该设备的经济寿命。

表 10-3 挖掘机的年使用费和年末的估计残值 （单位:元）

年末	1	2	3	4	5	6	7
年度使用费	10 000	12 000	14 000	18 000	23 000	28 000	34 000
年末估计残值	30 000	15 000	7 500	3 750	2 000	2 000	2 000

解:计算有关挖掘机经济寿命的参数,并将计算结果列于表 10-4 中。从表 10-4 中可以看出,挖掘机的经济寿命为 5 年,第 5 年末应更新挖掘机。

表 10-4 参数计算结果 （单位:元）

年末 (1)	年末使用费 (2)	使用费之和 (3)=∑(2)	平均使用费 (4)=(3)÷(1)	年末的估计残值 (5)	年末退出使用的资金恢复费用 (6)=[60 000-(5)]÷(1)	该时间内的年平均费用 (7)=(4)+(5)
1	10 000	10 000	10 000	30 000	30 000	40 000
2	12 000	22 000	11 000	15 000	22 500	33 500
3	14 000	36 000	12 000	7 500	17 500	29 500
4	18 000	54 000	13 500	3 750	14 063	27 563
5	23 000	77 000	15 400	2 000	11 600	27 000
6	28 000	105 000	17 500	2 000	9 667	27 167
7	34 000	139 000	19 857	2 000	8 286	28 143

经济寿命也可以用以下 2 种较简单的方法求算。

(1)如果一部设备在整个使用寿命期间,年度使用费固定不变,估计残值也固定不变,那么其使用的年限越长,年度费用越低。这就是说,它的经济寿命等于它的服务寿命。

(2)如果一部设备目前的估计残值和未来的估计残值相等,而年度使用费逐年增加,那么最短的寿命(一般为 1 年)就是它的经济寿命。这是因为

$$年平均费用 = 资金恢复费用 + 年度使用费$$

$$资金恢复费用 = (P-F)(A/P,i,N) + F_i$$

因为 $P=F$,所以年平均费用等于年度使用费加上一个常数 F_i。由于年度使用费逐年增加,因此设备的经济寿命是最短的时期,即 1 年。

10.3　设备更新经济分析

　　设备更新从战略上讲是一项很重要的工作。因为新设备的原始费用很高,但运行费用低,而旧设备却恰恰相反,所以设备的更新不仅会影响企业眼前的利益,还会影响企业长远的经济效益。为了决定设备是否需要更新,应权衡利弊、全面比较,以经济效果的高低作为判断的依据。这就是设备更新的经济分析。

　　设备更新的经济分析包括两个方面的内容:一是确定设备更新的最佳时期;二是对不同的更新方案进行比较,选择最优更新方案。设备更新的最佳时期主要取决于设备的经济寿命,设备的经济寿命结束时间就是设备的最佳更新期。

10.3.1　设备更新方案比较的特点和设备更新的原则

　　1. 设备更新方案比较的特点

　　在采用新设备时,一切有关的费用,包括购置费、运输费、装置费等都应该考虑进去,作为原始费用。在更换旧设备时,应把旧设备出售的收入、拆卸费及可能发生的修理费用等都计算在内,求出其净残值。

　　设备更新方案比较具有以下两个特点。

　　(1)在考虑设备更新方案的比较时,人们通常假定设备产生的收益是相同的,因此只对设备的费用进行比较。

　　(2)由于不同设备的寿命期不同,为了计算方便,人们通常对设备的年度费用进行比较。例如,前面介绍的计算经济寿命的内容中,都只计算了设备的费用,没有考虑设备的收益。

　　2. 设备更新的原则

　　设备的更新一定要讲究经济效益,要以最少的费用投入获得最佳的经济效果。任何企业的资金都是有限的,因此设备更新应根据需要与可能,有计划、有步骤、有重点地进行,要注意先解决生产能力薄弱的环节,使设备能力配套,提高企业综合生产能力。此外,在设备更新中,还应充分发挥本企业的生产和技术潜力。对更新下来的设备也应合理、充分地利用,以节约企业资金。

　　在进行设备更新时,不仅要确定多个更新方案,还要充分利用经济指标,对各比较的更新方案进行分析,从而保证科学合理地更新设备。进行设备更新方案比较时,应遵循下面两条原则。

　　(1)不考虑沉没成本。也就是说,在进行方案比较时,原设备的价值应按目前实际价值计算,而不管它过去是花多少钱买进的。

　　(2)不要按方案的直接现金流量比较,而应从一个客观的立场上去比较。例如,两台新、旧设备进行比较时,不能把旧设备的销售收入作为新设备的现金流入,而应把旧设备所能卖的钱作为购买旧设备的费用。

　　【例 10-3】　假设某施工企业 3 年前花 5 000 元购买了一台搅拌机 A,估计还可以使用 6 年。第 6 年末估计残值为 300 元,年度使用费为 1 000 元。现在市场上出现了一种新型的搅拌机 B,售价为 7 000 元,估计可以使用 10 年,第 10 年年末估计残值为 400 元,年度使用费为 800 元。现有两个方案:方案甲是继续使用搅拌机 A;方案乙是把旧的搅拌机 A 以 1 000 元卖掉,然后购买新搅拌机 B。如果基准折现率为 10%,问:该施工企业应选择哪个方案?

解:根据设备更新方案比较的原则:不考虑沉没成本和不要按方案的直接现金流量比较,而应从一个客观的立场上去比较。旧的搅拌机 A 可以卖 1 000 元,相当于花 1 000 元去购买旧搅拌机 A,旧搅拌机 A 的初始费用为 1 000 元,与 3 年前花费的购买价 5 000 元无关,这 5 000 元是沉没成本。因此,两个方案的现金流量如图 10-5 所示。

依据图 10-5(a),可以计算旧搅拌机 A 的年平均使用费为

$$AC_A = 1\,000 + 1\,000(A/P,10\%,6) - 300(A/F,10\%,6) = 1\,190.72(元)$$

依据图 10-5(b),可以计算新搅拌机 B 的年平均使用费为

$$AC_B = 800 + 7\,000(A/P,10\%,10) - 400(A/F,10\%,10) = 1\,913.82(元)$$

因为 $AC_A < AC_B$,所以应选择方案甲——继续使用旧搅拌机 A。

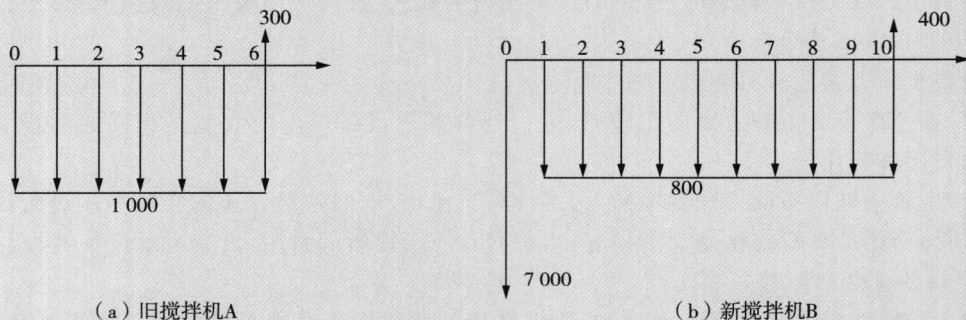

图 10-5 新旧搅拌机的现金流量图

10.3.2 设备更新方案的比较

对于单台设备更新期的确定,常见的方法是以设备的寿命期为依据进行。但对于多台设备,不仅要确定每台设备的合理更新期(Reasonable Renovate Time),还要对多方案进行比较。对于多方案的比较,也可以设备的寿命期为依据进行,但分析处理方案有些差异。设备更新方案有如下比较常见的方法。

1. 以经济寿命为依据的更新分析

以经济寿命为依据的更新方案比较,使设备都使用到最有利的年限来进行分析。在比较时必须注意以下几点。

(1)不考虑沉没成本。

(2)求出各种设备的经济寿命。如果年度使用费固定不变,那么估计残值也固定不变,此时应选尽可能长的寿命。如果年度使用费逐年增加而目前残值和未来残值相等,那么应尽可能选择寿命期短的方案。

(3)达到经济寿命时,年度费用最小者为优。

【例 10-4】　有一企业 3 年前花 20 000 元安装了一套设备。这套设备的年度使用费估计下年度为 10 000 元,以后逐年增加 500 元。现在设计了一套新设备,其原始费用为 12 000 元,年度使用费估计第 1 年为 9 000 元,以后逐年增加 900 元。新设备使用寿命估计为 15 年。由于这两套设备都是为这个企业专门设计的,因此都能满足相同的需要,且其任何时刻的残值均为零。若基准折现率为 10%,问:该企业是否应该对现有设备进行更新?

解:题目中 3 年前花 20 000 元安装的原设备是沉没成本,分析计算时不考虑在内。

两套设备"任何时刻的残值均为零"说明旧设备的现在购买费用和将来的残值都为零,即 $P=F=0$。新设备的 $F=0$。由此,新旧设备的现金流量图如图 10-6 所示。

依据图 10-6(a),可以计算旧设备的年平均使用费为

$$AC_{旧}=10\,000+500(A/G,10\%,n)$$

要使 $AC_{旧}$ 最小,应使 $n=1$。也就是说,旧设备的经济寿命为 1 年。此时的年度费用为 $AC_{旧}=10\,000$ 元。

依据图 10-6(b),可以计算新设备的年平均使用费为

$$AC_{新}=9\,000+900(A/G,10\%,t)+12\,000(A/P,10\%,t)$$

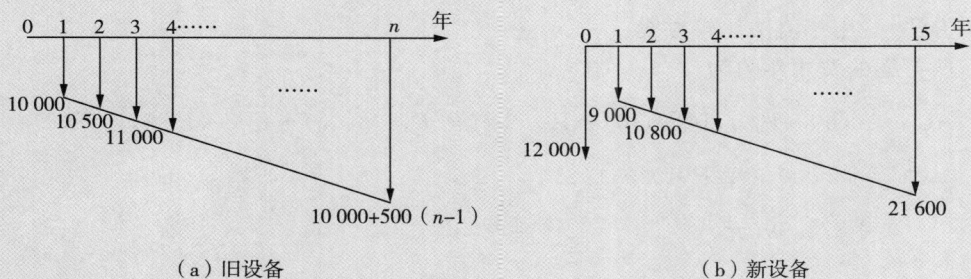

图 10-6　例 10-4 新旧设备的现金流量图

为了计算新设备的经济寿命,必须列表计算。新设备的经济寿命计算过程见表 10-5 所列。

表 10-5　新设备的经济寿命计算过程　　　　　　　　(单位:元)

n	1	2	3	4	5	6	7	8	9
第 1 年使用费	9 000	9 000	9 000	9 000	9 000	9 000	9 000	9 000	9 000
$900(A/G,10\%,t)$	0	428.6	842.9	1 243.1	1 629.1	2 001.2	2 359.4	2 704.1	3 035.2
$12\,000(A/P,10\%,t)$	13 200	6 914.4	4 825.2	3 786	3 165.6	2 755.2	2 464.8	2 248.8	2 083.2
$AC_{新}$	22 200	16 343	14 668	14 029	13 795	13 756	13 824	13 953	14 118

从表 10-5 中的计算可知,新设备年平均费用最小是在第 6 年,因此新设备的经济寿命是 6 年,此时的年度费用为 13 756 元,即 $AC_{新}=13\,756$ 元。

由于旧设备在其经济寿命时的年度费用低于新设备在其经济寿命时的年度费用，因此不应该对旧设备进行更新。

2. 对寿命不等的方案比选方法

设备更新方案的比较犹如第3章中的工程项目投资方案的比较，对寿命不等的方案的比较也应考虑时间上的可比性。在第3章的多方案比选中，对寿命不同的方案的比选，处理方法有年值法、最小公倍数法和年值折现法。这些方法在这里也可以应用，只不过在设备更新方案的现金流量分析中有些差异。下面通过例子说明。

【例 10 - 5】　某企业正在使用一台机器A，目前残值估计为2 000元。根据估计这部机器还可以使用5年，每年的使用费为1 000元，第5年年末的残值为零。但是这部机器生产能力有些不足了，需要改进或更新。现在提出以下两个方案。方案甲：5年之后用机器B代替机器A。机器B的原始购买费用估计为10 000元，寿命估计为10年，残值为0，每年的使用费用为600元。乙方案：现在就用机器C来代替机器A，机器C的原始购买费用为7 000元，寿命估计也为10年，残值为0，每年使用费用为800元。若基准折现率为10%，试选择方案。

解：根据已知条件，画出甲、乙两方案的现金流量图（见图10-7）。

方法一：用年值法比较方案。

两方案的费用年值为

$$AC_甲 = \{[600(P/A,10\%,10) + 10\,000](P/F,10\%,5) + 1\,000(P/A,10\%,5)$$
$$+ 2\,000\}(A/P,10\%,15)$$
$$= 1\,878.99(元)$$

$$AC_乙 = 800 + 7\,000(A/P,10\%,10) = 1\,938.9(元)$$

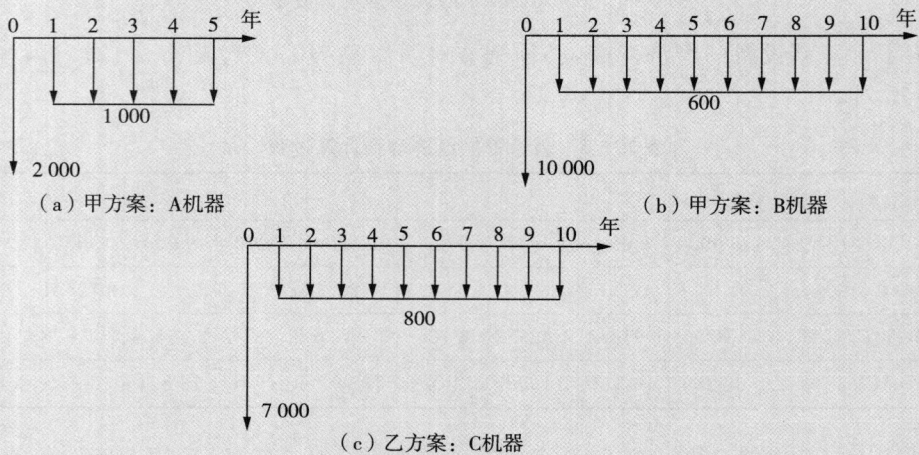

（a）甲方案：A机器

（b）甲方案：B机器

（c）乙方案：C机器

图 10 - 7　甲、乙两方案的现金流量图

从费用年值计算看,甲方案的费用低于乙方案的费用,因此应选甲方案,即 5 年以后再用机器 B 代替机器 A。

方法二:用合理分析期法比较方案。

(1)选分析期为 10 年,并考虑未使用的价值。由于人们对更远期的估计误差大,因此选定 10 年作为研究分析期,这相当于机器 C 的寿命。计算甲方案的费用现值时,由于要考虑未使用的价值,因此应先将 B 机器的费用按照 10 年折算成费用年值,再计算 5 年的费用现值。甲方案的费用现值为

$$PC_甲 = 2\,000 + 1\,000(P/A,10\%,5) + [600$$
$$+ 10\,000(A/P,10\%,10)](P/A,10\%,5)(P/F,10\%,5)$$
$$= 11\,032.51(元)$$

此时,机器 B 未使用的价值(现值)为

$$PC_{B未使用} 10\,000(A/P,10\%,10)(P/A,10\%,5) = 6\,167.63(元)$$

乙方案的费用现值为

$$PC_乙 = 7\,000 + 800(P/A,10\%,10) = 11\,915.68\ 元$$

从以上计算可知,甲方案的费用现值小于乙方案的费用现值,因此甲方案优于乙方案,应选甲方案。

(2)选分析期为 5 年,并考虑未使用的价值。一般情况下,分析期越长,估计越不准确,所以选 5 年作为分析期。5 年正好是机器 A 的使用年限。因此,两个方案的费用年值为

$$AC_甲 = 1\,000 + 2\,000(A/P,10\%,5) = 1\,527.6(元)$$

$$AC_乙 = [7\,000 + 800(P/A,10\%,10)](A/P,10\%,5) = 3\,143.36(元)$$

从以上计算可见,甲方案的费用年值低于乙方案的费用年值,因此甲方案优于乙方案,应选甲方案。

分析期越长,计算结果可能越准确,但计算的估计数据越不准确;分析期越短,估计越准确,但计算结果越粗糙。因此,在进行设备更新方案比较时一定要根据估计和判断综合选择分析期。既要考虑估计的准确性,又要考虑计算结果的精确性。

10.3.3　各种因素下设备更新方案的比较

设备需要更新的原因很多,归纳起来主要有能力不足、维修过多、效率降低、无形磨损严重等。下面分别进行介绍。

1. 因能力不足而引起的更新

在企业生产经营中,有时设备既没有技术上的陈旧落后,也没有经济上的不可行,仅仅是因生产的发展而引起的生产能力或加工精度难以满足要求,这时需要更新。

【**例 10-6**】 某公司在 4 年前花 23 000 元买了一台设备,估计该设备的寿命为 15 年,年度使用费每年固定为 1 200 元。由于企业产品数量增加了一倍,因此原来的设备能力已经不能满足生产的要求了。为了满足生产需要,企业现在提出两种解决方案:A 方案是原有设备继续使用,同时再花 17 000 元购置一台与原设备消耗和能力相同的新设备;B 方案是将原来的旧设备以 6 000 元售出,再花 28 000 元购买一台能力增加一倍的新设备,估计新设备的寿命为 15 年,年度使用费为 2 400 元。3 台设备的残值均为购置成本的 10%。若基准折现率为 10%,试比较方案。

解:根据已知条件,A 方案中的旧设备现在的购买价相当于 6 000 元。旧设备估计的寿命为 15 年,但因为是 4 年前购买的,所以从现在算起旧设备的寿命就只有 11 年了。3 台设备的残值计算分别用最原始的购买价乘以 10%。A 方案中的新设备的年固定使用费与旧设备相同,也为每年 1 200 元,寿命也与旧设备相同,为 11 年。于是,A、B 两方案的现金流量如图 10-8 所示。

根据现金流量图,计算两方案的费用现值为

$$AC_A = (6\,000+17\,000)(A/P,10\%,11)+1\,200\times2-(2\,300+1\,700)(A/F,10\%,11)$$
$$=5\,726(元)$$

$$AC_B = 28\,000(A/P,10\%,15)+2\,400-2\,800(A/F,10\%,15)=5\,993.8(元)$$

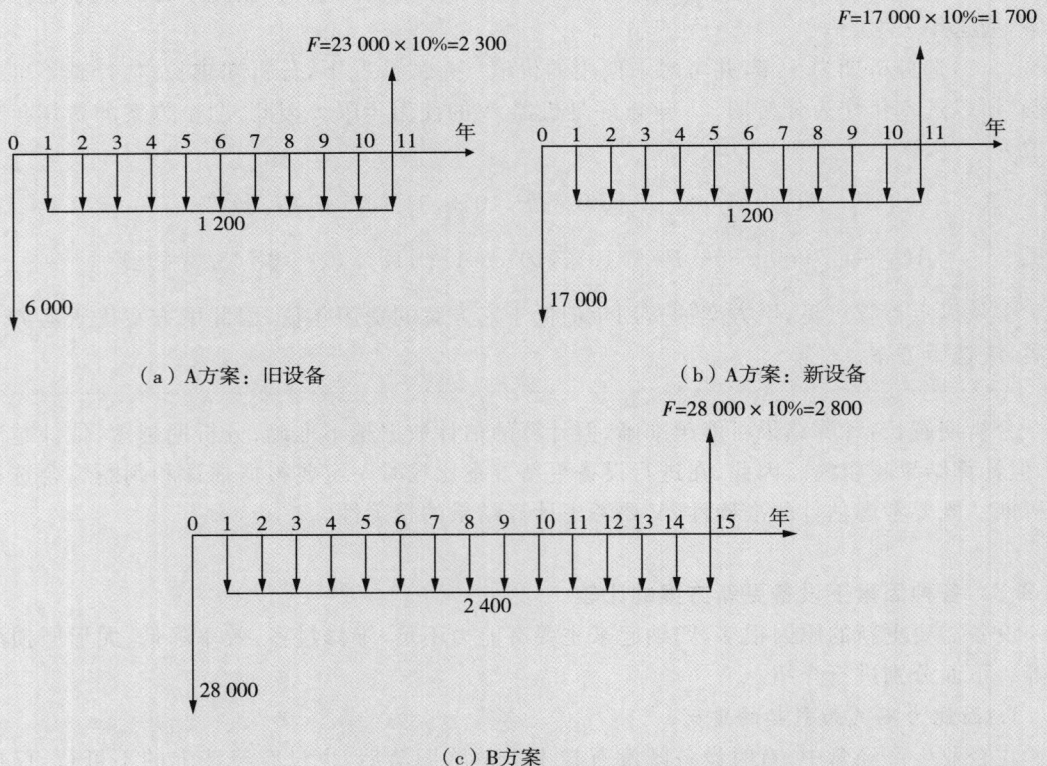

(a) A方案:旧设备 (b) A方案:新设备

(c) B方案

图 10-8 A、B 两方案的现金流量图

从以上计算可见，$AC_A < AC_B$，A 方案所以优于 B 方案，因此应选择 A 方案，即原有设备继续使用，同时再花 17 000 元购置一台与原设备消耗和能力相同的新设备。

2. 因维修过多而引起的更新

由于机器设备在使用过程中发生磨损，因此需要进行临时性的修理或定期大修。但是，在大修以前，应该分析计算大修和更新的优越性，看是继续大修合算还是更新合算。

【例 10 - 7】　某企业有一台设备已经使用了很多年，要继续使用就必须进行大修，估计大修需要费用 10 000 元，大修后可以继续使用 3 年，每年的维修费为 2 000 元。现在有另一方案：重新购置一台功能相同的设备，购置成本需 30 000 元，可使用 10 年，每年的维修费为 800 元。若基准折现率为 5%，问：该企业是继续使用旧设备好还是更新设备好？

解：把大修的费用看作购买旧设备的费用。为计算简便，可以直接用费用年值计算两方案的费用。两方案的费用年值为

$$AC_{大修} = 2\,000 + 10\,000(A/P, 5\%, 3) = 5\,672 (元)$$

$$AC_{更新} = 800 + 30\,000(A/P, 5\%, 10) = 4\,685 (元)$$

从以上计算可见，$AC_{大修} > AC_{更新}$，所以更新方案优于大修方案，因此应选择更新方案。

3. 因效率降低而引起的更新

设备常常在开始使用时效率最高，以后随着磨损的产生而效率不断降低。当效率的降低是因机械的少数零件受到磨损而引起时，应定期更新这些零件，使整个机械保持较高的效率。但有些设备，其效率的降低是无法通过修理来恢复的，如冰箱制冷系统损坏。这时就要通过经济分析在一定的时候全部加以更新。

【例 10 - 8】　假定一部带式运输机因提斗逐渐磨损而效率降低，每年年初效率见表 10 - 6 所列。由于提斗的容量变小，必须延长输送机的运行时间，这样就应增加了运行费用。设原有输送机目前的残值为零，下一年度的使用费为 8 900 元，以后每年递增 100 元。当提斗处于崭新状态时，为了完成运输任务，输送机每年应运行 1 200 小时。当效率降低时，每年运行时数就应增加。每小时运行费为 6.4 元，提斗的更新费用为 960 元。假设现在有一台与原输送机崭新时性能一模一样的输送机可以替换旧输送机。若基准折现率为 7%，问：是否需要更新输送机？

表 10 - 6　年初效率

年数	1	2	3	4	5	6
年初效率	1.00	0.94	0.88	0.84	0.80	0.76

解：由于旧输送机目前残值为零，即 $F=0$，年折旧费为 0，因此旧输送机的年平均费用等于年平均使用费。因为年使用费是逐年增加的，所以旧输送机年平均费用最低的年份就在第 1 年年末，即旧输送机的经济寿命为 1 年，在第 1 年年末的费用为 8 900 元。

计算新输送机的经济寿命。题目中崭新的输送机就是新机器的有关数据。新机器随着使用时间的延长,效率降低。已知的是年初的效率,这里必须换算成年平均效率,即

$$年平均效率=\frac{年初的效率+年末的效率}{2}$$

当效率降低时,新输送机每年的运行时数就会增加,每年的实际运行时数为

$$实际年运行时数=\frac{计划年总运行时数}{年平均效率}$$

$$年运行费=年运行时数\times6.4$$

最后,输送机的年平均费用为

$$年平均费用=年平均运行费+年折旧费用$$

因为提斗的更新费用 960 元可以看作输送机现在的购买费用,新机器的残值为零,所以输送机的年折旧费用就为

$$年折旧费用=960(A/P,7\%,t)$$

年运行费和年折旧费用都不是一个固定数,是一个变数,因此计算经济寿命时需要列表计算。新输送机经济寿命的计算过程见表 10-7 所列。

表 10-7 新输送机经济寿命的计算过程   (单位:元)

年份	1	2	3	4	5	6
年初效率	1.00	0.94	0.88	0.84	0.80	0.76
年平均效率	0.97	0.91	0.86	0.82	0.78	
年运行时数	1 237	1 319	1 395	1 463	1 538	
年运行费 Q_t	7 916.8	8 441.6	8 928	9 363.2	9 843.2	
年运行费的现值 $Q_t(1+7\%)^{-t}$	7 398.8	7 373.2	7 287.9	7 143.1	7 018.1	
$\sum Q_t(1+7\%)^{-t}$	7 398.8	14 772	22 059.9	29 203	36 221.1	
年平均运行费 $[\sum Q_t(1+7\%)^{-t}](A/P,7\%,t)$	7 916.8	8 170.4	8 407	8 620.7	8 834.3	
$960(A/P,7\%,t)$	1 027.2	531	365.9	283.4	234.1	
年平均费用	8 944	8 701.4	8 772.9	8 904.1	9 068.4	

从表 10-7 的计算可见,新输送机的经济寿命为 2 年,这时年平均费用最低,为8 701.4 元。由于在新旧输送机的经济寿命时刻,新输送机的费用最低,因此需要更新输送机。

4. 因无形磨损严重而引起的更新

由于设备存在无形磨损,因此当无形磨损达到一定的限度,现代化的改装也不经济时,往往就采取更新的方案。

> **【例 10 - 9】** 某企业在 10 年前用 6 300 元购买了一台机床,用来制造管子套头,每幅需要 0.0476 工时。现在市场上出现了一种新机床,价格为 15 000 元,制造管子套头每幅需要 0.0384 工时。假定该企业每年准备生产套头 4 万幅。新旧机床运行费每小时均为 8.50 元。旧机床还可以使用 2 年,第 2 年末残值为 250 元。旧机床可以出售 1 200 元。新机床估计可使用 10 年,第 10 年末残值为原始费用的 10%。若基准折现率为 12%,问:是否应当更新旧机床?
>
> **解:**根据已知条件可得
>
> $$旧机床的年运行费 = 8.50 \times 0.0476 \times 40\,000 = 16\,184(元)$$
>
> $$新机床的年运行费 = 8.50 \times 0.0384 \times 40\,000 = 13\,056(元)$$
>
> $$新机床的期末残值 = 15\,000 \times 10\% = 1\,500(元)$$
>
> 于是,可以绘制新旧机床的现金流量图(见图 10 - 9)。

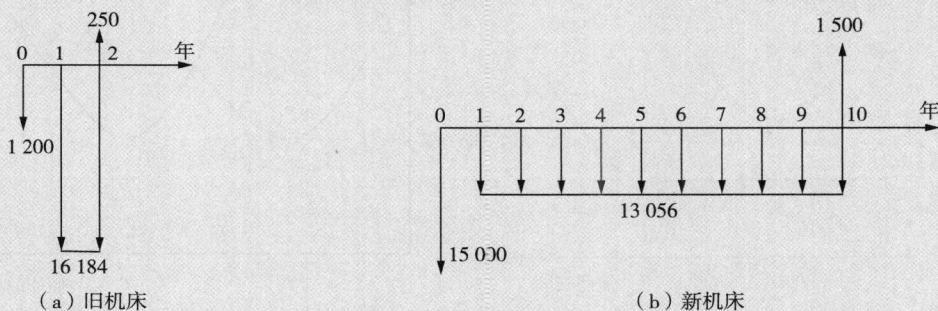

图 10 - 9 新旧机床的现金流量图

> 新旧机床的年平均费用为
>
> $$AC_{旧} = 16\,184 + 1\,200(A/P, 12\%, 2) - 250(A/F, 12\%, 2) = 16\,776.1(元)$$
>
> $$AC_{新} = 13\,056 + 15\,000(A/P, 12\%, 10) - 1\,500(A/F, 12\%, 10) = 115\,625.5(元)$$
>
> 从以上计算可见,$AC_{旧} > AC_{新}$,所以应该更新机床。

10.3.4 设备原型更新的决策方法

有些设备在使用时并不过时,也就是说在设备达到经济寿命年限前技术上仍然先进,不存在技术上提前报废的问题。当该设备到达经济寿命年限时,再继续使用,经济上已经不合算,于是可以用原型设备进行替换。这类原型设备更新的时机应以其经济寿命年限为佳。

上述设备经济寿命的计算是以同种设备以旧换新为前提,其实质是仅考虑设备使用过程中产生的有形磨损所引起的费用变化,而没有考虑设备无形磨损的问题。实际上由于科学技术的进步,很可能在设备的运行成本尚未升高到需用原型设备替代之前,就已经出现工作效率更高和经济效果更好的设备。这时,就要比较继续使用旧设备和购置新设备哪一种更新方法在经济上更有利。

在有新型设备出现的情况下,设备更新决策方法常用年费用比较法。年费用比较法就是计算原有旧设备和备选新设备对应于各自的经济寿命期内的年均总费用,并进行比较。若使用新型设备的年均总费用小于继续使用旧设备的平均总费用,则应当立即进行更新;反之,则应继续使用旧设备。

1. 更新合理时机的确定

在出现新设备的条件下,设备更新决策可以通过年费用比较法进行决策。年费用比较法是通过计算旧设备与新设备在其预计的经济寿命周期内的年均总费用,并进行比较,判断更新与否。假设在使用一种旧设备的同时出现了一种新设备,设旧设备的经济寿命为 T_j,旧设备的最低年均总费用为 AW_j,新设备的经济寿命为 T_x,新设备的最低年均总费用为 AW_x,合理的更新时间为 T_h。于是,有以下结论。

(1)当 $AW_j > AW_x$ 时,应该立即更新。如图 10-10 所示,此时 $T_h = 0$。

(2)当 $AW_j = AW_x$ 时,应该计算根据设备的残余经济寿命更新。如图 10-11 所示,此时 $T_h = T_j$。

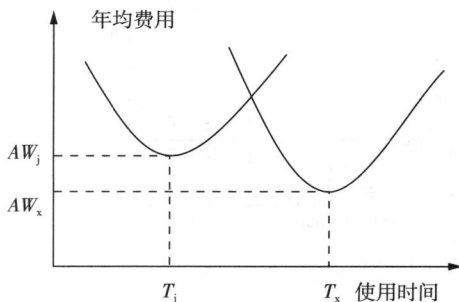

图 10-10　更新时机的确定(1)

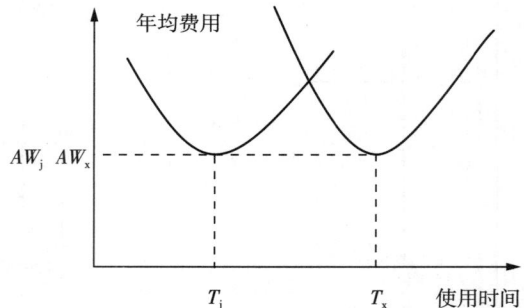

图 10-11　更新时机的确定(2)

(3)当 $AW_j < AW_x$ 时,继续使用旧设备。旧设备的继续使用时间一般长于其残余经济寿命,直到其所需的年使用费用开始高于更新设备的年均费用时才更新(见图 10-12),此时 $T_j < T_h < T_x$。

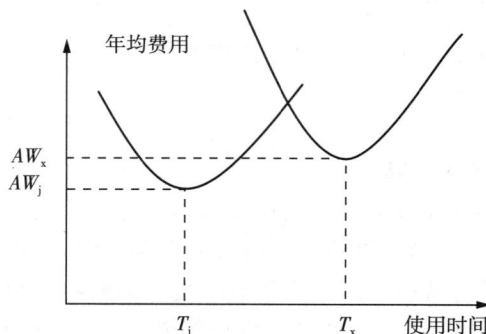

图 10-12　更新时机的确定(3)

2. 设备更新方案的比较

设备更新方案的比较,应遵循两项基本原则:第一,不考虑沉没成本,因为沉没成本一般不会影响方案的新选择;第二,不要从方案直接陈述的现金流量进行比较分析,而应该站在一个客观的立场上比较分析。对新旧设备的经济效益进行比较分析时,应该以一个客观的身份进行研究,而不应该在原有状态上进行主观分析。只有这样才能客观地、正确地描述新旧设备的现金流量。

【**例 10-10**】　某公司下属甲乙两厂,乙厂需要一台设备,正好甲厂有同一型号设备需要处理。现有两种方案可供选择,即 A 方案是将甲厂的现有设备移至乙厂;B 方案是甲厂的现有设备就地处理,乙厂新购一台设备,试比较两方案。现知甲厂设备账面残值为 20 000 元,若就地处理只能回收 14 000 元;若乙厂购置一台新设备需投资 50 000 元,使用年限为 20 年。甲厂设备搬至乙厂,另需搬迁费 10 000 元,估计搬迁后还可以使用 8 年,但年经营使用费估计比新设备要高 2 000 元,设复利利率为 10%。

解:设 B 方案的年经营费为 x,则有 A、B 方案的年度平均费用为

$$AC_A = 2\,000 + x + 24\,000A/P, 0.10, 8 = 6\,498.8 + x$$

$$AC_B = x + 50\,000A/P, 0.10, 20 = 5\,873 + x$$

$$AC_A - AC_B = 625.8(元)$$

故宜采用 B 方案。

10.4　设备租赁经济分析

10.4.1　设备租赁概述

企业在生产经营中,有时由于资金紧张,除自行购买外,还采用租赁的方式取得设备。

设备租赁(Lease of Equipments)是指设备的使用者(或租赁者)按照合同规定,按规定的时间支付给设备出租者一定的费用而取得设备使用权的一种设备融资方式。设备租赁主要有两种方式:运行租赁(Operating Lease)和财务租赁(Financial Lease)。运行租赁是指在设备租赁期间,任何一方可以随时以一定方式在通知对方的规定时间内取消或终止租约,一般临时使用的设备常采用这种方式。财务租赁是指在设备租赁期间,双方承担确定时间的租让和付费的义务,而不得任意终止和取消租约。一般贵重的设备都采用这种租赁方式。

从全局范围来看,设备租赁在一定条件下有利于设备的管理和保养,提高设备的利用率和节省投资。从使用者来看,设备租赁有以下 4 个好处。一是可减少购置设备的投资,改变"大而全""小而全"的不经济状况,提高设备的利用率。租赁特别适合于季节性或临时使用的设备,如农机设备、施工机械等,而且租赁还可以使企业在缺少资金的情况下仍然能正常使用设备。二是避免设备技术落后的风险。当代科技迅猛发展,设备更新换代的速度明显

加快,租赁能使企业的设备始终保持比较先进的状态而无须投入太多初始资金。三是可以减少税金的支出。因为企业里设备的折旧算收入,需要支付税金,而租赁设备可以把租赁费充当年度经营费,不存在折旧费,所以可以少交税金。四是用户可以保证获得良好的技术服务。

10.4.2 设备租赁分析

租赁设备不仅需要一次性支付一定的资金,还需要在租赁期间长期支付租金。因此,为了提高资金的利用效率,必须对设备的租赁进行经济分析,看是否值得租赁。对于使用者来说,是采用新购置设备还是采用租赁设备,应取决于这两种方案在经济上的比较,其比较的原则和方法与前面章节介绍的互斥方案的比较相同。采用设备租赁方案,就没有年折旧费,租赁费用可以直接进入生产成本,其净现金流量为

$$净现金流量＝销售收入－经营成本－租赁费用-税率$$

$$×(销售收入－经营成本－租赁费)$$

而在相同条件下购置设备方案的净现金流量为

$$净现金流量＝销售收入－经营成本－设备购置费用-税率$$

$$×(销售收入－经营成本－折旧费)$$

从以上两式可以看出,当租赁费等于折旧费时,区别仅在于税金的大小。当采用直线法折旧时,租赁费高于折旧费,因此所付的税金较少,有利于企业。

【例 10-11】 某企业需要某种设备,其购置费为 10 000 元,打算使用 10 年,残值为零。这种设备也可以租到,每年租赁费为 1 600 元。两种方案运行费都是每年 1 200元。政府规定的所得税率为 55%,采用直线折旧。若基准折现率为 10%,试问:企业是采用租赁设备还是采用购置设备?

解:企业若采用购置方案,根据直线折旧法,年折旧费为 10 000/10＝1 000(元),计入总成本。而租赁方案每年的租赁费 1 600 元也计入总成本,因此后者少交的税金为

$$55\%×(1\,600－1\,000)＝330(元/年)$$

租赁方案每年少交的税金在现金流量图中表现为收入。

租赁方案每年的租赁费和运行费和为 1 600＋1 200＝2 800(元)。因此,两个方案的现金流量如图 10-13 所示。

两个方案的年平均费用为

$$AC_{购}＝10\,000(A/P,10\%,10)＋1\,200＝2\,827(元)$$

$$AC_{租}＝2\,800－330＝2\,470(元)$$

从上述计算可见,$AC_{购}＞AC_{租}$,所以应选择租赁设备。

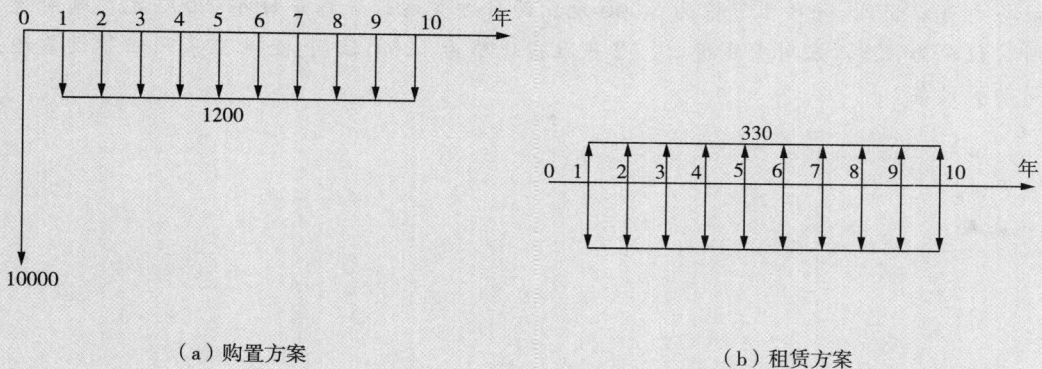

（a）购置方案　　　　　　　　　　　　　（b）租赁方案

图 10-13　购置设备和租赁设备的现金流量图

本例也可以采用直接计算法，即

$$AC_{购}=10\,000(A/P,10\%,10)+1\,200-1\,000\times55\%=2\,277(元)$$

$$AC_{租}=2\,800-1\,600\times55\%=1\,920(元)$$

从上述计算可见，$AC_{购}>AC_{租}$，所以应选择租赁设备。

习　题

1. 什么是设备？什么是设备的有形磨损和无形磨损？如何补偿设备的磨损？

2. 什么是设备的大修、更新和现代化改装？它们各有什么优缺点？

3. 什么是设备的自然寿命、技术寿命和经济寿命？经济寿命有什么意义，如何确定？

4. 设备更新方案的特点和原则有哪些？设备更新期如何确定？

5. 如何进行设备更新方案的经济分析？

6. 如何进行设备租赁的经济分析？

7. 某设备原始价值为 10 000 元，目前需要修理，修理费用为 3 000 元。该种设备再生产的价值是 7 000 元。试计算该设备的有形磨损量、无形磨损量和综合磨损量。

8. 一台生产用机器一次投资 3 750 元，且在任何时候都没有残值，第 1 年的操作与维修费用为 300 元，以后每年增加 300 元，求该机器的经济寿命。（不计利息，用直线折旧法）

9. 有一台特殊效用的机器，原始费用为 20 000 元。表 10-8 列出了机器各年的使用费和各服务年年末残值。假如 $i_0=10\%$，求这台机器的经济寿命。

表 10-8　数据资料　　　　　　　　　　（单位：元）

服务年数	1	2	3	4	5	6	7	8	9
年使用费	2 200	3 300	4 400	5 500	6 600	7 700	8 800	9 900	1 1000
年末残值	10 000	9 000	8 000	7 000	6 000	5 000	4 000	3 000	2 000

10. 某企业需要某种设备,其购置费为 20 000 元,打算使用 10 年,残值为 2 000 元。这种设备也可以租到,每年租赁费为 3 000 元。两种方案运行费都是每年 2 000 元。政府规定的所得税率为 55%,采用直线折旧。若基准折现率为 12%,试问:企业应采用租赁设备还是采用购置设备?

参 考 文 献

[1] 国家发展改革委,建设部.建设项目经济评价方法与参数[M].3版.北京:中国计划出版社,2006.

[2] 全国一级建造师执业资格考试用书编写委员会.建设工程经济[M].北京:中国建筑工业出版社,2023.

[3] 全国咨询工程师(投资)职业资格考试参考教材编写委员会.项目决策分析与评价[M].4版.北京:中国计划出版社,2016.

[4] 蒋景楠,佘金凤,陆雷.工程经济理论与实践[M].上海:华东理工大学出版社,2008.

[5] 黄有亮,徐向阳,谈飞,等.工程经济学[M].4版.南京:东南大学出版社,2021.

[6] 邹辉霞.技术经济管理学[M].北京:清华大学出版社,2011.

[7] 邵颖红,黄渝祥,邢爱芳,等.工程经济学[M].5版.上海:同济大学出版社,2015.

[8] 刘亚臣.建设工程经济[M].2版.北京:中国建筑工业出版社,2021.

[9] 陈伟,张凌,韩斌.技术经济学[M].北京:清华大学出版社,2012.

[10] 冯为民,付晓灵.工程经济学[M].2版.北京:北京大学出版社,2012.

[11] 都沁军.工程经济学[M].2版.北京:北京大学出版社,2019.

[12] 李长花,段宗志.建设工程经济[M].武汉:武汉大学出版社,2013.

[13] 李南.工程经济学[M].5版.北京:科学出版社,2018.

[14] 赵艳华,窦艳杰.工程经济学[M].北京:北京交通大学出版社;清华大学出版社,2014.

附录 A　复利系数表

$$i = 1\%$$

n	$(F/P,i,n)$	$(P/F,i,n)$	$(F/A,i,n)$	$(A/F,i,n)$	$(P/A,i,n)$	$(A/P,i,n)$	$(F/G,i,n)$	$(P/G,i,n)$	$(A/G,i,n)$
1	1.010 0	0.990 1	1.000 0	1.000 0	0.990 1	1.010 0	0.000 0	0.000 0	0.000 0
2	1.020 1	0.980 3	2.010 0	0.497 5	1.970 4	0.507 5	1.000 0	0.980 3	0.497 5
3	1.030 3	0.970 6	3.030 1	0.330 0	2.941 0	0.340 0	3.010 0	2.921 5	0.993 4
4	1.040 6	0.961 0	4.060 4	0.246 3	3.902 0	0.256 3	6.040 1	5.804 4	1.487 6
5	1.051 0	0.951 5	5.101 0	0.196 0	4.853 4	0.206 0	10.100 5	9.610 3	1.980 1
6	1.061 5	0.942 0	6.152 0	0.162 5	5.795 5	0.172 5	15.201 5	14.320 5	2.471 0
7	1.072 1	0.932 7	7.213 5	0.138 6	6.728 2	0.148 6	21.353 5	19.916 8	2.960 2
8	1.082 9	0.923 5	8.285 7	0.120 7	7.651 7	0.130 7	28.567 1	26.381 2	3.447 8
9	1.093 7	0.914 3	9.368 5	0.106 7	8.566 0	0.116 7	36.852 7	33.695 9	3.933 7
10	1.104 6	0.905 3	10.462 2	0.095 6	9.471 3	0.105 6	46.221 3	41.843 5	4.417 9
11	1.115 7	0.896 3	11.566 8	0.086 5	10.367 6	0.096 5	56.683 5	50.806 7	4.900 5
12	1.126 8	0.887 4	12.682 5	0.078 8	11.255 1	0.088 8	68.250 3	60.568 7	5.381 5
13	1.138 1	0.878 7	13.809 3	0.072 4	12.133 7	0.082 4	80.932 8	71.112 6	5.860 7
14	1.149 5	0.870 0	14.947 4	0.066 9	13.003 7	0.076 9	94.742 1	82.422 1	6.338 4
15	1.161 0	0.861 3	16.096 9	0.062 1	13.865 1	0.072 1	109.689 6	94.481 0	6.814 3
16	1.172 6	0.852 8	17.257 9	0.057 9	14.717 9	0.067 9	125.786 4	107.273 4	7.288 6
17	1.184 3	0.844 4	18.430 4	0.054 3	15.562 3	0.064 3	143.044 3	120.783 4	7.761 3
18	1.196 1	0.836 0	19.614 7	0.051 0	16.398 3	0.061 0	161.474 8	134.995 7	8.232 3
19	1.208 1	0.827 7	20.810 9	0.048 1	17.226 0	0.058 1	181.089 5	149.895 0	8.701 7
20	1.220 2	0.819 5	22.019 0	0.045 4	18.045 6	0.055 4	201.900 4	165.466 4	9.169 4
21	1.232 4	0.811 4	23.239 2	0.043 0	18.857 0	0.053 0	223.919 4	181.695 0	9.635 4
22	1.244 7	0.803 4	24.471 6	0.040 9	19.660 4	0.050 9	247.158 6	198.566 3	10.099 8
23	1.257 2	0.795 4	25.716 3	0.038 9	20.455 8	0.048 9	271.630 2	216.066 0	10.562 6
24	1.269 7	0.787 6	26.973 5	0.037 1	21.243 4	0.047 1	297.346 5	234.180 0	11.023 7
25	1.282 4	0.779 8	28.243 2	0.035 4	22.023 2	0.045 4	324.320 0	252.894 5	11.483 1
26	1.295 3	0.772 0	29.525 6	0.033 9	22.795 2	0.043 9	352.563 1	272.195 7	11.940 9
27	1.308 2	0.764 4	30.820 9	0.032 4	23.559 6	0.042 4	382.088 8	292.070 2	12.397 1

（续表）

n	$(F/P,i,n)$	$(P/F,i,n)$	$(F/A,i,n)$	$(A/F,i,n)$	$(P/A,i,n)$	$(A/P,i,n)$	$(F/G,i,n)$	$(P/G,i,n)$	$(A/G,i,n)$
28	1.321 3	0.756 8	32.129 1	0.031 1	24.316 4	0.041 1	412.909 7	312.504 7	12.851 6
29	1.334 5	0.749 3	33.450 4	0.029 9	25.065 8	0.039 9	445.038 8	333.486 3	13.304 4
30	1.347 8	0.741 9	34.784 9	0.028 7	25.807 7	0.038 7	478.489 2	355.002 1	13.755 7
31	1.361 3	0.734 6	36.132 7	0.027 7	26.542 3	0.037 7	513.274 0	377.039 4	14.205 2
32	1.374 9	0.727 3	37.494 1	0.026 7	27.269 6	0.036 7	549.406 8	399.585 8	14.653 2
33	1.388 7	0.720 1	38.869 0	0.025 7	27.989 7	0.035 7	586.900 9	422.629 1	15.099 5
34	1.402 6	0.713 0	40.257 7	0.024 8	28.702 7	0.034 8	625.769 9	446.157 2	15.544 1
35	1.416 6	0.705 9	41.660 3	0.024 0	29.408 6	0.034 0	666.027 6	470.158 3	15.987 1
36	1.430 8	0.698 9	43.076 9	0.023 2	30.107 5	0.033 2	707.687 8	494.620 7	16.428 5
37	1.445 1	0.692 0	44.507 6	0.022 5	30.799 5	0.032 5	750.764 7	519.532 9	16.868 2
38	1.459 5	0.685 2	45.952 7	0.021 8	31.484 7	0.031 8	795.272 4	544.883 5	17.306 3
39	1.474 1	0.678 4	47.412 3	0.021 1	32.163 0	0.031 1	841.225 1	570.661 6	17.742 8
40	1.488 9	0.671 7	48.886 4	0.020 5	32.834 7	0.030 5	888.637 3	596.856 1	18.177 6

$$i = 2\%$$

n	$(F/P,i,n)$	$(P/F,i,n)$	$(F/A,i,n)$	$(A/F,i,n)$	$(P/A,i,n)$	$(A/P,i,n)$	$(F/G,i,n)$	$(P/G,i,n)$	$(A/G,i,n)$
1	1.020 0	0.980 4	1.000 0	1.000 0	0.980 4	1.020 0	0.000 0	0.000 0	0.000 0
2	1.040 4	0.961 2	2.020 0	0.495 0	1.941 6	0.515 0	1.000 0	0.961 2	0.495 0
3	1.061 2	0.942 3	3.060 4	0.326 8	2.883 9	0.346 8	3.020 0	2.845 8	0.986 8
4	1.082 4	0.923 8	4.121 6	0.242 6	3.807 7	0.262 6	6.080 4	5.617 3	1.475 2
5	1.104 1	0.905 7	5.204 0	0.192 2	4.713 5	0.212 2	10.202 0	9.240 3	1.960 4
6	1.126 2	0.888 0	6.308 1	0.158 5	5.601 4	0.178 5	15.406 0	13.680 1	2.442 3
7	1.148 7	0.870 6	7.434 3	0.134 5	6.472 0	0.154 5	21.714 2	18.903 5	2.920 8
8	1.171 7	0.853 5	8.583 0	0.116 5	7.325 5	0.136 5	29.148 5	24.877 9	3.396 1
9	1.195 1	0.836 8	9.754 6	0.102 5	8.162 2	0.122 5	37.731 4	31.572 0	3.868 1
10	1.219 0	0.820 3	10.949 7	0.091 3	8.982 6	0.111 3	47.486 0	38.955 1	4.336 7
11	1.243 4	0.804 3	12.168 7	0.082 2	9.786 8	0.102 2	58.435 8	46.997 7	4.802 1
12	1.268 2	0.788 5	13.412 1	0.074 6	10.575 3	0.094 6	70.604 5	55.671 2	5.264 2
13	1.293 6	0.773 0	14.680 3	0.068 1	11.348 4	0.088 1	84.016 6	64.947 5	5.723 1
14	1.319 5	0.757 9	15.973 9	0.062 6	12.106 2	0.082 6	98.696 9	74.799 9	6.178 6
15	1.345 9	0.743 0	17.293 4	0.057 8	12.849 3	0.077 8	114.670 8	85.202 1	6.630 9
16	1.372 8	0.728 4	18.639 3	0.053 7	13.577 7	0.073 7	131.964 3	96.128 8	7.079 9

（续表）

n	$(F/P,i,n)$	$(P/F,i,n)$	$(F/A,i,n)$	$(A/F,i,n)$	$(P/A,i,n)$	$(A/P,i,n)$	$(F/G,i,n)$	$(P/G,i,n)$	$(A/G,i,n)$
17	1.400 2	0.714 2	20.012 1	0.050 0	14.291 9	0.070 0	150.603 5	107.555 4	7.525 6
18	1.428 2	0.700 2	21.412 3	0.046 7	14.992 0	0.066 7	170.615 6	119.458 1	7.968 1
19	1.456 8	0.686 4	22.840 6	0.043 8	15.678 5	0.063 8	192.027 9	131.813 9	8.407 3
20	1.485 9	0.673 0	24.297 4	0.041 2	16.351 4	0.061 2	214.868 5	144.600 3	8.843 3
21	1.515 7	0.659 8	25.783 3	0.038 8	17.011 2	0.058 8	239.165 9	157.795 9	9.276 0
22	1.546 0	0.646 8	27.299 0	0.036 6	17.658 0	0.056 6	264.949 2	171.379 5	9.705 5
23	1.576 9	0.634 2	28.845 0	0.034 7	18.292 2	0.054 7	292.248 2	185.330 9	10.131 7
24	1.608 4	0.621 7	30.421 9	0.032 9	18.913 9	0.052 9	321.093 1	199.630 5	10.554 7
25	1.640 6	0.609 5	32.030 3	0.031 2	19.523 5	0.051 2	351.515 0	214.259 2	10.974 5
26	1.673 4	0.597 6	33.670 9	0.029 7	20.121 0	0.049 7	383.545 3	229.198 7	11.391 0
27	1.706 9	0.585 9	35.344 3	0.028 3	20.706 9	0.048 3	417.216 2	244.431 1	11.804 3
28	1.741 0	0.574 4	37.051 2	0.027 0	21.281 3	0.047 0	452.560 5	259.939 2	12.214 5
29	1.775 8	0.563 1	38.792 2	0.025 8	21.844 4	0.045 8	489.611 7	275.706 4	12.621 4
30	1.811 4	0.552 1	40.568 1	0.024 6	22.396 5	0.044 6	528.404 0	291.716 4	13.025 1
31	1.847 6	0.541 2	42.379 4	0.023 6	22.937 7	0.043 6	568.972 0	307.953 8	13.425 7
32	1.884 5	0.530 6	44.227 0	0.022 6	23.468 3	0.042 6	611.351 5	324.403 5	13.823 0
33	1.922 2	0.520 2	46.111 6	0.021 7	23.988 6	0.041 7	655.578 5	341.050 8	14.217 2
34	1.960 7	0.510 0	48.033 8	0.020 8	24.498 6	0.040 8	701.690 1	357.881 7	14.608 3
35	1.999 9	0.500 0	49.994 5	0.020 0	24.998 6	0.040 0	749.723 9	374.882 6	14.996 1
36	2.039 9	0.490 2	51.994 4	0.019 2	25.488 8	0.039 2	799.718 4	392.040 5	15.380 9
37	2.080 7	0.480 6	54.034 3	0.018 5	25.969 5	0.038 5	851.712 7	409.342 4	15.762 5
38	2.122 3	0.471 2	56.114 9	0.017 8	26.440 6	0.037 8	905.747 0	426.776 4	16.140 9
39	2.164 7	0.461 9	58.237 2	0.017 2	26.902 6	0.037 2	961.861 9	444.330 4	16.516 3
40	2.208 0	0.452 9	60.402 0	0.016 6	27.355 5	0.036 6	1 020.099 2	461.993 1	16.888 5

$$i = 3\%$$

n	$(F/P,i,n)$	$(P/F,i,n)$	$(F/A,i,n)$	$(A/F,i,n)$	$(P/A,i,n)$	$(A/P,i,n)$	$(F/G,i,n)$	$(P/G,i,n)$	$(A/G,i,n)$
1	1.030 0	0.970 9	1.000 0	1.000 0	0.970 9	1.030 0	0.000 0	0.000 0	0.000 0
2	1.060 9	0.942 6	2.030 0	0.492 6	1.913 5	0.522 6	1.000 0	0.942 6	0.492 6
3	1.092 7	0.915 1	3.090 9	0.323 5	2.828 6	0.353 5	3.030 0	2.772 9	0.980 3
4	1.125 5	0.888 5	4.183 6	0.239 0	3.717 1	0.269 0	6.120 9	5.438 3	1.463 1
5	1.159 3	0.862 6	5.309 1	0.188 4	4.579 7	0.218 4	10.304 5	8.888 8	1.940 9

（续表）

n	$(F/P,i,n)$	$(P/F,i,n)$	$(F/A,i,n)$	$(A/F,i,n)$	$(P/A,i,n)$	$(A/P,i,n)$	$(F/G,i,n)$	$(P/G,i,n)$	$(A/G,i,n)$
6	1.194 1	0.837 5	6.468 4	0.154 6	5.417 2	0.184 6	15.613 7	13.076 2	2.413 8
7	1.229 9	0.813 1	7.662 5	0.130 5	6.230 3	0.160 5	22.082 1	17.954 7	2.881 9
8	1.266 8	0.789 4	8.892 3	0.112 5	7.019 7	0.142 5	29.744 5	23.480 6	3.345 0
9	1.304 8	0.766 4	10.159 1	0.098 4	7.786 1	0.128 4	38.636 9	29.611 9	3.803 2
10	1.343 9	0.744 1	11.463 9	0.087 2	8.530 2	0.117 2	48.796 0	36.308 8	4.256 5
11	1.384 2	0.722 4	12.807 8	0.078 1	9.252 6	0.108 1	60.259 9	43.533 0	4.704 9
12	1.425 8	0.701 4	14.192 0	0.070 5	9.954 0	0.100 5	73.067 7	51.248 2	5.148 5
13	1.468 5	0.681 0	15.617 8	0.064 0	10.635 0	0.094 0	87.259 7	59.419 6	5.587 2
14	1.512 6	0.661 1	17.086 3	0.058 5	11.296 1	0.088 5	102.877 5	68.014 1	6.021 0
15	1.558 0	0.641 9	18.598 9	0.053 8	11.937 9	0.083 8	119.963 8	77.000 2	6.450 0
16	1.604 7	0.623 2	20.156 9	0.049 6	12.561 1	0.079 6	138.562 7	86.347 7	6.874 2
17	1.652 8	0.605 0	21.761 6	0.046 0	13.166 1	0.076 0	158.719 6	96.028 0	7.293 6
18	1.702 4	0.587 4	23.414 4	0.042 7	13.753 5	0.072 7	180.481 2	106.013 7	7.708 1
19	1.753 5	0.570 3	25.116 9	0.039 8	14.323 8	0.069 8	203.895 6	116.278 8	8.117 9
20	1.806 1	0.553 7	26.870 4	0.037 2	14.877 5	0.067 2	229.012 5	126.798 7	8.522 9
21	1.860 3	0.537 5	28.676 5	0.034 9	15.415 0	0.064 9	255.882 9	137.549 6	8.923 1
22	1.916 1	0.521 9	30.536 8	0.032 7	15.936 9	0.062 7	284.559 3	148.509 4	9.318 6
23	1.973 6	0.506 7	32.452 9	0.030 8	16.443 6	0.060 8	315.096 1	159.656 6	9.709 3
24	2.032 8	0.491 9	34.426 5	0.029 0	16.935 5	0.059 0	347.549 0	170.971 1	10.095 4
25	2.093 8	0.477 6	36.459 3	0.027 4	17.413 1	0.057 4	381.975 5	182.433 6	10.476 8
26	2.156 6	0.463 7	38.553 0	0.025 9	17.876 8	0.055 9	418.434 7	194.026 0	10.853 5
27	2.221 3	0.450 2	40.709 6	0.024 6	18.327 0	0.054 6	456.987 8	205.730 9	11.225 5
28	2.287 9	0.437 1	42.930 9	0.023 3	18.764 1	0.053 3	497.697 4	217.532 0	11.593 0
29	2.356 6	0.424 3	45.218 9	0.022 1	19.188 5	0.052 1	540.628 3	229.413 7	11.955 8
30	2.427 3	0.412 0	47.575 4	0.021 0	19.600 4	0.051 0	585.847 2	241.361 3	12.314 1
31	2.500 1	0.400 0	50.002 7	0.020 0	20.000 4	0.050 0	633.422 6	253.360 9	12.667 8
32	2.575 1	0.388 3	52.502 8	0.019 0	20.388 8	0.049 0	683.425 3	265.399 3	13.016 9
33	2.652 3	0.377 0	55.077 8	0.018 2	20.765 8	0.048 2	735.928 0	277.464 2	13.361 6
34	2.731 9	0.366 0	57.730 2	0.017 3	21.131 8	0.047 3	791.005 9	289.543 7	13.701 8
35	2.813 9	0.355 4	60.462 1	0.016 5	21.487 2	0.046 5	848.736 1	301.626 7	14.037 5
36	2.898 3	0.345 0	63.275 9	0.015 8	21.832 3	0.045 8	909.198 1	313.702 8	14.368 8
37	2.985 2	0.335 0	66.174 2	0.015 1	22.167 2	0.045 1	972.474 1	325.762 2	14.695 7

（续表）

n	(F/P,i,n)	(P/F,i,n)	(F/A,i,n)	(A/F,i,n)	(P/A,i,n)	(A/P,i,n)	(F/G,i,n)	(P/G,i,n)	(A/G,i,n)
38	3.074 8	0.325 2	69.159 4	0.014 5	22.492 5	0.044 5	1 038.648 3	337.795 6	15.018 2
39	3.167 0	0.315 8	72.234 2	0.013 8	22.808 2	0.043 8	1 107.807 8	349.794 2	15.336 3
40	3.262 0	0.306 6	75.401 3	0.013 3	23.114 8	0.043 3	1 180.042 0	361.749 9	15.650 2

$$i = 4\%$$

n	(F/P,i,n)	(P/F,i,n)	(F/A,i,n)	(A/F,i,n)	(P/A,i,n)	(A/P,i,n)	(F/G,i,n)	(P/G,i,n)	(A/G,i,n)
1	1.040 0	0.961 5	1.000 0	1.000 0	0.961 5	1.040 0	0.000 0	0.000 0	0.000 0
2	1.081 6	0.924 6	2.040 0	0.490 2	1.886 1	0.530 2	1.000 0	0.924 6	0.490 2
3	1.124 9	0.889 0	3.121 6	0.320 3	2.775 1	0.360 3	3.040 0	2.702 5	0.973 9
4	1.169 9	0.854 8	4.246 5	0.235 5	3.629 9	0.275 5	6.161 6	5.267 0	1.451 0
5	1.216 7	0.821 9	5.416 3	0.184 6	4.451 8	0.224 6	10.408 1	8.554 7	1.921 6
6	1.265 3	0.790 3	6.633 0	0.150 8	5.242 1	0.190 8	15.824 4	12.506 2	2.385 7
7	1.315 9	0.759 9	7.898 3	0.126 6	6.002 1	0.166 6	22.457 4	17.065 7	2.843 3
8	1.368 6	0.730 7	9.214 2	0.108 5	6.732 7	0.148 5	30.355 7	22.180 6	3.294 4
9	1.423 3	0.702 6	10.582 8	0.094 5	7.435 3	0.134 5	39.569 9	27.801 3	3.739 1
10	1.480 2	0.675 6	12.006 1	0.083 3	8.110 9	0.123 3	50.152 7	33.881 4	4.177 3
11	1.539 5	0.649 6	13.486 4	0.074 1	8.760 5	0.114 1	62.158 8	40.377 2	4.609 0
12	1.601 0	0.624 6	15.025 8	0.066 6	9.385 1	0.106 6	75.645 1	47.247 7	5.034 3
13	1.665 1	0.600 6	16.626 8	0.060 1	9.985 6	0.100 1	90.670 9	54.454 6	5.453 3
14	1.731 7	0.577 5	18.291 9	0.054 7	10.563 1	0.094 7	107.297 8	61.961 8	5.865 9
15	1.800 9	0.555 3	20.023 6	0.049 9	11.118 4	0.089 9	125.589 7	69.735 5	6.272 1
16	1.873 0	0.533 9	21.824 5	0.045 8	11.652 3	0.085 8	145.613 3	77.744 1	6.672 0
17	1.947 9	0.513 4	23.697 5	0.042 2	12.165 7	0.082 2	167.437 8	85.958 1	7.065 6
18	2.025 8	0.493 6	25.645 4	0.039 0	12.659 3	0.079 0	191.135 3	94.349 8	7.453 0
19	2.106 8	0.474 6	27.671 2	0.036 1	13.133 9	0.076 1	216.780 7	102.893 3	7.834 2
20	2.191 1	0.456 4	29.778 1	0.033 6	13.590 3	0.073 6	244.452 0	111.564 7	8.209 1
21	2.278 8	0.438 8	31.969 2	0.031 3	14.029 2	0.071 3	274.230 0	120.341 4	8.577 9
22	2.369 9	0.422 0	34.248 0	0.029 2	14.451 1	0.069 2	306.199 2	129.202 4	8.940 7
23	2.464 7	0.405 7	36.617 9	0.027 3	14.856 8	0.067 3	340.447 2	138.128 4	9.297 3
24	2.563 3	0.390 1	39.082 6	0.025 6	15.247 0	0.065 6	377.065 1	147.101 2	9.647 9
25	2.665 8	0.375 1	41.645 9	0.024 0	15.622 1	0.064 0	416.147 7	156.104 0	9.992 5
26	2.772 5	0.360 7	44.311 7	0.022 6	15.982 8	0.062 6	457.793 6	165.121 2	10.331 2

（续表）

n	$(F/P,i,n)$	$(P/F,i,n)$	$(F/A,i,n)$	$(A/F,i,n)$	$(P/A,i,n)$	$(A/P,i,n)$	$(F/G,i,n)$	$(P/G,i,n)$	$(A/G,i,n)$
27	2.883 4	0.346 8	47.084 2	0.021 2	16.329 6	0.061 2	502.105 4	174.138 5	10.664 0
28	2.998 7	0.333 5	49.967 6	0.020 0	16.663 1	0.060 0	549.189 6	183.142 4	10.990 9
29	3.118 7	0.320 7	52.966 3	0.018 9	16.983 7	0.058 9	599.157 2	192.120 6	11.312 0
30	3.243 4	0.308 3	56.084 9	0.017 8	17.292 0	0.057 8	652.123 4	201.061 8	11.627 4
31	3.373 1	0.296 5	59.328 3	0.016 9	17.588 5	0.056 9	708.208 4	209.955 6	11.937 1
32	3.508 1	0.285 1	62.701 5	0.015 9	17.873 6	0.055 9	767.536 7	218.792 4	12.241 1
33	3.648 4	0.274 1	66.209 5	0.015 1	18.147 6	0.055 1	830.238 2	227.563 4	12.539 6
34	3.794 3	0.263 6	69.857 9	0.014 3	18.411 2	0.054 3	896.447 7	236.260 7	12.832 4
35	3.946 1	0.253 4	73.652 2	0.013 6	18.664 6	0.053 6	966.305 6	244.876 8	13.119 8
36	4.103 9	0.243 7	77.598 3	0.012 9	18.908 3	0.052 9	1 039.957 8	253.405 2	13.401 8
37	4.268 1	0.234 3	81.702 2	0.012 2	19.142 6	0.052 2	1 117.556 2	261.839 9	13.678 4
38	4.438 8	0.225 3	85.970 3	0.011 6	19.367 9	0.051 6	1 199.258 4	270.175 4	13.949 7
39	4.616 4	0.216 6	90.409 1	0.011 1	19.584 5	0.051 1	1 285.228 7	278.407 0	14.215 7
40	4.801 0	0.208 3	95.025 5	0.010 5	19.792 8	0.050 5	1 375.637 9	286.530 3	14.476 5

$i=5\%$

n	$(F/P,i,n)$	$(P/F,i,n)$	$(F/A,i,n)$	$(A/F,i,n)$	$(P/A,i,n)$	$(A/P,i,n)$	$(F/G,i,n)$	$(P/G,i,n)$	$(A/G,i,n)$
1	1.050 0	0.952 4	1.000 0	1.000 0	0.952 4	1.050 0	0.000 0	0.000 0	0.000 0
2	1.102 5	0.907 0	2.050 0	0.487 8	1.859 4	0.537 8	1.000 0	0.907 0	0.487 8
3	1.157 6	0.863 8	3.152 5	0.317 2	2.723 2	0.367 2	3.050 0	2.634 7	0.967 5
4	1.215 5	0.822 7	4.310 1	0.232 0	3.546 0	0.282 0	6.202 5	5.102 8	1.439 1
5	1.276 3	0.783 5	5.525 6	0.181 0	4.329 5	0.231 0	10.512 6	8.236 9	1.902 5
6	1.340 1	0.746 2	6.801 9	0.147 0	5.075 7	0.197 0	16.038 3	11.968 0	2.357 9
7	1.407 1	0.710 7	8.142 0	0.122 8	5.786 4	0.172 8	22.840 2	16.232 1	2.805 2
8	1.477 5	0.676 8	9.549 1	0.104 7	6.463 2	0.154 7	30.982 2	20.970 0	3.244 5
9	1.551 3	0.644 6	11.026 6	0.090 7	7.107 8	0.140 7	40.531 3	26.126 8	3.675 8
10	1.628 9	0.613 9	12.577 9	0.079 5	7.721 7	0.129 5	51.557 9	31.652 0	4.099 1
11	1.710 3	0.584 7	14.206 8	0.070 4	8.306 4	0.120 4	64.135 7	37.498 8	4.514 4
12	1.795 9	0.556 8	15.917 1	0.062 8	8.863 3	0.112 8	78.342 5	43.624 1	4.921 9
13	1.885 6	0.530 3	17.713 0	0.056 5	9.393 6	0.106 5	94.259 7	49.987 9	5.321 5
14	1.979 9	0.505 1	19.598 6	0.051 0	9.898 6	0.101 0	111.972 6	56.553 8	5.713 3
15	2.078 9	0.481 0	21.578 6	0.046 3	10.379 7	0.096 3	131.571 3	63.288 0	6.097 3

（续表）

n	$(F/P,i,n)$	$(P/F,i,n)$	$(F/A,i,n)$	$(A/F,i,n)$	$(P/A,i,n)$	$(A/P,i,n)$	$(F/G,i,n)$	$(P/G,i,n)$	$(A/G,i,n)$
16	2.182 9	0.458 1	23.657 5	0.042 3	10.837 8	0.092 3	153.149 8	70.159 7	6.473 6
17	2.292 0	0.436 3	25.840 4	0.038 7	11.274 1	0.088 7	176.807 3	77.140 5	6.842 3
18	2.406 6	0.415 5	28.132 4	0.035 5	11.689 6	0.085 5	202.647 7	84.204 3	7.203 4
19	2.527 0	0.395 7	30.539 0	0.032 7	12.085 3	0.082 7	230.780 1	91.327 5	7.556 9
20	2.653 3	0.376 9	33.066 0	0.030 2	12.462 2	0.080 2	261.319 1	98.488 4	7.903 0
21	2.786 0	0.358 9	35.719 3	0.028 0	12.821 2	0.078 0	294.385 0	105.667 3	8.241 6
22	2.925 3	0.341 8	38.505 2	0.026 0	13.163 0	0.076 0	330.104 3	112.846 1	8.573 0
23	3.071 5	0.325 6	41.430 5	0.024 1	13.488 6	0.074 1	368.609 5	120.008 7	8.897 1
24	3.225 1	0.310 1	44.502 0	0.022 5	13.798 6	0.072 5	410.040 0	127.140 2	9.214 0
25	3.386 4	0.295 3	47.727 1	0.021 0	14.093 9	0.071 0	454.542 0	134.227 5	9.523 8
26	3.555 7	0.281 2	51.113 5	0.019 6	14.375 2	0.069 6	502.269 1	141.258 5	9.826 6
27	3.733 5	0.267 8	54.669 1	0.018 3	14.643 0	0.068 3	553.382 5	148.222 6	10.122 4
28	3.920 1	0.255 1	58.402 6	0.017 1	14.898 1	0.067 1	608.051 7	155.110 1	10.411 4
29	4.116 1	0.242 9	62.322 7	0.016 0	15.141 1	0.066 0	666.454 2	161.912 6	10.693 6
30	4.321 9	0.231 4	66.438 8	0.015 1	15.372 5	0.065 1	728.777 0	168.622 6	10.969 1
31	4.538 0	0.220 4	70.760 8	0.014 1	15.592 8	0.064 1	795.215 8	175.233 3	11.238 1
32	4.764 9	0.209 9	75.298 8	0.013 3	15.802 7	0.063 3	865.976 6	181.739 2	11.500 5
33	5.003 2	0.199 9	80.063 8	0.012 5	16.002 5	0.062 5	941.275 4	188.135 1	11.756 6
34	5.253 3	0.190 4	85.067 0	0.011 8	16.192 9	0.061 8	1 021.339 2	194.416 8	12.006 3
35	5.516 0	0.181 3	90.320 3	0.011 1	16.374 2	0.061 1	1 106.406 1	200.580 7	12.249 8
36	5.791 8	0.172 7	95.836 3	0.010 4	16.546 9	0.060 4	1 196.726 5	206.623 7	12.487 2
37	6.081 4	0.164 4	101.628 1	0.009 8	16.711 3	0.059 8	1 292.562 8	212.543 4	12.718 6
38	6.385 5	0.156 6	107.709 5	0.009 3	16.867 9	0.059 3	1 394.190 9	218.337 8	12.944 0
39	6.704 8	0.149 1	114.095 0	0.008 8	17.017 0	0.058 8	1 501.900 5	224.005 4	13.163 6
40	7.040 0	0.142 0	120.799 8	0.008 3	17.159 1	0.058 3	1 615.995 5	229.545 2	13.377 5

$$i=6\%$$

n	$(F/P,i,n)$	$(P/F,i,n)$	$(F/A,i,n)$	$(A/F,i,n)$	$(P/A,i,n)$	$(A/P,i,n)$	$(F/G,i,n)$	$(P/G,i,n)$	$(A/G,i,n)$
1	1.060 0	0.943 4	1.000 0	1.000 0	0.943 4	1.060 0	0.000 0	0.000 0	0.000 0
2	1.123 6	0.890 0	2.060 0	0.485 4	1.833 4	0.545 4	1.000 0	0.890 0	0.485 4
3	1.191 0	0.839 6	3.183 6	0.314 1	2.673 0	0.374 1	3.060 0	2.569 2	0.961 2
4	1.262 5	0.792 1	4.374 6	0.228 6	3.465 1	0.288 6	6.243 6	4.945 5	1.427 2

（续表）

n	$(F/P,i,n)$	$(P/F,i,n)$	$(F/A,i,n)$	$(A/F,i,n)$	$(P/A,i,n)$	$(A/P,i,n)$	$(F/G,i,n)$	$(P/G,i,n)$	$(A/G,i,n)$
5	1.338 2	0.747 3	5.637 1	0.177 4	4.212 4	0.237 4	10.618 2	7.934 5	1.883 6
6	1.418 5	0.705 0	6.975 3	0.143 4	4.917 3	0.203 4	16.255 3	11.459 4	2.330 4
7	1.503 6	0.665 1	8.393 8	0.119 1	5.582 4	0.179 1	23.230 6	15.449 7	2.767 6
8	1.593 8	0.627 4	9.897 5	0.101 0	6.209 8	0.161 0	31.624 5	19.841 6	3.195 2
9	1.689 5	0.591 9	11.491 3	0.087 0	6.801 7	0.147 0	41.521 9	24.576 8	3.613 3
10	1.790 8	0.558 4	13.180 8	0.075 9	7.360 1	0.135 9	53.013 2	29.602 3	4.022 0
11	1.898 3	0.526 8	14.971 6	0.066 8	7.886 9	0.126 8	66.194 0	34.870 2	4.421 3
12	2.012 2	0.497 0	16.869 9	0.059 3	8.383 8	0.119 3	81.165 7	40.336 9	4.811 3
13	2.132 9	0.468 8	18.882 1	0.053 0	8.852 7	0.113 0	98.035 6	45.962 9	5.192 0
14	2.260 9	0.442 3	21.015 1	0.047 6	9.295 0	0.107 6	116.917 8	51.712 8	5.563 5
15	2.396 6	0.417 3	23.276 0	0.043 0	9.712 2	0.103 0	137.932 8	57.554 6	5.926 0
16	2.540 4	0.393 6	25.672 5	0.039 0	10.105 9	0.099 0	161.208 8	63.459 2	6.279 4
17	2.692 8	0.371 4	28.212 9	0.035 4	10.477 3	0.095 4	186.881 3	69.401 1	6.624 0
18	2.854 3	0.350 3	30.905 7	0.032 4	10.827 6	0.092 4	215.094 2	75.356 9	6.959 7
19	3.025 6	0.330 5	33.760 0	0.029 6	11.158 1	0.089 6	245.999 9	81.306 2	7.286 7
20	3.207 1	0.311 8	36.785 6	0.027 2	11.469 9	0.087 2	279.759 9	87.230 4	7.605 1
21	3.399 6	0.294 2	39.992 7	0.025 0	11.764 1	0.085 0	316.545 4	93.113 6	7.915 1
22	3.603 5	0.277 5	43.392 3	0.023 0	12.041 6	0.083 0	356.538 2	98.941 2	8.216 6
23	3.819 7	0.261 8	46.995 8	0.021 3	12.303 4	0.081 3	399.930 5	104.700 7	8.509 9
24	4.048 9	0.247 0	50.815 6	0.019 7	12.550 4	0.079 7	446.926 3	110.381 2	8.795 1
25	4.291 9	0.233 0	54.864 5	0.018 2	12.783 4	0.078 2	497.741 9	115.973 2	9.072 2
26	4.549 4	0.219 8	59.156 4	0.016 9	13.003 2	0.076 9	552.606 4	121.468 4	9.341 4
27	4.822 3	0.207 4	63.705 8	0.015 7	13.210 5	0.075 7	611.762 8	126.860 0	9.602 9
28	5.111 7	0.195 6	68.528 1	0.014 6	13.406 2	0.074 6	675.468 5	132.142 0	9.856 8
29	5.418 4	0.184 6	73.639 8	0.013 6	13.590 7	0.073 6	743.996 6	137.309 6	10.103 2
30	5.743 5	0.174 1	79.058 2	0.012 6	13.764 8	0.072 6	817.636 4	142.358 8	10.342 2
31	6.088 1	0.164 3	84.801 7	0.011 8	13.929 1	0.071 8	896.694 6	147.286 4	10.574 0
32	6.453 4	0.155 0	90.889 8	0.011 0	14.084 0	0.071 0	981.496 3	152.090 1	10.798 8
33	6.840 6	0.146 2	97.343 2	0.010 3	14.230 2	0.070 3	1 072.386 1	156.768 1	11.016 6
34	7.251 0	0.137 9	104.183 8	0.009 6	14.368 1	0.069 6	1 169.729 2	161.319 2	11.227 6
35	7.686 1	0.130 1	111.434 8	0.009 0	14.498 2	0.069 0	1 273.913 0	165.742 7	11.431 9
36	8.147 3	0.122 7	119.120 9	0.008 4	14.621 0	0.068 4	1 385.347 8	170.038 7	11.629 8

（续表）

n	$(F/P,i,n)$	$(P/F,i,n)$	$(F/A,i,n)$	$(A/F,i,n)$	$(P/A,i,n)$	$(A/P,i,n)$	$(F/G,i,n)$	$(P/G,i,n)$	$(A/G,i,n)$
37	8.636 1	0.115 8	127.268 1	0.007 9	14.736 8	0.067 9	1 504.468 6	174.207 2	11.821 3
38	9.154 3	0.109 2	135.904 2	0.007 4	14.846 0	0.067 4	1 631.736 8	178.249 0	12.006 5
39	9.703 5	0.103 1	145.058 5	0.006 9	14.949 1	0.066 9	1 767.641 0	182.165 2	12.185 7
40	10.285 7	0.097 2	154.762 0	0.006 5	15.046 3	0.066 5	1 912.699 4	185.956 8	12.359 0

$$i = 8\%$$

n	$(F/P,i,n)$	$(P/F,i,n)$	$(F/A,i,n)$	$(A/F,i,n)$	$(P/A,i,n)$	$(A/P,i,n)$	$(F/G,i,n)$	$(P/G,i,n)$	$(A/G,i,n)$
1	1.080 0	0.925 9	1.000 0	1.000 0	0.925 9	1.080 0	0.000 0	0.000 0	0.000 0
2	1.166 4	0.857 3	2.080 0	0.480 8	1.783 3	0.560 8	1.000 0	0.857 3	0.480 8
3	1.259 7	0.793 8	3.246 4	0.308 0	2.577 1	0.388 0	3.080 0	2.445 0	0.948 7
4	1.360 5	0.735 0	4.506 1	0.221 9	3.312 1	0.301 9	6.326 4	4.650 1	1.404 0
5	1.469 3	0.680 6	5.866 6	0.170 5	3.992 7	0.250 5	10.832 5	7.372 4	1.846 5
6	1.586 9	0.630 2	7.335 9	0.136 3	4.622 9	0.216 3	16.699 1	10.523 3	2.276 3
7	1.713 8	0.583 5	8.922 8	0.112 1	5.206 4	0.192 1	24.035 0	14.024 2	2.693 7
8	1.850 9	0.540 3	10.636 6	0.094 0	5.746 6	0.174 0	32.957 8	17.806 1	3.098 5
9	1.999 0	0.500 2	12.487 6	0.080 1	6.246 9	0.160 1	43.594 5	21.808 1	3.491 0
10	2.158 9	0.463 2	14.486 6	0.069 0	6.710 1	0.149 0	56.082 0	25.976 8	3.871 3
11	2.331 6	0.428 9	16.645 5	0.060 1	7.139 0	0.140 1	70.568 6	30.265 7	4.239 5
12	2.518 2	0.397 1	18.977 1	0.052 7	7.536 1	0.132 7	87.214 1	34.633 9	4.595 7
13	2.719 6	0.367 7	21.495 3	0.046 5	7.903 8	0.126 5	106.191 2	39.046 3	4.940 2
14	2.937 2	0.340 5	24.214 9	0.041 3	8.244 2	0.121 3	127.686 5	43.472 3	5.273 1
15	3.172 2	0.315 2	27.152 1	0.036 8	8.559 5	0.116 8	151.901 4	47.885 7	5.594 5
16	3.425 9	0.291 9	30.324 3	0.033 0	8.851 4	0.113 0	179.053 5	52.264 0	5.904 6
17	3.700 0	0.270 3	33.750 2	0.029 6	9.121 6	0.109 6	209.377 8	56.588 3	6.203 7
18	3.996 0	0.250 2	37.450 2	0.026 7	9.371 9	0.106 7	243.128 0	60.842 6	6.492 0
19	4.315 7	0.231 7	41.446 3	0.024 1	9.603 6	0.104 1	280.578 3	65.013 4	6.769 7
20	4.661 0	0.214 5	45.762 0	0.021 9	9.818 1	0.101 9	322.024 6	69.089 8	7.036 9
21	5.033 8	0.198 7	50.422 9	0.019 8	10.016 8	0.099 8	367.786 5	73.062 9	7.294 0
22	5.436 5	0.183 9	55.456 8	0.018 0	10.200 7	0.098 0	418.209 4	76.925 7	7.541 2
23	5.871 5	0.170 3	60.893 3	0.016 4	10.371 1	0.096 4	473.666 2	80.672 6	7.778 6
24	6.341 2	0.157 7	66.764 8	0.015 0	10.528 8	0.095 0	534.559 5	84.299 7	8.006 6
25	6.848 5	0.146 0	73.105 9	0.013 7	10.674 8	0.093 7	601.324 2	87.804 1	8.225 4

（续表）

n	$(F/P,i,n)$	$(P/F,i,n)$	$(F/A,i,n)$	$(A/F,i,n)$	$(P/A,i,n)$	$(A/P,i,n)$	$(F/G,i,n)$	$(P/G,i,n)$	$(A/G,i,n)$
26	7.396 4	0.135 2	79.954 4	0.012 5	10.310 0	0.092 5	674.430 2	91.184 2	8.435 2
27	7.988 1	0.125 2	87.350 8	0.011 4	10.935 2	0.091 4	754.384 6	94.439 0	8.636 3
28	8.627 1	0.115 9	95.338 8	0.010 5	11.051 1	0.090 5	841.735 4	97.568 7	8.828 9
29	9.317 3	0.107 3	103.965 9	0.009 6	11.158 4	0.089 6	937.074 2	100.573 8	9.013 3
30	10.062 7	0.099 4	113.283 2	0.008 8	11.257 8	0.088 8	1 041.040 1	103.455 8	9.189 7
31	10.867 7	0.092 0	123.345 9	0.008 1	11.349 8	0.088 1	1 154.323 4	106.216 3	9.358 4
32	11.737 1	0.085 2	134.213 5	0.007 5	11.435 0	0.087 5	1 277.669 2	108.857 5	9.519 7
33	12.676 0	0.078 9	145.950 6	0.006 9	11.513 9	0.086 9	1 411.882 8	111.381 9	9.673 7
34	13.690 1	0.073 0	158.626 7	0.006 3	11.586 9	0.086 3	1 557.833 4	113.792 4	9.820 8
35	14.785 3	0.067 6	172.316 8	0.005 8	11.654 6	0.085 8	1 716.460 0	116.092 0	9.961 1
36	15.968 2	0.062 6	187.102 1	0.005 3	11.717 2	0.085 3	1 888.776 8	118.283 9	10.094 9
37	17.245 6	0.058 0	203.070 3	0.004 9	11.775 2	0.084 9	2 075.879 0	120.371 3	10.222 5
38	18.625 3	0.053 7	220.315 9	0.004 5	11.828 9	0.084 5	2 278.949 3	122.357 9	10.344 0
39	20.115 3	0.049 7	238.941 2	0.004 2	11.878 6	0.084 2	2 499.265 3	124.247 0	10.459 7
40	21.724 5	0.046 0	259.056 5	0.003 9	11.924 6	0.083 9	2 738.206 5	126.042 2	10.569 9

$$i = 10\%$$

n	$(F/P,i,n)$	$(P/F,i,n)$	$(F/A,i,n)$	$(A/F,i,n)$	$(P/A,i,n)$	$(A/P,i,n)$	$(F/G,i,n)$	$(P/G,i,n)$	$(A/G,i,n)$
1	1.100 0	0.909 1	1.000 0	1.000 0	0.909 1	1.100 0	0.000 0	0.000 0	0.000 0
2	1.210 0	0.826 4	2.100 0	0.476 2	1.735 5	0.576 2	1.000 0	0.826 4	0.476 2
3	1.331 0	0.751 3	3.310 0	0.302 1	2.486 9	0.402 1	3.100 0	2.329 1	0.936 6
4	1.464 1	0.683 0	4.641 0	0.215 5	3.169 9	0.315 5	6.410 0	4.378 1	1.381 2
5	1.610 5	0.620 9	6.105 1	0.163 8	3.790 8	0.263 8	11.051 0	6.861 8	1.810 1
6	1.771 6	0.564 5	7.715 6	0.129 6	4.355 3	0.229 6	17.156 1	9.684 2	2.223 6
7	1.948 7	0.513 2	9.487 2	0.105 4	4.868 4	0.205 4	24.871 7	12.763 1	2.621 6
8	2.143 6	0.466 5	11.435 9	0.087 4	5.334 9	0.187 4	34.358 9	16.028 7	3.004 5
9	2.357 9	0.424 1	13.579 5	0.073 6	5.759 0	0.173 6	45.794 8	19.421 5	3.372 4
10	2.593 7	0.385 5	15.937 4	0.062 7	6.144 6	0.162 7	59.374 2	22.891 3	3.725 5
11	2.853 1	0.350 5	18.531 2	0.054 0	6.495 1	0.154 0	75.311 7	26.396 3	4.064 1
12	3.138 4	0.318 6	21.384 3	0.046 8	6.813 7	0.146 8	93.842 8	29.901 2	4.388 4
13	3.452 3	0.289 7	24.522 7	0.040 8	7.103 4	0.140 8	115.227 1	33.377 2	4.698 8
14	3.797 5	0.263 3	27.975 0	0.035 7	7.366 7	0.135 7	139.749 8	36.800 5	4.995 5

（续表）

n	$(F/P,i,n)$	$(P/F,i,n)$	$(F/A,i,n)$	$(A/F,i,n)$	$(P/A,i,n)$	$(A/P,i,n)$	$(F/G,i,n)$	$(P/G,i,n)$	$(A/G,i,n)$
15	4. 177 2	0. 239 4	31. 772 5	0. 031 5	7. 606 1	0. 131 5	167. 724 8	40. 152 0	5. 278 9
16	4. 595 0	0. 217 6	35. 949 7	0. 027 8	7. 823 7	0. 127 8	199. 497 3	43. 416 4	5. 549 3
17	5. 054 5	0. 197 8	40. 544 7	0. 024 7	8. 021 6	0. 124 7	235. 447 0	46. 581 9	5. 807 1
18	5. 559 9	0. 179 9	45. 599 2	0. 021 9	8. 201 4	0. 121 9	275. 991 7	49. 639 5	6. 052 6
19	6. 115 9	0. 163 5	51. 159 1	0. 019 5	8. 364 9	0. 119 5	321. 590 9	52. 582 7	6. 286 1
20	6. 727 5	0. 148 6	57. 275 0	0. 017 5	8. 513 6	0. 117 5	372. 750 0	55. 406 9	6. 508 1
21	7. 400 2	0. 135 1	64. 002 5	0. 015 6	8. 648 7	0. 115 6	430. 025 0	58. 109 5	6. 718 9
22	8. 140 3	0. 122 8	71. 402 7	0. 014 0	8. 771 5	0. 114 0	494. 027 5	60. 689 3	6. 918 9
23	8. 954 3	0. 111 7	79. 543 0	0. 012 6	8. 883 2	0. 112 6	565. 430 2	63. 146 2	7. 108 5
24	9. 849 7	0. 101 5	88. 497 3	0. 011 3	8. 984 7	0. 111 3	644. 973 3	65. 481 3	7. 288 1
25	10. 834 7	0. 092 3	98. 347 1	0. 010 2	9. 077 0	0. 110 2	733. 470 6	67. 696 4	7. 458 0
26	11. 918 2	0. 083 9	109. 181 8	0. 009 2	9. 160 9	0. 109 2	831. 817 7	69. 794 0	7. 618 6
27	13. 110 0	0. 076 3	121. 099 9	0. 008 3	9. 237 2	0. 108 3	940. 999 4	71. 777 3	7. 770 4
28	14. 421 0	0. 069 3	134. 209 9	0. 007 5	9. 306 6	0. 107 5	1 062. 099 4	73. 649 5	7. 913 7
29	15. 863 1	0. 063 0	148. 630 9	0. 006 7	9. 369 6	0. 106 7	1 196. 309 3	75. 414 6	8. 048 9
30	17. 449 4	0. 057 3	164. 494 0	0. 006 1	9. 426 9	0. 106 1	1 344. 940 2	77. 076 6	8. 176 2
31	19. 194 3	0. 052 1	181. 943 4	0. 005 5	9. 479 0	0. 105 5	1 509. 434 2	78. 639 5	8. 296 2
32	21. 113 8	0. 047 4	201. 137 8	0. 005 0	9. 526 4	0. 105 0	1 691. 377 7	80. 107 8	8. 409 1
33	23. 225 2	0. 043 1	222. 251 5	0. 004 5	9. 569 4	0. 104 5	1 892. 515 4	81. 485 6	8. 515 2
34	25. 547 7	0. 039 1	245. 476 7	0. 004 1	9. 608 6	0. 104 1	2 114. 767 0	82. 777 3	8. 614 9
35	28. 102 4	0. 035 6	271. 024 4	0. 003 7	9. 644 2	0. 103 7	2 360. 243 7	83. 987 2	8. 708 6
36	30. 912 7	0. 032 3	299. 126 8	0. 003 3	9. 676 5	0. 103 3	2 631. 268 1	85. 119 4	8. 796 5
37	34. 003 9	0. 029 4	330. 039 5	0. 003 0	9. 705 9	0. 103 0	2 930. 394 9	86. 178 1	8. 878 9
38	37. 404 3	0. 026 7	364. 043 4	0. 002 7	9. 732 7	0. 102 7	3 260. 434 3	87. 167 3	8. 956 2
39	41. 144 8	0. 024 3	401. 447 8	0. 002 5	9. 757 0	0. 102 5	3 624. 477 8	88. 090 8	9. 028 5
40	45. 259 3	0. 022 1	442. 592 6	0. 002 3	9. 779 1	0. 102 3	4 025. 925 6	88. 952 5	9. 096 2

$$i = 12\%$$

n	$(F/P,i,n)$	$(P/F,i,n)$	$(F/A,i,n)$	$(A/F,i,n)$	$(P/A,i,n)$	$(A/P,i,n)$	$(F/G,i,n)$	$(P/G,i,n)$	$(A/G,i,n)$
1	1. 120 0	0. 892 9	1. 000 0	1. 000 0	0. 892 9	1. 120 0	0. 000 0	0. 000 0	0. 000 0
2	1. 254 4	0. 797 2	2. 120 0	0. 471 7	1. 690 1	0. 591 7	1. 000 0	0. 797 2	0. 471 7
3	1. 404 9	0. 711 8	3. 374 4	0. 296 3	2. 401 8	0. 416 3	3. 120 0	2. 220 8	0. 924 6

（续表）

n	$(F/P,i,n)$	$(P/F,i,n)$	$(F/A,i,n)$	$(A/F,i,n)$	$(P/A,i,n)$	$(A/P,i,n)$	$(F/G,i,n)$	$(P/G,i,n)$	$(A/G,i,n)$
4	1.573 5	0.635 5	4.779 3	0.209 2	3.037 3	0.329 2	6.494 4	4.127 3	1.358 9
5	1.762 3	0.567 4	6.352 8	0.157 4	3.604 8	0.277 4	11.273 7	6.397 0	1.774 6
6	1.973 8	0.506 6	8.115 2	0.123 2	4.111 4	0.243 2	17.626 6	8.930 2	2.172 0
7	2.210 7	0.452 3	10.089 0	0.099 1	4.563 8	0.219 1	25.741 8	11.644 3	2.551 5
8	2.476 0	0.403 9	12.299 7	0.081 3	4.967 6	0.201 3	35.830 8	14.471 4	2.913 1
9	2.773 1	0.360 6	14.775 7	0.067 7	5.328 2	0.187 7	48.130 5	17.356 3	3.257 4
10	3.105 8	0.322 0	17.548 7	0.057 0	5.650 2	0.177 0	62.906 1	20.254 1	3.584 7
11	3.478 5	0.287 5	20.654 6	0.048 4	5.937 7	0.168 4	80.454 9	23.128 8	3.895 3
12	3.896 0	0.256 7	24.133 1	0.041 4	6.194 4	0.161 4	101.109 4	25.952 3	4.189 7
13	4.363 5	0.229 2	28.029 1	0.035 7	6.423 5	0.155 7	125.242 6	28.702 4	4.468 3
14	4.887 1	0.204 6	32.392 6	0.030 9	6.628 2	0.150 9	153.271 7	31.362 4	4.731 7
15	5.473 6	0.182 7	37.279 7	0.026 8	6.810 9	0.146 8	185.664 3	33.920 2	4.980 3
16	6.130 4	0.163 1	42.753 3	0.023 4	6.974 0	0.143 4	222.944 0	36.367 0	5.214 7
17	6.866 0	0.145 6	48.883 7	0.020 5	7.119 6	0.140 5	265.697 3	38.697 3	5.435 3
18	7.690 0	0.130 0	55.749 7	0.017 9	7.249 7	0.137 9	314.581 0	40.908 0	5.642 7
19	8.612 8	0.116 1	63.439 7	0.015 8	7.365 8	0.135 8	370.330 7	42.997 9	5.837 5
20	9.646 3	0.103 7	72.052 4	0.013 9	7.469 4	0.133 9	433.770 4	44.967 6	6.020 2
21	10.803 8	0.092 6	81.698 7	0.012 2	7.562 0	0.132 2	505.822 8	46.818 8	6.191 3
22	12.100 3	0.082 6	92.502 6	0.010 8	7.644 6	0.130 8	587.521 5	48.554 3	6.351 4
23	13.552 3	0.073 8	104.602 9	0.009 6	7.718 4	0.129 6	680.024 1	50.177 6	6.501 0
24	15.178 6	0.065 9	118.155 2	0.008 5	7.784 3	0.128 5	784.627 0	51.692 9	6.640 6
25	17.000 1	0.058 8	133.333 9	0.007 5	7.843 1	0.127 5	902.782 3	53.104 6	6.770 8
26	19.040 1	0.052 5	150.333 9	0.006 7	7.895 7	0.126 7	1 036.116 1	54.417 7	6.892 1
27	21.324 9	0.046 9	169.374 0	0.005 9	7.942 6	0.125 9	1 186.450 1	55.636 9	7.004 9
28	23.883 9	0.041 9	190.698 9	0.005 2	7.984 4	0.125 2	1 355.824 1	56.767 4	7.109 8
29	26.749 9	0.037 4	214.582 8	0.004 7	8.021 8	0.124 7	1 546.522 9	57.814 1	7.207 1
30	29.959 9	0.033 4	241.332 7	0.004 1	8.055 2	0.124 1	1 761.105 7	58.782 1	7.297 4
31	33.555 1	0.029 8	271.292 6	0.003 7	8.085 0	0.123 7	2 002.438 4	59.676 1	7.381 1
32	37.581 7	0.026 6	304.847 7	0.003 3	8.111 6	0.123 3	2 273.731 0	60.501 0	7.458 6
33	42.091 5	0.023 8	342.429 4	0.002 9	8.135 4	0.122 9	2 578.578 7	61.261 2	7.530 2
34	47.142 5	0.021 2	384.521 0	0.002 6	8.156 6	0.122 6	2 921.008 2	61.961 2	7.596 5
35	52.799 6	0.018 9	431.663 5	0.002 3	8.175 5	0.122 3	3 305.529 1	62.605 2	7.657 7

（续表）

n	$(F/P,i,n)$	$(P/F,i,n)$	$(F/A,i,n)$	$(A/F,i,n)$	$(P/A,i,n)$	$(A/P,i,n)$	$(F/G,i,n)$	$(P/G,i,n)$	$(A/G,i,n)$
36	59.135 6	0.016 9	484.463 1	0.002 1	8.192 4	0.122 1	3 737.192 6	63.197 0	7.714 1
37	66.231 8	0.015 1	543.598 7	0.001 8	8.207 5	0.121 8	4 221.655 8	63.740 6	7.766 1
38	74.179 7	0.013 5	609.830 5	0.001 6	8.221 0	0.121 6	4 765.254 4	64.239 4	7.814 1
39	83.081 2	0.012 0	684.010 2	0.001 5	8.233 0	0.121 5	5 375.085 0	64.696 7	7.858 2
40	93.051 0	0.010 7	767.091 4	0.001 3	8.243 8	0.121 3	6 059.095 2	65.115 9	7.898 8

$$i = 15\%$$

n	$(F/P,i,n)$	$(P/F,i,n)$	$(F/A,i,n)$	$(A/F,i,n)$	$(P/A,i,n)$	$(A/P,i,n)$	$(F/G,i,n)$	$(P/G,i,n)$	$(A/G,i,n)$
1	1.150 0	0.869 6	1.000 0	1.000 0	0.869 6	1.150 0	0.000 0	0.000 0	0.000 0
2	1.322 5	0.756 1	2.150 0	0.465 1	1.625 7	0.615 1	1.000 0	0.756 1	0.465 1
3	1.520 9	0.657 5	3.472 5	0.288 0	2.283 2	0.438 0	3.150 0	2.071 2	0.907 1
4	1.749 0	0.571 8	4.993 4	0.200 3	2.855 0	0.350 3	6.622 5	3.786 4	1.326 3
5	2.011 4	0.497 2	6.742 4	0.148 3	3.352 2	0.298 3	11.615 9	5.775 1	1.722 8
6	2.313 1	0.432 3	8.753 7	0.114 2	3.784 5	0.264 2	18.358 3	7.936 8	2.097 2
7	2.660 0	0.375 9	11.066 8	0.090 4	4.160 4	0.240 4	27.112 0	10.192 4	2.449 8
8	3.059 0	0.326 9	13.726 8	0.072 9	4.487 3	0.222 9	38.178 8	12.480 7	2.781 3
9	3.517 9	0.284 3	16.785 8	0.059 6	4.771 6	0.209 6	51.905 6	14.754 8	3.092 2
10	4.045 6	0.247 2	20.303 7	0.049 3	5.018 8	0.199 3	68.691 5	16.979 5	3.383 2
11	4.652 4	0.214 9	24.349 3	0.041 1	5.233 7	0.191 1	88.995 2	19.128 9	3.654 9
12	5.350 3	0.186 9	29.001 7	0.034 5	5.420 6	0.184 5	113.344 4	21.184 9	3.908 2
13	6.152 8	0.162 5	34.351 9	0.029 1	5.583 1	0.179 1	142.346 1	23.135 2	4.143 8
14	7.075 7	0.141 3	40.504 7	0.024 7	5.724 5	0.174 7	176.698 0	24.972 5	4.362 4
15	8.137 1	0.122 9	47.580 4	0.021 0	5.847 4	0.171 0	217.202 7	26.693 0	4.565 0
16	9.357 6	0.106 9	55.717 5	0.017 9	5.954 2	0.167 9	264.783 1	28.296 0	4.752 2
17	10.761 3	0.092 9	65.075 1	0.015 4	6.047 2	0.165 4	320.500 6	29.782 8	4.925 1
18	12.375 5	0.080 8	75.836 4	0.013 2	6.128 0	0.163 2	385.575 7	31.156 5	5.084 3
19	14.231 8	0.070 3	88.211 8	0.011 3	6.198 2	0.161 3	461.412 1	32.421 3	5.230 7
20	16.366 5	0.061 1	102.443 6	0.009 8	6.259 3	0.159 8	549.623 9	33.582 2	5.365 1
21	18.821 5	0.053 1	118.810 1	0.008 4	6.312 5	0.158 4	652.067 5	34.644 8	5.488 3
22	21.644 7	0.046 2	137.631 6	0.007 3	6.358 7	0.157 3	770.877 6	35.615 0	5.601 0
23	24.891 5	0.040 2	159.276 4	0.006 3	6.398 8	0.156 3	908.509 2	36.498 8	5.704 0
24	28.625 2	0.034 9	184.167 8	0.005 4	6.433 8	0.155 4	1 067.785 6	37.302 3	5.797 9

（续表）

n	$(F/P,i,n)$	$(P/F,i,n)$	$(F/A,i,n)$	$(A/F,i,n)$	$(P/A,i,n)$	$(A/P,i,n)$	$(F/G,i,n)$	$(P/G,i,n)$	$(A/G,i,n)$
25	32.919 0	0.030 4	212.793 0	0.004 7	6.464 1	0.154 7	1 251.953 4	38.031 4	5.883 4
26	37.856 8	0.026 4	245.712 0	0.004 1	6.490 6	0.154 1	1 464.746 5	38.691 8	5.961 2
27	43.535 3	0.023 0	283.568 8	0.003 5	6.513 5	0.153 5	1 710.458 4	39.289 0	6.031 9
28	50.065 6	0.020 0	327.104 1	0.003 1	6.533 5	0.153 1	1 994.027 2	39.828 3	6.096 0
29	57.575 5	0.017 4	377.169 7	0.002 7	6.550 9	0.152 7	2 321.131 3	40.314 6	6.154 1
30	66.211 8	0.015 1	434.745 1	0.002 3	6.566 0	0.152 3	2 698.301 0	40.752 6	6.206 6
31	76.143 5	0.013 1	500.956 9	0.002 0	6.579 1	0.152 0	3 133.046 1	41.146 6	6.254 1
32	87.565 1	0.011 4	577.100 5	0.001 7	6.590 5	0.151 7	3 634.003 0	41.500 6	6.297 0
33	100.699 8	0.009 9	664.665 5	0.001 5	6.600 5	0.151 5	4 211.103 5	41.818 4	6.335 7
34	115.804 8	0.008 6	765.365 4	0.001 3	6.609 1	0.151 3	4 875.769 0	42.103 3	6.370 5
35	133.175 5	0.007 5	881.170 2	0.001 1	6.616 6	0.151 1	5 641.134 4	42.358 6	6.401 9
36	153.151 9	0.006 5	1 014.345 7	0.001 0	6.623 1	0.151 0	6 522.304 5	42.587 2	6.430 1
37	176.124 6	0.005 7	1 167.497 5	0.000 9	6.628 8	0.150 9	7 536.650 2	42.791 6	6.455 4
38	202.543 3	0.004 9	1 343.622 2	0.000 7	6.633 8	0.150 7	8 704.147 7	42.974 3	6.478 1
39	232.924 8	0.004 3	1 546.165 5	0.000 6	6.638 0	0.150 6	10 047.769 9	43.137 4	6.498 5
40	267.863 5	0.003 7	1 779.090 3	0.000 6	6.641 8	0.150 6	11 593.935 4	43.283 0	6.516 8

$i=20\%$

n	$(F/P,i,n)$	$(P/F,i,n)$	$(F/A,i,n)$	$(A/F,i,n)$	$(P/A,i,n)$	$(A/P,i,n)$	$(F/G,i,n)$	$(P/G,i,n)$	$(A/G,i,n)$
1	1.200 0	0.833 3	1.000 0	1.000 0	0.833 3	1.200 0	0.000 0	0.000 0	0.000 0
2	1.440 0	0.694 4	2.200 0	0.454 5	1.527 8	0.654 5	1.000 0	0.694 4	0.454 5
3	1.728 0	0.578 7	3.640 0	0.274 7	2.106 5	0.474 7	3.200 0	1.851 9	0.879 1
4	2.073 6	0.482 3	5.368 0	0.186 3	2.588 7	0.386 3	6.840 0	3.298 6	1.274 2
5	2.488 3	0.401 9	7.441 6	0.134 4	2.990 6	0.334 4	12.208 0	4.906 1	1.640 5
6	2.986 0	0.334 9	9.929 9	0.100 7	3.325 5	0.300 7	19.649 6	6.580 6	1.978 8
7	3.583 2	0.279 1	12.915 9	0.077 4	3.604 6	0.277 4	29.579 5	8.255 1	2.290 2
8	4.299 8	0.232 6	16.499 1	0.060 6	3.837 2	0.260 6	42.495 4	9.883 1	2.575 6
9	5.159 8	0.193 8	20.798 9	0.048 1	4.031 0	0.248 1	58.994 5	11.433 5	2.836 4
10	6.191 7	0.161 5	25.958 7	0.038 5	4.192 5	0.238 5	79.793 4	12.887 1	3.073 9
11	7.430 1	0.134 6	32.150 4	0.031 1	4.327 1	0.231 1	105.752 1	14.233 0	3.289 3
12	8.916 1	0.112 2	39.580 5	0.025 3	4.439 2	0.225 3	137.902 5	15.466 7	3.484 1
13	10.699 3	0.093 5	48.496 6	0.020 6	4.532 7	0.220 6	177.483 0	16.588 3	3.659 7

n	$(F/P,i,n)$	$(P/F,i,n)$	$(F/A,i,n)$	$(A/F,i,n)$	$(P/A,i,n)$	$(A/P,i,n)$	$(F/G,i,n)$	$(P/G,i,n)$	$(A/G,i,n)$
14	12.839 2	0.077 9	59.195 9	0.016 9	4.610 6	0.216 9	225.979 6	17.600 8	3.817 5
15	15.407 0	0.064 9	72.035 1	0.013 9	4.675 5	0.213 9	285.175 5	18.509 5	3.958 8
16	18.488 4	0.054 1	87.442 1	0.011 4	4.729 6	0.211 4	357.210 6	19.320 8	4.085 1
17	22.186 1	0.045 1	105.930 6	0.009 4	4.774 6	0.209 4	444.652 8	20.041 9	4.197 6
18	26.623 3	0.037 6	128.116 7	0.007 8	4.812 2	0.207 8	550.583 3	20.680 5	4.297 5
19	31.948 0	0.031 3	154.740 0	0.006 5	4.843 5	0.206 5	678.700 0	21.243 9	4.386 1
20	38.337 6	0.026 1	186.688 0	0.005 4	4.869 6	0.205 4	833.440 0	21.739 5	4.464 3
21	46.005 1	0.021 7	225.025 6	0.004 4	4.891 3	0.204 4	1 020.128 0	22.174 2	4.533 4
22	55.206 1	0.018 1	271.030 7	0.003 7	4.909 4	0.203 7	1 245.153 6	22.554 6	4.594 1
23	66.247 4	0.015 1	326.236 9	0.003 1	4.924 5	0.203 1	1 516.184 3	22.886 7	4.647 5
24	79.496 8	0.012 6	392.484 2	0.002 5	4.937 1	0.202 5	1 842.421 2	23.176 0	4.694 3
25	95.396 2	0.010 5	471.981 1	0.002 1	4.947 6	0.202 1	2 234.905 4	23.427 6	4.735 2
26	114.475 5	0.008 7	567.377 3	0.001 8	4.956 3	0.201 8	2 706.886 5	23.646 0	4.770 9
27	137.370 6	0.007 3	681.852 8	0.001 5	4.963 6	0.201 5	3 274.263 8	23.835 3	4.802 0
28	164.844 7	0.006 1	819.223 3	0.001 2	4.969 7	0.201 2	3 956.116 6	23.999 1	4.829 1
29	197.813 6	0.005 1	984.068 0	0.001 0	4.974 7	0.201 0	4 775.339 9	24.140 6	4.852 7
30	237.376 3	0.004 2	1 181.881 6	0.000 8	4.978 9	0.200 8	5 759.407 8	24.262 8	4.873 1
31	284.851 6	0.003 5	1 419.257 9	0.000 7	4.982 4	0.200 7	6 941.289 4	24.368 1	4.890 8
32	341.821 9	0.002 9	1 704.109 5	0.000 6	4.985 4	0.200 6	8 360.547 3	24.458 8	4.906 1
33	410.186 3	0.002 4	2 045.931 4	0.000 5	4.987 8	0.200 5	10 064.656 8	24.536 8	4.919 4
34	492.223 5	0.002 0	2 456.117 6	0.000 4	4.989 8	0.200 4	12 110.588 1	24.603 8	4.930 8
35	590.668 2	0.001 7	2 948.341 1	0.000 3	4.991 5	0.200 3	14 566.705 7	24.661 4	4.940 6
36	708.801 9	0.001 4	3 539.009 4	0.000 3	4.992 9	0.200 3	17 515.046 9	24.710 8	4.949 1
37	850.562 2	0.001 2	4 247.811 2	0.000 2	4.994 1	0.200 2	21 054.056 2	24.753 1	4.956 4
38	1 020.674 7	0.001 0	5 098.373 5	0.000 2	4.995 1	0.200 2	25 301.867 5	24.789 4	4.962 7
39	1 224.809 6	0.000 8	6 119.048 2	0.000 2	4.995 9	0.200 2	30 400.241 0	24.820 4	4.968 1
40	1 469.771 6	0.000 7	7 343.857 8	0.000 1	4.996 6	0.200 1	36 519.289 2	24.846 9	4.972 8

$$i = 25\%$$

n	$(F/P,i,n)$	$(P/F,i,n)$	$(F/A,i,n)$	$(A/F,i,n)$	$(P/A,i,n)$	$(A/P,i,n)$	$(F/G,i,n)$	$(P/G,i,n)$	$(A/G,i,n)$
1	1.250 0	0.800 0	1.000 0	1.000 0	0.800 0	1.250 0	0.000 0	0.000 0	0.000 0
2	1.562 5	0.640 0	2.250 0	0.444 4	1.440 0	0.694 4	1.000 0	0.640 0	0.444 4

（续表）

n	(F/P,i,n)	(P/F,i,n)	(F/A,i,n)	(A/F,i,n)	(P/A,i,n)	(A/P,i,n)	(F/G,i,n)	(P/G,i,n)	(A/G,i,n)
3	1.953 1	0.512 0	3.812 5	0.262 3	1.952 0	0.512 3	3.250 0	1.664 0	0.852 5
4	2.441 4	0.409 6	5.765 6	0.173 4	2.361 6	0.423 4	7.062 5	2.892 8	1.224 9
5	3.051 8	0.327 7	8.207 0	0.121 8	2.689 3	0.371 8	12.828 1	4.203 5	1.563 1
6	3.814 7	0.262 1	11.258 8	0.088 8	2.951 4	0.338 8	21.035 2	5.514 2	1.868 3
7	4.768 4	0.209 7	15.073 5	0.066 3	3.161 1	0.316 3	32.293 9	6.772 5	2.142 4
8	5.960 5	0.167 8	19.841 9	0.050 4	3.328 9	0.300 4	47.367 4	7.946 9	2.387 2
9	7.450 6	0.134 2	25.802 3	0.038 8	3.463 1	0.288 8	67.209 3	9.020 7	2.604 8
10	9.313 2	0.107 4	33.252 9	0.030 1	3.570 5	0.280 1	93.011 6	9.987 0	2.797 1
11	11.641 5	0.085 9	42.566 1	0.023 5	3.656 4	0.273 5	126.264 5	10.846 0	2.966 3
12	14.551 9	0.068 7	54.207 7	0.018 4	3.725 1	0.268 4	168.830 6	11.602 0	3.114 5
13	18.189 9	0.055 0	68.759 6	0.014 5	3.780 1	0.264 5	223.038 3	12.261 7	3.243 7
14	22.737 4	0.044 0	86.949 5	0.011 5	3.824 1	0.261 5	291.797 9	12.833 4	3.355 9
15	28.421 7	0.035 2	109.686 8	0.009 1	3.859 3	0.259 1	378.747 4	13.326 0	3.453 0
16	35.527 1	0.028 1	138.108 5	0.007 2	3.887 4	0.257 2	488.434 2	13.748 2	3.536 6
17	44.408 9	0.022 5	173.635 7	0.005 8	3.909 9	0.255 8	626.542 7	14.108 5	3.608 4
18	55.511 2	0.018 0	218.044 6	0.004 6	3.927 9	0.254 6	800.178 4	14.414 7	3.669 8
19	69.388 9	0.014 4	273.555 8	0.003 7	3.942 4	0.253 7	1 018.223 0	14.674 1	3.722 2
20	86.736 2	0.011 5	342.944 7	0.002 9	3.953 9	0.252 9	1 291.778 8	14.893 2	3.766 7
21	108.420 2	0.009 2	429.680 9	0.002 3	3.963 1	0.252 3	1 634.723 5	15.077 7	3.804 5
22	135.525 3	0.007 4	538.101 1	0.001 9	3.970 5	0.251 9	2 064.404 3	15.232 6	3.836 5
23	169.406 6	0.005 9	673.626 4	0.001 5	3.976 4	0.251 5	2 602.505 4	15.362 5	3.863 4
24	211.758 2	0.004 7	843.032 9	0.001 2	3.981 1	0.251 2	3 276.131 8	15.471 1	3.886 1
25	264.697 8	0.003 8	1 054.791 2	0.000 9	3.984 9	0.250 9	4 119.164 7	15.561 8	3.905 2
26	330.872 2	0.003 0	1 319.489 0	0.000 8	3.987 9	0.250 8	5 173.955 9	15.637 3	3.921 2
27	413.590 3	0.002 4	1 650.361 2	0.000 6	3.990 3	0.250 6	6 493.444 9	15.700 2	3.934 6
28	516.987 9	0.001 9	2 063.951 5	0.000 5	3.992 3	0.250 5	8 143.806 1	15.752 4	3.945 7
29	646.234 9	0.001 5	2 580.939 4	0.000 4	3.993 8	0.250 4	10 207.757 7	15.795 7	3.955 1
30	807.793 6	0.001 2	3 227.174 3	0.000 3	3.995 0	0.250 3	12 788.697 1	15.831 6	3.962 8
31	1 009.742 0	0.001 0	4 034.967 8	0.000 2	3.996 0	0.250 2	16 015.871 3	15.861 4	3.969 3
32	1 262.177 4	0.000 8	5 044.709 8	0.000 2	3.996 8	0.250 2	20 050.839 2	15.885 9	3.974 6
33	1 577.721 8	0.000 6	6 306.887 2	0.000 2	3.997 5	0.250 2	25 095.549 0	15.906 2	3.979 1
34	1 972.152 3	0.000 5	7 884.609 1	0.000 1	3.998 0	0.250 1	31 402.436 2	15.922 9	3.982 8

（续表）

n	$(F/P,i,n)$	$(P/F,i,n)$	$(F/A,i,n)$	$(A/F,i,n)$	$(P/A,i,n)$	$(A/P,i,n)$	$(F/G,i,n)$	$(P/G,i,n)$	$(A/G,i,n)$
35	2 465.190 3	0.000 4	9 856.761 3	0.000 1	3.998 4	0.250 1	39 287.045 3	15.936 7	3.985 8
36	3 081.487 9	0.000 3	12 321.951 6	0.000 1	3.998 7	0.250 1	49 143.806 6	15.948 1	3.988 3
37	3 851.859 9	0.000 3	15 403.439 6	0.000 1	3.999 0	0.250 1	61 465.758 2	15.957 4	3.990 4
38	4 814.824 9	0.000 2	19 255.299 4	0.000 1	3.999 2	0.250 1	76 869.197 8	15.965 1	3.992 1
39	6 018.531 1	0.000 2	24 070.124 3	0.000 0	3.999 3	0.250 0	96 124.497 2	15.971 4	3.993 5
40	7 523.163 8	0.000 1	30 088.655 4	0.000 0	3.999 5	0.250 0	120 194.621 5	15.976 6	3.994 7

$i=30\%$

n	$(F/P,i,n)$	$(P/F,i,n)$	$(F/A,i,n)$	$(A/F,i,n)$	$(P/A,i,n)$	$(A/P,i,n)$	$(F/G,i,n)$	$(P/G,i,n)$	$(A/G,i,n)$
1	1.300 0	0.769 2	1.000 0	1.000 0	0.769 2	1.300 0	0.000 0	0.000 0	0.000 0
2	1.690 0	0.591 7	2.300 0	0.434 8	1.360 9	0.734 8	1.000 0	0.591 7	0.434 8
3	2.197 0	0.455 2	3.990 0	0.250 6	1.816 1	0.550 6	3.300 0	1.502 0	0.827 1
4	2.856 1	0.350 1	6.187 0	0.161 6	2.166 2	0.461 6	7.290 0	2.552 4	1.178 3
5	3.712 9	0.269 3	9.043 1	0.110 6	2.435 6	0.410 6	13.477 0	3.629 7	1.490 3
6	4.826 8	0.207 2	12.756 0	0.078 4	2.642 7	0.378 4	22.520 1	4.665 6	1.765 4
7	6.274 9	0.159 4	17.582 8	0.056 9	2.802 1	0.356 9	35.276 1	5.621 8	2.006 3
8	8.157 3	0.122 6	23.857 7	0.041 9	2.924 7	0.341 9	52.859 0	6.480 0	2.215 6
9	10.604 5	0.094 3	32.015 0	0.031 2	3.019 0	0.331 2	76.716 7	7.234 3	2.396 3
10	13.785 8	0.072 5	42.619 5	0.023 5	3.091 5	0.323 5	108.731 7	7.887 2	2.551 2
11	17.921 6	0.055 8	56.405 3	0.017 7	3.147 3	0.317 7	151.351 2	8.445 2	2.683 3
12	23.298 1	0.042 9	74.327 0	0.013 5	3.190 3	0.313 5	207.756 5	8.917 3	2.795 2
13	30.287 5	0.033 0	97.625 0	0.010 2	3.223 3	0.310 2	282.083 5	9.313 5	2.889 5
14	39.373 8	0.025 4	127.912 5	0.007 8	3.248 7	0.307 8	379.708 5	9.643 7	2.968 5
15	51.185 9	0.019 5	167.286 3	0.006 0	3.268 2	0.306 0	507.621 0	9.917 2	3.034 4
16	66.541 7	0.015 0	218.472 2	0.004 6	3.283 2	0.304 6	674.907 3	10.142 6	3.089 2
17	86.504 2	0.011 6	285.013 9	0.003 5	3.294 8	0.303 5	893.379 5	10.327 6	3.134 5
18	112.455 4	0.008 9	371.518 0	0.002 7	3.303 7	0.302 7	1 178.393 4	10.478 8	3.171 8
19	146.192 0	0.006 8	483.973 4	0.002 1	3.310 5	0.302 1	1 549.911 4	10.601 9	3.202 5
20	190.049 6	0.005 3	630.165 5	0.001 6	3.315 8	0.301 6	2 033.884 9	10.701 9	3.227 5
21	247.064 5	0.004 0	820.215 1	0.001 2	3.319 8	0.301 2	2 664.050 3	10.782 8	3.248 0
22	321.183 9	0.003 1	1 067.279 6	0.000 9	3.323 0	0.300 9	3 484.265 4	10.848 2	3.264 6
23	417.539 1	0.002 4	1 388.463 5	0.000 7	3.325 4	0.300 7	4 551.545 0	10.900 9	3.278 1

（续表）

n	$(F/P,i,n)$	$(P/F,i,n)$	$(F/A,i,n)$	$(A/F,i,n)$	$(P/A,i,n)$	$(A/P,i,n)$	$(F/G,i,n)$	$(P/G,i,n)$	$(A/G,i,n)$
24	542.800 8	0.001 8	1 806.002 6	0.000 6	3.327 2	0.300 6	5 940.008 6	10.943 3	3.289 0
25	705.641 0	0.001 4	2 348.803 3	0.000 4	3.328 6	0.300 4	7 746.011 1	10.977 3	3.297 9
26	917.333 3	0.001 1	3 054.444 3	0.000 3	3.329 7	0.300 3	10 094.814 5	11.004 5	3.305 0
27	1 192.533 3	0.000 8	3 971.777 6	0.000 3	3.330 5	0.300 3	13 149.258 8	11.026 3	3.310 7
28	1 550.293 3	0.000 6	5 164.310 9	0.000 2	3.331 2	0.300 2	17 121.036 4	11.043 7	3.315 3
29	2 015.381 3	0.000 5	6 714.604 2	0.000 1	3.331 7	0.300 1	22 285.347 4	11.057 6	3.318 9
30	2 619.995 6	0.000 4	8 729.985 5	0.000 1	3.332 1	0.300 1	28 999.951 6	11.068 7	3.321 9
31	3 405.994 3	0.000 3	11 349.981 1	0.000 1	3.332 4	0.300 1	37 729.937 1	11.077 5	3.324 2
32	4 427.792 6	0.000 2	14 755.975 5	0.000 1	3.332 6	0.300 1	49 079.918 2	11.084 5	3.326 1
33	5 756.130 4	0.000 2	19 183.768 1	0.000 1	3.332 8	0.300 1	63 835.893 7	11.090 1	3.327 6
34	7 482.969 6	0.000 1	24 939.898 5	0.000 0	3.332 9	0.300 0	83 019.661 8	11.094 5	3.328 8
35	9 727.860 4	0.000 1	32 422.868 1	0.000 0	3.333 0	0.300 0	107 959.560 3	11.098 0	3.329 7
36	12 646.218 6	0.000 1	42 150.728 5	0.000 0	3.333 1	0.300 0	140 382.428 4	11.100 7	3.330 5
37	16 440.084 1	0.000 1	54 796.947 1	0.000 0	3.333 1	0.300 0	182 533.156 9	11.102 9	3.331 1
38	21 372.109 4	0.000 0	71 237.031 2	0.000 0	3.333 2	0.300 0	237 330.103 9	11.104 7	3.331 6
39	27 783.742 2	0.000 0	92 609.140 5	0.000 0	3.333 2	0.300 0	308 567.135 1	11.106 0	3.331 9
40	36 118.864 8	0.000 0	120 392.882 7	0.000 0	3.333 2	0.300 0	401 176.275 6	11.107 1	3.332 2

附录 B　工程项目可行性研究案例

1　总　论

1.1　项目背景与概况

1.1.1　项目背景

拟建的房地产开发项目是某市为促进经济发展、招商引资而计划改建的商品销售中心。该项目是在已有建筑的基础上进行装修改造,从而改变业态的项目,项目位于该市市中心,商业环境优越,交通极为便利。

1.1.2　项目概况

(1)项目名称:××商品销售中心。

(2)项目拟建地点:A 市 B 区。

(3)承办单位概况。包括单位名称、企业性质、公司类别、经营范围、资质等级和企业概况等(详情略)。

(4)项目预期目标。根据省发展和改革委员会立项批复,××房地产开发项目建设为商业,建筑面积为 8.92 万 m^2。

(5)项目主要建设条件(略)。

1.2　可行性研究编制范围与依据

1.2.1　编制范围

本报告的研究范围主要包括项目投资环境分析与市场预测、建设规模与开发条件、建筑方案设计、环保、消防与节能、节水、建设安排与进度计划、投资估算与资金筹措、财务评价、社会评价、风险分析等。

1.2.2　编制依据

本报告的编制依据如下:

(1)某区城市规划建设管理委员会《关于××房地产开发项目建议书的批复》;

(2)某市城市规划管理局建设用地规划许可证;

(3)某市房地产管理局"某市城镇建设用地批准书";

(4)A 市 B 区规划设计方案;

(5)项目地质勘查资料;

(6)A 市某城市开发银行验资证明;

(7)《建设项目经济评价方法与参数》(第三版)。

1.2.3　主要技术经济指标

××房地产开发项目主要技术经济指标见附表 B-1 所列。

附表 B-1　××房地产开发项目主要技术经济指标

序号	指标名称	单位	数量	备注
1	业态规划定位			
1.1	1～3 层会展中心	m²	13 068	
1.2	4～6 层港澳商品销售中心	m²	12 127	
1.3	7～10 层港澳商品交易商务	m²	11 634	
2	建筑指标			
2.1	总用地面积	m²	6 000	合 9.0 亩
2.2	总建筑面积	m²	89 219	
2.2.1	其中:商业部分建筑面积	m²	36 829	
2.3	容积率	%	14.9	
2.4	楼层	层	37	
3	效率指标			
3.1	企业在职职工人数	人	40	
4	经济指标			
4.1	所得税后的财务内部收益	%	33.2	
4.2	所得税后的财务净现值	万元	7 365	
4.3	所得税后的投资回收期	年	3.8	含建设期
4.4	平均投资利润率	%	18.3	
4.5	借款偿还期	年	4.59	含建设期
4.6	盈亏平衡点	%	28.2	

2　项目投资环境与市场分析

2.1　投资环境分析

2.1.1　国家政治经济形势及有关政策(略)

2.1.2　A 市房地产市场的总体发展态势(略)

2.1.3　项目区位分析

(1)某区的投资环境与投资定位(略)。

(2)项目区位分析。某市东部地区是该城市发展的龙头之一,在全市经济发展中具有举足轻重的地位。本项目在某区的中心地带,其开发前景和市场价值远非周围地带可比。首先,这一带可开发利用的土地十分稀缺,市场可供应的房产极少,而商业的一条基本原则是

"物以稀为贵",所以良好的开发策划能使该区位的房产价值达到某市的较高点。其次,这里的地理位置十分诱人。交通、商业、休闲十分方便,很多人都以能居住在此为"贵"。最后,这里已经具有非常成熟的高档社会环境。这成为决定房地产价值的重要因素。综上所述,本项目所在地区交通便捷,区位优势明显,东部地区经济的快速发展必然带动住宅的销售,本项目的市场前景非常好。

2.2　市场供求分析

根据相关预测,在未来几年内,A市作为内地最具竞争力的城市之一,即将取代一些沿海城市成为我国出口商品的生产基地,商品出口总值将迅速攀升到500亿美元以上,因此如何为目前正在出口产品的企业及这些潜在的出口企业提供一个出口商品展示销售的基地,并且能够提供"一站式"的商务平台是当务之急。

本项目目前目标市场的存量商家和未来一段时期内出口范围拓宽带来的更多目标厂家总和不会低于400家出口单位。兼顾目标市场的存量和未来发展趋势,考虑充分利用空间的原则,本项目将出口商品展销基地的市场容量定位300家企业,即300个展位。

3　建设规模与建设条件

3.1　项目地理位置(略)

3.2　建设规模与标准

按照本项目市场定位和商场租售方案,项目投资包括裙楼部分1～3层出口商品展销基地、4～6层港澳商品销售中心和7～10层相关配套商务平台等装饰装修费用及主要设备设施的投入。其中,1～3层出口商品展销基地13 068 m²;4～6层港澳商品销售中心12 127.3 m²;7～10层相关配套商务平台11 634.7 m²。

4　建筑方案设计

4.1　总体设计原则与构思

4.1.1　设计原则

本工程设计涉及防火、节能、隔声、采光、照明、给排水、通风、燃气和电气等各种专业,设计时需遵循有关的规范或规定,单体设计时还应符合国家现行的有关强制性标准的规定。

4.1.2　总体构思(略)

4.2　建筑设计方案(略)

4.3　结构设计(略)

5 环保、节能、消防(略)

6 项目实施安排与进度计划

6.1 项目进度计划

自 2024 年开始,项目整个施工工期为 1 年。

7 投资估量与资金筹措

7.1 项目投资估算

7.1.1 投资估算依据(略)

7.1.2 建设投资估算

项目总投资为 4 708.68 万元,地产开发投资和自营资产固定资产投资及经营资金见附表 B-2 所列。

附表 B-2 项目总投资估算表 (单位:万元)

序号	项目或费用名称	建筑面积/m²	估算价值				投资比例/%	备注
			建筑工程	设备购置及安装	其他费用	合计		
一	工程费用		3 723.37	1 892.94	—	5 616.31	90.92	
1	1~3层出口商品展销基地基本装修	13 068	1 306.80			1 306.80	21.15	按照 1 000 元/m² 计估
2	4~6层港澳商品销售中心基本装修	12 127.3	970.18			970.18	15.71	按照 800 元/m² 计估
3	7~10层相关配套商务平台基本装修	11 634.7	814.43			814.43	13.18	按照 700 元/m² 计估
4	电动扶梯	8 部		160.00		160.00	2.59	20 万元/部
5	中央空调	1 套		560.00		560.00	9.07	560 万元/套
6	供配电(含开闭所)设施	1 套		510.00		510.00	8.26	510 万元/套
7	消防、通讯和智能化			662.94		662.94	10.73	180 元/m²
8	环境工程及 11 层会所装修		190.00			190.00	3.08	190 万元(业主估算)
9	装饰收尾工程		441.96			441.96	7.15	120 元/m²
二	其他费用		—	—	151.64	151.64	2.45	
1	装饰工程设计费				67.40	67.40	1.09	一类费用的 1.2%

（续表）

序号	项目或费用名称	建筑面积/m²	估算价值				投资比例/%	备注
			建筑工程	设备购置及安装	其他费用	合计		
2	装饰工程监理费				56.16	56.16	0.91	一类费用的1%
3	装饰代理服务费				28.08	28.08	0.45	一类费用的0.5%
	一、二部分合计		3 723.37	1 892.94	151.64	5 767.95		
三	基本预备费				288.40	288.40	4.67	一、二类费用的5%计提
	项目静态投资		3 723.37	1 892.94	440.04	6 056.35	98.04	
四	价差预备费							
五	投资方向调节税							
六	建设期利息				120.97	120.97	1.96	
	项目动态投资		—	—	120.97	120.97	1.96	
	装饰工程总投资		3 723.37	1 892.94	561.01	6 177.32	100.00	

7.2 资金筹措

本项目投资的资金来源包括自有资金和货款两个部分（见附表B-3）。

附表 B-3　投资计划与资金筹措表　　（单位：万元）

序号	项目	年份			合计
		1	2	3	
一	项目总投资				100%
1	开发建设投资	6 056.35			6 056.35
2	建设期利息	120.97			120.97
	合计	6 177.32			6 177.32
二	资金筹措				
1	资本金	1 500.00			1 500.00
2	借贷本金	4 556.35			4 556.35
3	银行欠息	120.97			120.97
	合计	6 177.32			6 177.32

8　项目财务评价

8.1　财务分析

8.1.1　盈利能力分析

（1）通过编制项目投资现金流量表和项目资本金现金流量表进行财务现金流量分析，并进行主要经济指标计算。项目投资现金流量表和项目资本金现金流量表分别见附表B-4和附表B-5所列。

附表 B-4　项目投资现金流量表

（单位：万元）

序号	项目	合计	年份										
			1	2	3	4	5	6	7	8	9	10	11
1	现金流入												
1.1	出租收入	32 181.43	—	3 218.14	3 218.14	3 218.14	3 218.14	3 218.14	3 218.14	3 218.14	3 218.14	3 218.14	3 218.14
1.2	销售收入	—	—	—	—	—	—	—	—	—	—	—	—
1.3	自营收入	—	—	—	—	—	—	—	—	—	—	—	—
1.4	其他收入	—	—	—	—	—	—	—	—	—	—	—	—
1.5	回收固定资产余值	—	—	—	—	—	—	—	—	—	—	—	—
1.6	回收经营资金	—	—	—	—	—	—	—	—	—	—	—	—
	流入小计	32 181.43	—	3 218.14	3 218.14	3 218.14	3 218.14	3 218.14	3 218.14	3 218.14	3 218.14	3 218.14	3 218.14
2	现金流出												
2.1	装饰工程投资	243.08	6 056.35	—	—	—	—	—	—	—	—	—	—
2.2	运营成本	2 252.70	—	247.37	247.37	247.37	247.37	247.37	247.37	247.37	247.37	247.37	247.37
2.3	营业税金及附加	1 850.43	22.10	185.04	185.04	185.04	185.04	185.04	185.04	185.04	185.04	185.04	185.04
2.4	交易手续费及登记费	965.44	—	96.54	96.54	96.54	96.54	96.54	96.54	96.54	96.54	96.54	96.54
2.5	所得税	6 131.16	—	308.68	604.70	622.23	656.51	656.51	656.51	656.51	656.51	656.51	656.51
	流出小计	11 442.82	6 078.45	837.63	1 133.66	1 151.18	1 185.46	1 185.46	1 185.46	1 185.46	1 185.46	1 185.46	1 185.46
3	净现金流量	14 682.27	−6 078.45	2 380.51	2 084.48	2 066.96	2 032.68	2 032.68	2 032.68	2 032.68	2 032.68	2 032.68	2 032.68
4	累计净现金流量		−6 078.45	−3 697.94	−1 613.45	453.51	2 486.19	4 518.87	6 551.55	8 584.23	10 616.91	12 649.59	14 682.27

（续表）

序号	项目	合计	年份										
			1	2	3	4	5	6	7	8	9	10	11
5	折现净现金流量（$i_c=8\%$）	7 365.46	−5 628.19	2 040.90	1 654.73	1 519.28	1 383.41	1 280.93	1 186.05	1 098.19	1 016.85	941.52	871.78
6	累计折现净现金流量		−5 628.19	−3 587.29	−1 932.56	−413.28	970.13	2 251.06	3 437.11	4 535.30	5 552.15	6 493.67	7 365.46

计算指标：
内部收益率　33.20%
财务净现值　¥7 365.46万元
投资回收期（静态）　9.78年

附表 B−5　项目资本金现金流量表

（单位：万元）

序号	项目	合计	年份										
			1	2	3	4	5	6	7	8	9	10	11
1	现金流入												
1.1	出租收入	32 181.43	—	3 218.14	3 218.14	3 218.14	3 218.14	3 218.14	3 218.14	3 218.14	3 218.14	3 218.14	3 218.14
1.2	销售收入		—	—	—	—	—	—	—	—	—	—	—
1.3	自营收入		—	—	—	—	—	—	—	—	—	—	—
1.4	其他收入		—	—	—	—	—	—	—	—	—	—	—
1.5	长期借款	4 556.35	4 556.35	—	—	—	—	—	—	—	—	—	—
1.6	回收固定资产余值													
1.7	回收流动资金													
	流入小计	36 737.79	4 556.35	3 218.14	3 218.14	3 218.14	3 218.14	3 218.14	3 218.14	3 218.14	3 218.14	3 218.14	3 218.14

（续表）

序号	项目	合计	年份										
			1	2	3	4	5	6	7	8	9	10	11
2	现金流出												
2.1	开发建设投资	243.08	6 056.35										
2.2	借款本金偿还	—	—	700.00	900.00	1 000.00	1 956.35	—	—	—	—	—	—
2.3	借款利息支付	—	—	332.17	156.98	103.88	—	—	—	—	—	—	—
2.4	运营成本	516.83	22.10	247.37	247.37	247.37	247.37	247.37	247.37	247.37	247.37	247.37	247.37
2.5	销售税金及附加	1 850.43		185.04	185.04	185.04	185.04	185.04	185.04	185.04	185.04	185.04	185.04
2.6	交易手续费及登记费	965.44		96.54	96.54	96.54	96.54	96.54	96.54	96.54	96.54	96.54	96.54
2.7	所得税	6 131.16	—	308.68	604.70	622.23	656.51	656.51	656.51	656.51	656.51	656.51	656.51
	流出小计	9 706.95	6 078.45	1 869.80	2 190.64	2 255.06	3 141.81	1 185.46	1 185.46	1 207.56	1 207.56	1 207.56	1 207.56
3	净现金流量	14 000.84	−1 522.10	1 348.34	1 027.50	963.08	76.33	2 032.68	2 032.68	2 010.58	2 010.58	2 010.58	2 010.58
4	累计净现金流量		−1 522.10	−173.75	853.75	1 816.83	1 893.16	3 925.84	5 958.52	7 969.10	9 979.68	11 990.26	14 000.84
5	折现净现金流量（$I=10\%$）	6 668.75	−1 383.73	1 114.33	771.98	657.80	47.39	1 147.39	1 043.09	937.95	852.68	775.17	704.70
6	累计折现净现金流量		−1 383.73	−269.39	502.59	1 160.38	1 207.78	2 355.17	3 398.26	4 336.21	5 188.89	5 964.06	6 668.75

计算指标：

内部收益率　77%

财务净现值　¥6 668.75万元

投资回收期（静态）　3.71年

（2）编制利润与利润分配表（见附表 B-6）。

附表 B-6　利润与利润分配表

（单位：万元）

序号	项目	单位	合计	年份											平均值
				1	2	3	4	5	6	7	8	9	10	11	
1	经营收入														
	达产比例	%	1 062.50	62.50	100.00	100.00	100.00	100.00	100.00	100.00	100.00	100.00	100.00	100.00	100.00
1.1	出租收入	万元	32 181.43	0.00	3 218.14	3 218.14	3 218.14	3 218.14	3 218.14	3 218.14	3 218.14	3 218.14	3 218.14	3 218.14	3 218.14
1.2	销售收入		—												
1.3	自营收入		—												
2	总成本费用	万元	10 786.28	842.84	1 158.33	1 104.12	1 051.02	947.14	947.14	947.14	947.14	947.14	947.14	947.14	947.14
3	经营税金及附加	万元	1 850.43	—	185.04	185.04	185.04	185.04	185.04	185.04	185.04	185.04	185.04	185.04	185.04
4	交易手续费及登记费	万元	965.44	—	96.54	96.54	96.54	96.54	96.54	96.54	96.54	96.54	96.54	96.54	96.54
5	土地增值税	万元	—												
6	利润总额	万元	18 579.28	−842.84	1 778.22	1 832.44	1 885.54	1 989.42	1 989.42	1 989.42	1 989.42	1 989.42	1 989.42	1 989.42	1 689.03
7	累计利润	万元	95 790.90	−842.84	935.38	2 767.82	4 653.35	6 642.77	8 632.19	10 621.61	12 611.03	14 600.44	16 589.86	18 579.28	
8	所得税	万元	6 131.16	—	308.68	604.70	622.23	656.51	656.51	656.51	656.51	656.51	656.51	656.51	656.51
9	税后利润	万元	12 448.12	−842.84	1 469.55	1 227.73	1 263.31	1 332.91	1 332.91	1 332.91	1 332.91	1 332.91	1 332.91	1 332.91	1 131.65

税前投资利润率：27.34%

税后投资利润率：18.32%

税前资本金利润率：112.60%

税后资本金利润率：75.44%

(3)项目盈利能力。通过盈利能力指标的计算,可以看出该项目的盈利能力很强,可以被业主所接受。

8.1.2 清偿能力分析

按照项目的贷款条件和还款计划,借款还本付息计算表见附表 B-7 所列,可知项目的还款能力较强。

附表 B-7 借款还本付息计算表

(单位:万元)

序号	项目	利息率/%	年份										
			1	2	3	4	5	6	7	8	9	10	11
一	借款及还本付息	5.31											
1	期初借款本息累计		—	4 677.32	3 856.35	2 956.35	1 956.35	—	—	—	—	—	—
2	本期新增借款		4 556.35	—	—	—	—	—	—	—	—	—	—
3	本期应计利息		120.97	211.20	156.98	103.88	—	—	—	—	—	—	—
4	本期还本付息		—	1 032.17	1 056.98	1 103.88	1 956.35	—	—	—	—	—	—
4.1	本期偿还本金		—	700.00	900.00	1 000.00	1 956.35	—	—	—	—	—	—
4.2	本期偿还利息		—	332.17	156.98	103.88	—	—	—	—	—	—	—
	年末贷款累计		4 677.32	3 856.35	2 956.35	1 956.35	—	—	—	—	—	—	—
二	借款偿还资金来源		−22.10	1 326.25	2 353.75	3 316.83	3 393.16	5 425.84	7 458.52	9 491.20	11 523.88	13 556.56	15 589.24

8.2 不确定性分析

(1)不确定因素的选用。本项目的不确定因素主要有投资、租金价格水平和运营成本。

(2)编制敏感性分析表。不确定因素上下变动 10%时,主要评估经济指标的变动情况(见附表 B-8)。

(3)敏感性分析。由敏感性分析表可以看出,投资和租金价格水平是项目最为敏感的因素。

附表 B-8 借款还本付息计算表 （单位：万元）

序号	方案	税后内部收益率/%	项目财务净现值/万元	项目静态投资回收期/年	税前投资利润率/%	税后投资利润率/%	贷款偿还期/年	自有资金内部收益率/%
1	基准方案	33.20	7 365.46	3.78	27.34	18.32	4.59	77.43
2	装饰工程投资							
1.1	+10	20.95	2 581.53	5.03	8.43	5.65	4.99	40.27
1.2	-10	28.55	3 392.14	4.20	10.70	7.17	4.06	50.91
3	租金价格水平							
3.1	+10	27.28	3 537.97	4.32	11.99	8.01	4.39	55.23
3.2	-10	21.33	2 421.42	4.98	6.91	4.63	4.70	36.85
4	运营成本水平							
4.1	+10	24.05	2 929.24	4.65	9.19	6.16	4.51	44.58
4.2	-10	24.68	3 044.44	4.58	9.71	6.51	4.48	46.58

9 项目研究的结论与建议

项目本身具备了较多的政策优势，但同时项目本身也具备了商业地产运营过程中的资金风险、外部协作条件风险及招商风险等，这些风险可以通过一定的风险管理和规避途径得以解决。项目财务评价过程与社会效益评价过程表明，项目具有良好的经济效益和社会效益，在经济效益、社会效益的角度上评价是可行的。

项目建设过程中必须重视资金筹措和风险管理。本项目资金链的合理性和持续性是项目成功的必要前提，同时业主应该充分发挥自身具有的种种政策优势，加强对几类风险因素的管理，以保障项目的顺利实施。